사회복지실천기술론

김 민 경

YANGSEOWON
양서원

머리말

사회복지현장에서 실제적인 실천기술에 대한 갈증은 사회복지대상이 다양화되고 이들에게 적합한 전문적인 서비스를 제공해야 하는 사회복지사의 욕구에서 시작된다. 나아가 역량 있는 사회복지사로서의 의무와 역할을 생각한다면 계속되는 고민일 것이다. 특히 사회복지실천분야 교육을 담당하고 있는 저자로서 예비사회복지사의 사회복지실천기술에 대한 보다 높은 이해도와 활용성을 감안할 때 더더욱 심혈을 기울여야 하는 부분으로 여긴다.

지금까지 사회복지실천현장에서 실천대상에 대해 개별, 집단, 지역사회가 서로 상호보완되고 복합적으로 사용되는 것이 현실이라는 것에 대해 이견이 없고 사회복지실천방법들을 포함시켜 함께 학습하는 것이 현실적으로 바람직하다. 따라서 한국사회복지교육협의회에서 추구하는 사회복지실천기술론교육에서의 목적은 기술중심적인 성격이 강조되었다.

그러나 사회복지실천론에서 이론을 중심으로 전개되는 내용을 중심으로 구성되어 있으나 다음 단계에서 요구되는 사회복지실천기술에 대한 실천기술적 부분에는 다소 소홀하였다. 또한 사회복지실천에서 다루어졌던 부분이 여전히 반복되어 나타나고, 실제 사례를 통한 접근이 이루어지지 않아 이론과 현장의 맥락을 이해하는 데 역부족이었다. 따라서 본 서는 사회복지실천론에서 기초를 다지고 이를 바탕으로 사회복지기술을 습득하는 데 다소나마 도움을 주고자 하였으며 가능한 한 중복된 부분이 발생하지 않도록 하였고 교과과정을 감안하여 발간하기에 이르렀다.

이 책은 총 10장으로 구성되었다. 주요 내용으로는 1장은 사회복지실천기술의 전문적 기반으로 전문적인 사회복지사로서의 자질을 갖추는 데 필수적인 내용에 대해 언급하였다. 2장과 3장에서는 사회복지실천이론과 실천기술을 중심으로 제시하였으며 특히 실제 현장에서 어떻게 연결되는지에 대한 맥락을 탐구하는 데 각 사례가 제시되었다.

이는 예비사회복지사로서 사회복지대상서비스를 어떠한 이론을 토대로 접근하는지에 대한 실제적인 도움을 제공할 것이다. 4장에서 6장까지는 가족대상을 중심으로 가족에 대한 기본적인 이해에서 가족에 대한 접근모델까지를 다루었다. 이를 구체적으로 살펴보면 4장은 가족대상 실천기술로 가족에 대한 전반적인 이해와 가족사정을 다루었고 5장은 가족에 대한 개입과정과 기술에 대해, 6장은 실천현장에서 활용도가 높은 가족개입모델을 중심으로 언급하였다. 7장과 8장은 집단대상에 대한 실천기술로 7장에서 집단사회복지실천대상에 대한 기술에 대해 집단사회복지실천발달 역사와 이론을 제시하였고 8장은 집단사회복지실천 개입으로 집단사회복지실천에 있어 개입과정과 개입기술에 대해 서술하였다. 9장은 지역사회를 대상으로 지역사회에 대한 개념, 유형 및 기능과 개입기술에 대해 제시하였으며 마지막으로 10장은 사회복지기록으로 사회복지기록의 활용, 기록내용, 기록의 단계 등에 대해 언급하였다.

이 책을 집필하는 과정에서, 집필을 마무리하는 시점에서 여전히 아쉬움과 부족함이 남는다. 이 책이 부디 사회복지실천기술을 습득하는 데 조금이나마 도움이 되기를 바라고 부족한 부분은 사회복지현장실습과 현장경험으로 채워지기를 기대한다. 이 자리를 빌려 본 출판물을 지원해준 남서울대학교 총장님께 감사의 뜻을 전하고 싶다. 또한 이 책이 발간되기까지 인내를 가지고 기다리며 격려해주신 양서원 회장님과 꼼꼼하게 작업해준 편집부 직원들께도 감사를 전한다.

2017년 8월

김 민 경

차례

CHAPTER 01 사회복지실천기술의 전문적 기반 13

1. 사회복지실천의 전문적 기반 14
   1) 사회복지실천의 목적과 개념 14
   2) 사회복지실천의 기반지식 15
2. 사회복지실천기술 17
   1) 개념 17
   2) 사회복지실친의 기초 기술 18
   3) 사회복지실천기술의 유형 19
3. 사회복지현장의 이해와 분류 20
4. 사회복지사의 역할과 기능 21
   1) 사회복지사의 개념 21
   2) 사회복지사업법의 사회복지사 자격제도 변화 21
   3) 세팅별 사회복지사의 역할 23
5. 사회복지전문직의 윤리 27

참고문헌 32

CHAPTER 02 사회복지실천모델과 개입기술(Ⅰ) 33

1. 정신역동(분석)모델 34
   1) 개요와 기본개념 34
   2) 개입목표와 과정 42
   3) 개입기법 43
   4) 제한점 47
   5) 정신분석이론모델 사례 49
2. 심리사회모델 51
   1) 등장배경 52
   2) 주요 가정 및 개념 53
   3) 주요 적용 영역 및 한계 59

4) 심리사회모델 사례 60
5) 심리사회모델의 문제사정 및 개입 61

3. 인지행동모델 65

1) 등장배경 66
2) 정의 및 주요 개념 68
3) 주요 가정 70
4) 적용 기술 71
5) 주요 적용 영역 및 한계 72
6) 개입과정과 사례 적용 73

4. 행동수정모델 78

1) 개요 79
2) 기본개념 80
3) 개입목표 82
4) 개입과정 83
5) 개입기법 86
6) 활용 및 평가 89
7) 행동수정모델 사례 90

참고문헌 97

CHAPTER 03 사회복지실천모델과 개입기술(Ⅱ) 99

1. 임파워먼트모델 100

1) 임파워먼트의 개념과 의의 100
2) 임파워먼트모델의 실천원칙과 관점 101
3) 사회복지사가 임파워먼트모델에서 실천하는 주요 특성 102
4) 임파워먼트 역사 103
5) 임파워먼트 방법론 106
6) 실천과정 107
7) 임파워먼트의 접근활용성 109
8) 클라이언트의 파워를 증가시키는 사회복지사의 역할 109

9) 한계 110
10) 사례 111

2. 과제중심모델 115

1) 등장배경 116
2) 정의 및 주요 개념 117
3) 주요 가정 119
4) 주요 적용 영역 및 한계 120
5) 개입과정과 사례 적용 121

3. 위기개입모델 130

1) 등장배경 131
2) 정의 및 주요 개념 132
3) 주요 가정 134
4) 위기개입의 목표와 원칙 135
5) 주요 적용 영역 및 한계 136
6) 개입과정과 사례 적용 137

4. 사례관리모델 143

1) 등장 배경 143
2) 정의 및 주요 개념 145
3) 주요 가정 149
4) 사례관리 실천과정에 따른 사례관리 150
5) 주요 적용 영역 및 한계 151
6) 개입과정과 사례 적용 152

참고문헌 155

CHAPTER 04 가족대상의 사회복지실천 159

1. 가족의 정의 160

2. 가족의 주요 개념 161

1) 가족체계 161
2) 가족항상성 161

3) 가족규칙 162
4) 가족경계선 162
5) 가족 하위체계 162
6) 순환적 인과성 163
7) 가족 삼각관계 163
8) 가족체계의 역동성 163

3. 가족문제 164

4. 가족생활주기 165

1) 가족생활주기의 개념 165
2) 가족생활주기의 단계 165
3) 단계별 발달과업 166

5. 가족사정 167

1) 가족체계의 외부경계선 168
2) 내부경계선과 가족의 하위체계 168
3) 가족의 권력구조 168
4) 가족목표 169
5) 가족신화 169
6) 가족의 강점 169
7) 가족생활주기에 따른 발달과업 170
8) 가족성원의 의사소통양식 170
9) 가족의 의사결정과정 170
10) 가족의 정서와 감정표현의 범위 171
11) 가족역할 171
12) 가족규범 171

참고문헌 172

CHAPTER 05 가족개입의 과정과 기법 173

1. 초기과정과 기법 175
   1) 초기과정 176
   2) 초기과정의 개입기법 177
2. 중간과정과 기법 179
   1) 중간과정 179
   2) 중간과정의 개입기법 180
3. 종결과정과 기법 187

참고문헌 188

CHAPTER 06 가족치료모델과 개입기술 189

1. 구조적 가족치료모델 190
   1) 특징 190
   2) 주요 개념 191
   3) 대표적인 기법들 195
   4) 사회복지사의 역할 198
2. 다세대적 가족치료모델 198
   1) 특징 198
   2) 주요 개념 199
   3) 대표적인 기법들 202
   4) 사회복지사의 역할 204
3. 경험적 가족치료모델(의사소통이론모델) 204
   1) 특징 204
   2) 주요 개념 205
   3) 대표적인 기법들 212

4. 해결중심적 가족치료모델 216
1) 특징 216
2) 대표적인 기법들 217
5. 전략적 가족치료모델 218
1) 특징 218
2) 주요 개념 218
3) 대표적인 기법들 219
6. 가족 사정보고서의 예 222
참고문헌 223

CHAPTER 07 집단사회복지실천의 실천기술 225

1. 집단사회복지실천의 개념 226
2. 목적 227
3. 역사 및 발달과정 227
4. 실천 기본원칙 228
5. 집단사회복지실천 관련 이론 229
1) 장이론 229
2) 사회교환이론 230
3) 정신분석이론 230
4) 체계이론 230
5) 집단성격이론 231
6) 의사거래분석(교류분석) 231
7) 형태주의이론(게슈탈트이론) 231
8) 현실치료 232
6. 집단사회복지실천모델 232
1) 사회적 목표모델 232
2) 치료모델 232

3) 상호작용모델 233
4) 사회학습모델 234
5) 목표형성모델 234

7. 집단사회복지실천 발달단계에 따른 실천기술 234

1) 준비단계 234
2) 초기단계 237
3) 중간단계 237
4) 종결단계 245

참고문헌 248

CHAPTER 08 집단발달단계별 개입 249

1. 시작단계 250

1) 집단을 준비할 때 고려해야 할 사항 250
2) 집단사회복지사의 과제 254

2. 초기단계 255

1) 집단사회복지사의 과제 256
2) 집단의 첫 모임에 대한 구상 258
3) 집단사정 259
4) 집단성원의 불안과 저항을 다룰 수 있는 개입기술 261

3. 중기단계 262

1) 집단사회복지사의 과제 262
2) 집단응집력 향상을 위한 지침 264
3) 집단사회복지사의 개입기술 265

4. 종결단계 266

1) 집단사회복지사의 과제 266
2) 집단사회복지사의 개입기술 269

참고문헌 270

CHAPTER 09 지역사회개입 271

1. 지역사회의 개념과 유형 272
   1) 지역사회의 개념 272
   2) 지역사회의 유형 272
   3) 지역사회의 기능 273
2. 지역사회분석 275
3. 지역사회조직의 유형 276
   1) 지역사회개발 277
   2) 사회계획 277
   3) 사회행동 278
4. 지역사회 개입기술 278
   1) 옹호기술 279
   2) 임파워먼트기술 279
   3) 조직화기술 280
   4) 자원개발 · 동원기술 280
   5) 연계기술 281
5. 지역사회실천모델 및 사회복지사의 역할 281
   1) Rothman의 실천모델(전통적 실천모델)의 3모형 282
   2) Weil과 Gamble의 실천모델 8모형 289

참고문헌 292

CHAPTER 10 사회복지기록 293

1. 사회복지실천에서 기록의 활용 294
   1) 내담자의 욕구 확인 294
   2) 서비스 내용의 보고 294
   3) 사례의 지속성 유지 295

4) 전문가 간 원활한 의사소통 295
5) 클라이언트와 정보 공유 295
6) 슈퍼비전, 자문, 동료 검토의 원활화 295
7) 서비스의 과정과 효과의 모니터링 296
8) 학생과 다른 전문가들에 대한 교육 296
9) 행정적 과업을 위한 자료 제공 296
10) 연구 조사를 위한 자료 제공 296

2. 기록 내용 297

1) 서비스 탐색 단계 297
2) 서비스 형성 단계 299
3) 서비스 실행 단계 300
4) 서비스 종결 단계 301

3. 사회력 302

4. 기록의 형태 303

1) 과정 기록 303
2) 이야기체 기록 306
3) 문제 중심 기록 307

5. 기록 시 유의사항 311

참고문헌 312

찾아보기 313

Chapter 01

사회복지실천기술의 전문적 기반

01 사회복지실천의 전문적 기반
02 사회복지실천기술
03 사회복지현장의 이해와 분류
04 사회복지사의 역할과 기능
05 사회복지전문직의 윤리

1. 사회복지실천의 전문적 기반

사회복지는 인간의 성장발달과정에서 직면하게 되는 일반적인 문제 즉, 성장, 학습, 직장생활, 결혼생활, 양육, 슬픔, 질병, 이별, 경제적 어려움 등을 극복하도록 돕는 기술(helping skills)을 알게 하는 학문이다. 즉, 사회복지학은 인간의 욕구를 충족시키고 그 책임을 수행하는 데 도움이 되는 여러 가지 자원제공을 통해 전인적인 건강한 성장과 사회적 기능회복 및 사회문제의 예방과 해결을 가능하게 한다.

1) 사회복지실천의 목적과 개념

사회복지실천은 인간이나 사회현상 간의 역기능의 원인을 이해하고, 효과적인 문제해결의 방법과 계획을 수립하여, 직접 경험하지 못한 문제나 상황에 대한 이해를 향상시키는 목적을 갖고 있다. 그리고 다양한 관점의 제공으로 의사소통을 지원하며, 클라이언트의 낙인 최소화의 관점을 강화하는 데 목적을 두고 있다. 이러한 목적을 달성하기 위한 사회복지실천의 구체적인 역할에는 클라이언트의 문제를 해결하고 적응 능력을 향상하기 위해 지지하는 역할, 인간과 자원 · 서비스 · 기회를 제공하는 체계와 중개하는 역할, 기관이나 조직 차원에서 체계적이고 효과적으로 옹호, 프로그램 개발, 슈퍼비전, 조정하는 역할이 있다.

Pincus와 Minahan(1973)은 사회복지실천이란 사람과 자원 간의 연결과 상호관계라고 정의하며, 사회복지실천 활동을 수행하기 위해서는 대인관계기술, 면접기술, 집단지도기술, 의사소통기술, 평가 및 종결기술 등이 요구된다고 하였다. 그러므로 사회복지실천은 우선 사회복지실천의 지식, 가치, 윤리, 의무로부터 제시되어야 하며, 사회복지사에게 필요한 핵심적 자질과 일치해야 한다. 또한 실천의 단계나 과정의 맥락을 고려하여 전문적 통합성의 특징을 반영해야 한다.

2) 사회복지실천의 기반지식

사회의 급속한 변화로 인해 발생되고 있는 인간의 기본적인 욕구의 불충족과 역기능적 상황, 사회적 불평등, 차별, 소외 등 사회문제로 사회복지학의 학문의 필요성이 증대되었다. 즉, 사회복지학은 인간의 생존구조와 문제, 복지를 향상시키기 위해 경제적, 사회적, 정치적, 문화적 측면 등 다양한 종합체적 성격 지식체계를 발전시켜 왔다는 것이다. 그러므로 사회복지실천의 지식기반은 심리학, 사회학, 교육학 등에서 도출되어 점차 공통적으로 수용될 수 있는 개념과 준거틀을 찾는 과정을 거쳤으며, 실천에 대한 가설을 검증하고 표준적 조사방법을 통해 실천을 평가하며 타당성을 확보하는 데 관심을 기울여 왔다(배창진 외, 2003).

(1) 사회복지학과 인접 학문

사회복지학의 지식은 인간과 사회체계에 관한 것이며 다양한 학문을 응용한 것인 만큼 광범위하다. 또한 사회복지학은 응용학문의 성격이 강하기 때문에 다양한 학문들과 밀

표 1-1 사회복지 인접 학문과의 비교

구분	인접 학문	사회복지학
사회학	사회문제나 사회현상의 원인과 결과를 사실적으로 밝히는 과학적 방법에 초점	사회구성원의 사회적 기능을 향상시키고, 개인의 문제를 해결하는 구체적인 방법을 개발하여 적용하는 데 초점
심리학	인간의 내면세계나 성격적 특성, 그리고 행위의 원인을 밝히는 것에 초점을 두는 심리치료 서비스	이 외에도 사회 · 경제적 서비스를 제공
정신의학	정신질환을 진단, 처방, 치료, 회복하는 것을 강조	개인과 가족의 일상적인 심리문제를 해결하고, 사회적 기능을 향상시켜 주는 것에 초점
정치학	정치 또는 정치현상을 연구	공적 및 사적 영역의 대인서비스에 관심
경제학	상품의 생산, 분배, 소비를 연구	사회경제적 정의의 원칙에서 정책, 정책 형성 과정, 그리고 사회정책분석에 영향을 미치는 요인에 관심
문화인류학	고고학적 · 민속학적 · 사회적 · 심리학적 자료를 기반으로 하여 인간문화를 연구하고 분석방법을 연구	인간의 문제에 대한 사회체계적 환경적 요인에 대한 분석

출처 : 류종훈 외(2007) 정리 요약.

접한 관계를 맺고 있다. 어떤 학문의 어떤 이론이라도 인간의 사회적 기능을 높이는 목적에 직접 적용될 수 있는 것이면 사회복지학의 지식기반으로 적용될 수 있다(서성철, 2004).

우선 사회복지학은 사회과학이다. 이것은 사회복지학이 어떠한 현상상태나 표현방식을 취하는 학문적 연구방법상 사회과학적이어야 한다는 것을 의미한다. 하지만 사회과학은 사회현상과 인간관계현상을 연구대상으로 하고 사회과학의 지식은 과학이론인 데 비해 사회복지학은 어떠한 사회현상에 내재하는 사회문제에 대처해 나가기 위한 사회적 정책의 체계이고 사회복지학의 지식은 실천이론이다. 그러므로 사회복지학의 사회문제에 대한 연구방법은 사회과학적이어야 하며 그 실천은 문제해결과 복지발전을 목적으로 해야 한다(정종우, 2007).

(2) 전문적 기반

사회복지실천의 전문적 기반은 과학적 기반과 예술적 기반으로 나누어 설명할 수 있다(김혜란 외, 2006).

첫째, 사회복지실천은 구체적인 변화를 위해 지식을 활용하고 이론을 적용하는 과정으로 이를 위해서는 과학적 기반을 갖추어야 한다. 사회복지실천의 기반을 위해 필요한 지식은 다음과 같다. 우선 개인의 인생과업에서 강조되는 인간의 성장과 발달, 욕구와 물리적·사회적 자원, 인간의 행동에 관한 지식(전인적인 인간관 이해, 인간과 환경과의 상호작용 이해), 인간의 의사소통의 다양한 방법의 이해(내적 감정상태 이해), 집단과정의 이해(집단 구성 시 개인과 집단의 역할 이해), 개인·집단·지역사회에 대한 문화적 요인의 영향 이해(종교, 영적 가치관, 법률, 사회제도 등), 인간관계 및 상호작용에 대한 이해, 지역사회의 본질에 대한 이해(내적구조, 과정, 발달과 변화 형태, 자원, 서비스 현황 등), 미시·중범위·거시 전문가 수준의 사회복지실천 방법에 관한 지식 필요(개입모델, 문제해결과정, 개입방법 등), 조직행위와 기관의 행정적 과정·정치적 과정·실천을 위한 지식을 형성하고 실천 영역의 서비스 전달을 평가하기 위한 과학적·분석적 이해와 설명을 제공하는 조사방법과 프로그램 평가방법 등이 있다.

사회복지실천의 예술적 기반은 전문적인 관계, 즉 감정이입, 온화함, 진실성, 창의성, 상상력, 융통성 등을 의미한다. 사회복지실천의 예술적 기반에 포함되는 요소로는 동정,

인간의 고통에 직면할 수 있는 용기, 의미 있고 생산적인 원조관계를 형성할 수 있는 능력, 변화를 창조하는 창의성, 변화과정에 에너지와 희망을 불어넣는 능력, 건전한 판단능력, 개인의 가치 등이 속한다. 결국 사회복지실천은 인간서비스 전문 활동인 동시에 실천에 관한 과학이며 가치에 기초를 둔 예술이라 할 수 있다.

2. 사회복지실천기술

1) 개념

사회복지실천기술이란 사회복지실천에서 클라이언트의 변화를 위해 개입하고 노력하는 행위를 지원하는 이론적인 체계인 동시에 전문적인 지식과 가치에 기초한 개입기술을 의미한다.

다양한 학자별로 사회복지실천기술에 대해 정의한 내용을 정리해 보면 다음과 같다.

표 1-2 학자별 사회복지실천기술의 개념

Mary Richmond (1922)	개개인, 그리고 개인과 사회환경 사이에서 의식적인 조정을 통해 사회환경 속에서의 적응능력을 향상시켜 개개인의 인격과 성격발달을 도모하는 기술
Bowers (1949)	클라이언트와 그의 환경 사이에 조화를 이루도록 지역사회 내의 자원과 클라이언트 개인의 능력을 최대한 동원하는 지식과 기술
Bartlett (1970)	개인과 환경에 대한 이중 초점을 두고 개인이 갖고 있는 대처능력과 개인에 대해 환경이 요구하는 것 사이의 균형을 이룰 수 있도록 돕는 기술
Pincus & Minahan (1973)	사람과 사회환경에 존재하는 체계들 사이의 연결과 상호관계의 기술 (개인의 문제해결 능력과 대처능력을 향상시키고 사람들을 자원과 서비스 및 기회를 제공하는 체계와 연결시키며, 이 체계들이 효과적 · 인도적으로 운영되게 장려하고, 사회정책 개발과 발전에 기여하는 기술)
NASW 1 (1958)	인간과 사회환경의 부조화로 인해 나타나는 개인이나 집단의 문제를 해결하거나 최소화하고, 이러한 문제를 미리 예방하여 개인, 집단, 지역사회의 잠재력을 최대화하는 것을 목적으로 하는 원조 활동의 기술

NASW 2 (1977)	개인, 집단 또는 지역사회가 사회적 기능(social functioning)을 향상시킬 수 있는 자신들의 능력을 회복하거나 증진시키고, 자신들의 목표달성을 위한 사회조건을 스스로 만들어 갈 수 있도록 돕는 전문적 활동의 기술 → 기존의 사회복지실천 3대 방법(대인, 집단, 지역사회조직사업)이 새로운 방법으로 모색(사회복지실천, 사회치료, 임상사회사업 등), 통합실천방법론이 대두되기 시작
Germain & Gitterman (1980)	개인과 개인에게 영향을 주는 사회, 물리적 환경 간의 역기능적 교환에 개입하는 기술
Perlman (1986)	전문적 활동과 과업을 수행하도록 그들에게 권위, 승인, 허가를 부여받은 사회복지사에 의해 이루어지는 개입의 기술
CSWE (1994)	삶의 질을 향상시키고 빈곤과 억압을 감소시키기 위해 공적인 영역과 사적인 영역으로부터 권한을 위임받아 다양한 분야에서 사회적 서비스를 제공하는 전문직의 기술 (개인, 가족, 집단, 조직, 지역사회가 목적을 달성하고 고통을 완화시키며, 자원을 활용할 수 있도록 도움으로써 이들의 사회기능을 촉진, 회복, 유치, 향상시키는 기술/인간의 기본 욕구를 충족시키고 인간이 갖고 있는 잠재력 및 가능성 개발을 돕기 위해 필요한 사회정책, 서비스, 자원, 프로그램을 계획, 공식화, 시행하는 기술)
IFSW (2000)	약자의 권익증진을 위해 사회변화를 촉진함과 동시에 개인을 차별과 억압으로부터 해방시키는 기술

출처: 신정자 외(2007) 요약 정리.

2) 사회복지실천의 기초 기술

사회복지실천의 기초 기술은 면담기술, 사정기술, 개입기술, 팀워크기술, 지지망 구축기술, 협상기술, 평가 및 종결기술로 나눌 수 있다.

표 1-3 사회복지실천의 기초 기술

면담기술	의사소통 및 관여기술
사정기술	개인과 환경의 상호작용 맥락에서 문제나 어려움 발견
개입기술	문제나 어려움 해결 기술
팀워크기술	문제해결을 위해 다른 전문직과 합동으로 노력하는 기술
지지망 구축기술	개입효과의 지속성을 유지함으로써 클라이언트의 자립 유도

협상기술	클라이언트의 복지와 관련된 주변 체계와의 협상기술
평가 및 종결기술	클라이언트와 사회복지사의 협력적 노력의 결과를 평가하고 클라이언트의 자립생활을 위해 종결하는 기술

3) 사회복지실천기술의 유형

사회복지실천기술들은 클라이언트의 문제에 개입하는 과정에 나타난다. 하나는 나이가 들어감에 따라 생겨나는 과업이나 역할, 지위 등 정상적 사회화의 과정에서 나타나는 문제에 개입하는 것이며, 다른 하나는 사회적 기능을 하는 데 장애가 있거나 역기능적 역할 수행에 따른 개선 및 방법습득을 제공하는 개입이 치료 과정에서 나타난다(Garvin & Tropman, 1998).

사회화 및 치료적 과정에 개입하는 사회복지실천기술을 구체적으로 구분하면 열두 가지로 나눌 수 있다. 그것은 전문가로서의 이해와 목적을 가지고 경청하는 기술, 사회력과 사정 및 보고서를 준비하기 위해 관련된 사실과 정보를 수집하는 기술, 전문적 원조관계를 형성, 유지하고 그 관계 속에서 자신을 활용하는 기술, 언어적·비언어적 의사소통을 관찰하고 해석하며 성격심리학과 사정방법에 대한 지식을 활용하는 기술, 클라이언트가 스스로 자신들의 문제를 해결하고, 신뢰를 얻을 수 있도록 해주는 기술, 정서적으로 민감한 주제들을 지지적 방법으로 토론하는 기술, 클라이언트의 욕구에 대한 창의적 해결책을 만들어 내는 기술, 치료적 관계의 종결 시기와 방법을 결정하고 실행하는 기술, 조사연구의 수행과 결과의 해석·전문적 문헌을 해석하는 기술, 갈등관계에 놓인 양측을 화해시키거나 협상하는 기술, 조직 간의 연계서비스를 제공하는 기술, 후원자, 시민, 입법관계자 등에게 사회적 욕구를 해석하고 전달하는 기술 등이다(이윤로, 2007).

3. 사회복지현장의 이해와 분류

Bartlett(1970)은 사회복지현장을 서비스 체계, 서비스 제공 주체, 서비스 유형에 따라 구분하였다. 서비스 체계는 서비스의 성격과 범위에 따라 정책과 프로그램으로 구분되며, 서비스 설립 유형에 따라 정부와 NGO · NPO로 구분하였다. 또한 서비스의 제공 주체에 따라 사회복지현장이 공공기관과 민간기관으로 구분될 수 있는데, 각 기관의 특성은 다음의 표와 같다.

표 1-4 서비스 제공의 주체에 따른 유형 특성

구분	공공기관	민관기간
특성	관료적, 위계질서에 의해 통제적	자율성, 융통성, 담당업무 중심으로 권한이 분산
재정	정부지원으로 운영	기부금, 후원금, 재단전입금, 공동모금회의 지원과 프로젝트 사업비, 기타 서비스 이용료로 운영
운영	정부규정, 지침에 의해 지도감독	기관의 규정과 내규에 의해 정책결정이 이뤄지며, 이사회에서 기관의 운영을 책임
유형	행정체계, 집행체계	협의체, 사회복지법인, 재단, 사단법인, 종교단체, 시민사회단체 기관, 사회서비스 기관

그리고 서비스 전달의 유형에 따라 행정기관과 서비스기관으로 구분되는데, 행정기관은 행정업무와 기관 간의 연계 조정을 담당하며 중앙, 광영, 기초, 읍 · 면 · 동의 사회복지 담당에 의해 업무가 이루어진다. 서비스기관은 직접서비스 제공을 담당한다.

Kahn(1978)은 사회복지현장을 실천 영역, 주거서비스 제공 여부, 대상 및 문제 영역, 세팅에 따라서는 학교, 복지관, 병원, 지역사회, 시설이나 기관, 협의체 조직, 시민단체 등으로 나뉘기도 한다. 이 밖에도 사용되는 지식, 가치, 기술의 형태, 시각의 차별성, 접근 방법이나 모델에 따라 구분된다.

4. 사회복지사의 역할과 기능

1) 사회복지사의 개념

제대로 된 사회복지를 실현하는 데 서비스 전달체계를 통한 예산의 확보도 중요하지만, 사회복지프로그램을 만들고 사회복지실천현장에서 사회복지서비스를 실천하는 전문인력의 확보가 더 중요하다고 볼 수 있다. 이와 같이 사회복지사업의 전문적 접근 필요성이 제기됨에 따라 이에 대처하기 위한 노력의 과정에서 전문인력으로서 사회복지사 자격제도를 강조하게 되었다. 사회복지사업법 제11조 제1항의 규정에 의하면 사회복지사란 사회복지에 관한 전문적인 지식과 기술을 가진 자라고 정의하며 보건복지부장관이 자격증을 교부하도록 되어 있다. 또한 제2항 규정에 의하여 사회복지사의 등급은 1, 2, 3급으로 나누어져 있다. 1급은 국가시험에 합격해야 한다. 이러한 기준에 의해 이들에게 복지업무를 담당토록 함으로써 아동 · 청소년 · 노인 · 장애인 · 가족 등 보호가 필요한 사람들에게 전문적이고 체계적인 복지서비스를 제공하고자 하는 것이다.

통계청 한국표준직업분류에서 "사회복지사는 사회복지서비스 전문가로서 사회문제와 복지욕구를 가진 복지대상자들을 사회복지학 및 인접 사회과학의 전문지식을 바탕으로 문제에 대한 진단과 평가를 통해 궁극적인 문제해결을 할 수 있도록 지원"하는 직업군으로 정의하고 있다.

2) 사회복지사업법의 사회복지사 자격제도 변화

우리나라의 사회복지사 자격에 대한 변천과정을 살펴보면 다음과 같다(장인협, 1992).

(1) 자선사업가

해방과 한국전쟁 이후 수많은 전쟁고아나 노인들에 대한 외원단체들의 활동으로 구호물자의 전달과 고아원 설립이 활발하게 이루어졌다. 우리나라의 사회복지를 고아원이 대표하며 지역사회와 가정의 해체, 지속적인 빈곤, 만연된 부정부패의 시대가 1970년대까지 이어졌다. 고아원 등의 수용시설 운영자들은 자선사업가라고 불리며 우리나라 사회복지현장을 대표하게 되었다.

(2) 사회복지사업종사자 자격제도

1970년에 제정된 사회복지사업법 및 시행규칙에서 '사회복지사업종사자'라는 자격제도가 도입되었다. 당시 사회복지사업법은 사회복지법인, 시설, 인력 등에 관한 사항을 규정함으로써 주로 외원에 의존하고 정부의 지도감독이나 재정지원의 대상이 아니었던 민간 사회복지서비스 분야가 더 이상 방치될 수 없는, 정부의 개입을 필요로 하며 일정부분 사회가 책임을 져야 하는 필수적인 사회복지제도를 인정하는 것이었다. 따라서 그동안 자선적 관념에서 일해 온 민간 사회복지서비스 전달자인 사회사업가들은 과거와는 달리 서비스에 대하여 사회적인, 법적인 책임을 지게 되었으며, 이를 담보하기 위하여 최소한의 자격을 확보할 것을 요구받게 된 것이다.

그리하여 이들은 사회복지사업종사자라는 명칭으로 일괄적으로 표현되었으며 자격기준이 사회복지사업법시행령에 명시되었다. 사회복지사업종사자 자격증은 시·도지사를 거쳐 보건사회부에서 교부하기 시작하였으며, 1972. 8. 9. 사회복지사업법 시행령 개정으로 보건사회부에서 교부하던 사회복지사업종사자 자격증이 시·도지사에 위임 교부하게 되었다. 그러나 단순히 사회복지사업에 7년 이상의 실무경험만으로, 그리고 정부의 사회사업훈련기관에서 8개월 이상의 훈련만으로도 사회복지사업종사자 자격을 획득할 수 있게 되어 있어 소위 전문직으로서의 자격기준은 아니었다고 볼 수 있다.

이러한 상황은 정규 사회사업교육을 받은 자가 소수에 지나지 않고 한국전쟁의 비극적인 상황에서 폭발적으로 확대된 수용시설이 대부분 순수한 자선의 관념 또는 일부 외원에 끌려 발을 들여놓는 사람들에 의하여 운영되었던 것을 생각하면 현실의 반영이라고 볼 수 있다. 한편 민간단체로서 대학에서 정규 사회사업교육을 받은 사람들이 중심이 되어 한국사회사업가협회(현 한국사회복지사협회)가 조직되어 활동하고 있었다. 아직 전문직 단체로서 기능을 하기에는 미흡하였으나 사회사업의 전문직을 위한 중요한 발걸음이었다고 하겠다.

(3) 사회복지사 자격제도

사회복지사업종사자 자격제도는 1983년 전면 개정되어 '사회복지사' 자격제도가 신설되었다. 1985년 사회복지사업법 시행규칙 개정으로 한국사회복지협의회에서 위탁받아 한국사회복지협의회장 명의의 사회복지사 자격증 교부업무를 시행하였으며, 1990. 11. 19. 사회복지사업법 시행규칙 개정으로 자격증 명의를 보건사회부장관 명의로 변경하였다. 분명히 사회복지사업종사자 자격제도에 있어 70년대와 80년대의 사회복지현장의 상황은 달라졌다. 대학에서 사회복지를 전공하고 졸업한 인력이 증가하여 이를 중심으로 새롭게 자격제도를 만들 수 있는 기반이 조성되고 있었다.

1999년 사회복지사업법 개정으로 자격증 교부 업무가 한국사회복지사협회로 이관되어 보건복지부장관 명의의 사회복지사 자격증 교부 업무를 수행하게 되었다. 2003년부터는 사회복지사 1급 국가자격시험제도를 도입하여 대학교 사회복지학과 졸업과 관련되어 2급 자격증이 발급되지만, 1급은 한국사회복지사협회에서 주관하는 시험에 의해 발급되도록 하였다. 2008년부터는 시험을 산업인력관리공단에 위탁하여 실시하고 있다.

3) 세팅별 사회복지사의 역할

인간이 속해 있는 사회와 문제들은 항상 다양한 상황 속에서 존재하기 때문에 사회복지사의 역할도 다양해질 수밖에 없다. 특히 어떤 특정한 상황에서 하나의 문제를 해결하는 데에도 시기별 혹은 단계별로 다양한 역할이 요구되기 때문에 사회복지사의 역할에 대해 명확한 이해를 하는 것은 매우 중요한 일이다. 사회복지사의 역할은 사회복지현장마다 전문적으로 활동을 하는 과정에서 다른 역할을 수행하게 된다. 그 구체적인 내용을 살펴보면 다음과 같다(구혜영, 2009).

첫째, 조력자의 역할이다. 조력자는 도움을 주는 사람이다. 즉, 어려운 사람, 혹은 문제를 가진 사람들이 그 문제를 해결할 수 있도록 도와주는 그런 역할들이다. 예를 들어 이혼이나 실직 같은 위기상황에서 긴급하게 도움을 줄 수 있는 주거서비스나 보육서비스, 기타 상담서비스 등을 통해 각자가 갖고 있는 문제를 대처하고 또 해결할 수 있도록 도와

주는, 돕는 역할이 바로 조력자의 역할이라 할 수 있다.

둘째, 중재자의 역할이다. 중재자는 견해가 서로 다른 개인이나 집단 사이에 의사소통을 향상시키고 타협하도록 도와 논쟁이나 갈등을 해결해 주는 역할이다. 이때 중재자는 항상 중립을 유지해야 하기 때문에 상대방의 양쪽 입장을 정확히 이해해야 되고 서로가 갖고 있는 여러 가지 측면의 장점과 단점을 토대로 갈등을 해결해야 한다.

셋째, 사회복지실천현장에서 사회복지사는 통합과 조정자의 역할을 하기도 한다. 옹호나 조정가능성을 파악하는 일에서부터 기술적으로 지원하고 또 서비스를 연계하고 수행하기 위해서 직접 개입하는 역할까지 수행하는 것을 말한다.

넷째, 관리자의 역할을 수행한다. 관리자란 사회복지기관이나 부처의 책임행정자의 역할로서 조직의 어떤 목표 설정이나 서비스 프로그램 운영, 재정 확보, 실무자들의 과업조정 등과 같은 업무를 수행하는 역할이다.

다섯째, 교육자의 역할도 한다. 교육자는 클라이언트나 클라이언트를 둘러싸고 있는 다양한 형태의 체계라고 하는 부분들에 대한 정보를 주고, 또 그 정보를 활용할 수 있는 기술들에 대해 가르치는 역할을 한다.

여섯째, 분석, 평가자의 역할을 담당한다. 사회복지사의 개입이나 기관의 프로그램과 기능을 분석해서 그 효과성을 평가하는 기능을 의미한다.

일곱째, 사회복지사는 중개자의 역할을 담당하기도 하는데, 마치 집을 사겠다는 사람과 집을 팔겠다는 사람을 연결해 주는 공인중개사처럼 양쪽에 필요한 자원들을 연결해주고 또 서비스를 연계해 주는 것을 의미한다.

여덟째, 촉진자의 역할을 한다. 이 촉진자는 집단의 집단사회복지사 역할을 의미하는 것으로 사람도 모으고 의사전달 통로도 만들어 활동이나 자원을 전달하는 그런 변화 노력을 하는 것을 말한다.

아홉째, 주창자의 역할을 한다. 이 주창자는 개선해야 될 문제에 대해서 관심을 불러일으키고 캠페인 같은 것을 통해서 우리 지역에 이런 문제가 있다든가 지금 현재 이런 부분에서 굉장히 힘든 상황에 놓인 클라이언트가 있다라는 부분들을 알리고 밝혀주는 일을 한다.

열째, 사회복지현장에서 사회복지사는 협상가의 역할을 한다. 협상가는 각각의 집단에서 이슈가 되는 무엇인가를 얻어내는, 그래서 양쪽에서 어떤 변화 같은 것들을 얻어내서 필요한 것들을 클라이언트에게 주는 역할을 담당하게 된다. 중재자가 갈등을 해결하기 위해서 양쪽 집단의 어떤 이해관계나 대립 요소들을 설명하고 설득하는 것과는 달리 협상가는 협상을 통해 클라이언트의 문제해결에 초점을 두고 클라이언트 욕구를 강하게 알려주는 역할을 담당해야 한다.

열한째, 옹호자의 역할이다. 옹호자는 클라이언트가 필요한 것을 얻을 힘이 없을 때 그 입장을 대변해 주는 역할을 한다고 할 수 있다. 클라이언트들은 대부분 힘도 없고 또 가진 것도 없고 아는 것도 없어 매우 위축되어 있기 때문에 사회복지사는 클라이언트의 입장과 처지, 상황의 역기능적인 부분들을 다른 사람에게 알리는 역할을 담당해야 한다.

열두째, 사회변화대행자라는 역할을 들 수 있다. 이 역할은 주민의 삶의 질을 향상시키는 영역에 대해 확인하고 변화를 위한 새로운 자원을 획득하기 위해 이익집단을 동원하는 것을 의미한다. 즉, 각각 흩어져 있는 이익집단들을 활용해서 클라이언트나 주민들의 삶의 질을 위해서 노력하는 활동들을 의미한다.

사회복지사의 이러한 다양한 역할들은 사회복지현장에서도 많이 볼 수 있는데, 적절히 역할을 수행하기 위해서는 인간행동에 대한 정확한 이해와 사회환경과의 상호작용의 분석이 필수적이다.

(1) 공공기관에서의 역할

표 1-5 공공기관에서의 사회복지사의 역할

인력 유형	근거법	주요 업무내용			
		미시	중범위	거시	전문가
사회복지직 공무원	국민기초생활 보장법	조성자 및 중개자 (수급자 및 요보호대	촉진자 (서비스 전달체계	계획자나 현장 개입가	연구자/학자(주민의 욕구와 실태,

<table>
<tr><th rowspan="2">인력 유형</th><th rowspan="2">근거법</th><th colspan="4">주요 업무내용</th></tr>
<tr><th>미시</th><th>중범위</th><th>거시</th><th>전문가</th></tr>
<tr><td>아동복지지도원</td><td>아동복지법</td><td rowspan="5">상에 대한 서비스 제공 및 자원연계)
옹호자 및 교사(권익 보호 및 정보제공)
그러나 공무원 신분상 자격요건에 적합한 수혜자에게 자원제공의 역할로 인정</td><td rowspan="5">상의 문제점 개선, 조직 내 기능이나 연결망 강화)
그러나 행정체계의 경직성과 업무과다로 역할 수행에 장애</td><td rowspan="5">(홍보 및 교육활동, 프로그램개발)
그러나 업무과다로 새로운 프로그램의 개발이 제한적</td><td rowspan="5">만족도에 대한 조사업무)
그러나 정보교류의 기회부족과 비전공자의 높은 비율로 전문성 미비</td></tr>
<tr><td>노인복지상담원</td><td>노인복지법</td></tr>
<tr><td>장애인복지 지도원</td><td>장애인복지법</td></tr>
<tr><td>모자복지상담원</td><td>모자복지법</td></tr>
<tr><td>여성복지상담원</td><td>여성복지법</td></tr>
</table>

(2) 민간기관에서의 역할

표 1-6 민간기관에서의 사회복지사의 역할

<table>
<tr><th>구분</th><th></th><th>미시</th><th>중범위</th><th>거시</th><th>전문가</th></tr>
<tr><td rowspan="2">주거별</td><td>생활시설</td><td>조성자(욕구와 서비스와 활동의 체계적 관리) 중개자(프로그램개발 및 자원확보)</td><td>촉진자(시설운영규정마련 및 행정기관과의 협조)</td><td>계획가
행동가</td><td></td></tr>
<tr><td>이용시설
(지역복지관 등)</td><td>조성자 및 중개자(서비스와 프로그램 제공, 물품과 후원금 전달, 타 기관과의 연계) 교사(교육프로그램 제공)</td><td>촉진자(프로그램의 관리방안과 운영구조 개선으로 조직의 기능강화)
중재자(연계와 공동사업으로 지역복지 네트워크 구축)</td><td>계획가와 현장개입가(문제해결을 위한 주민참여와 공동체 의식 증대, 지역사회인식 개선 및 사회행동)</td><td>촉매자</td></tr>
<tr><td rowspan="3">분야별</td><td>아동복지</td><td>조성자
중개자
사례관리자
정서적 지원자
교사</td><td></td><td></td><td>전문가</td></tr>
<tr><td>청소년복지</td><td>상담가
조성자
정서적 지지자</td><td>옹호자</td><td>계획가
행동가
현장개입가</td><td></td></tr>
<tr><td>노인복지</td><td>조성자(정서적 안정)
교사
중개자</td><td></td><td>현장개입가</td><td>전문가</td></tr>
</table>

구분		미시	중범위	거시	전문가
	여성복지	조성자 중개자 교사	옹호자	행동가	
	장애인 복지 및 의료보건	조성자 중개자	옹호자	행동가 현장개입가	
	소득보장 / 생활보장	조성자(정서적 지지 및 상담) 중개자(자원연결)	중재자 촉진자 옹호자	행동가	
세팅별	학교사회 사업	조성자 중개자		실천모델 개발	전문가
	의료사회 사업	조성자 상담가 중개자 교사	옹호자 미흡	행동가, 현장개입가의 역할미비	전문가 연구자 학자
	교정복지	조성자 중개자	제도적 옹호자		

5. 사회복지전문직의 윤리

윤리란 선하고 바람직한 행동을 선택하는 지침 혹은 기준을 말한다. 사회복지는 기본적인 권리로서 인간존엄성과 독특성에 대한 존중을 강조하며, 개인의 복지에 대한 사회와 개인 공동의 사회적 책임을 강조한다. 이러한 것이 잘 실현될 수 있도록 하는 것이 사회복지의 윤리라고 할 수 있다.

사회복지직에서 활동하는 사회복지전문가는 인간의 존엄성과 독특성, 권리, 기회 등을 중요시하는 사회복지전문직의 기본 가치에 기반을 두고, 실천을 함에 있어 이러한 기본 가치를 증진시키도록 통제하는 조건이다. 그러므로 사회복지전문가 윤리는 사회복지사가 자신의 전문적 가치를 실천적 행동으로 전환하도록 돕는 지침이 된다. 구체적으로 사회복지전문가 윤리는 사회복지사 등 전문가의 가치관과 클라이언트, 동료 전문가 등 다른 사람들의 가치관 사이에 존재하는 공통점과 차이점을 체계적으로 확인하기 위해 필요하며, 윤리적 갈등을 이해하고 이에 대처하는 능력을 갖기 위해 필요하다. 또한 현행 사회복지 주류 가치가 얼마나 정당한지 파악하는 데 필요하고, 서로 다른 가치관 사이에 관계 정립을 위해 그리고 사회복지실천방법을 개발하거나 전문가의 전문경력을 발전시키기 위해 필요하다.

미국 사회복지교육협의회에서는 사회복지사의 전문적 관계가 개인의 가치와 존엄성에 기초하며, 상호 참여와 수용, 비밀보장, 정직 그리고 책임 있는 갈등관리를 통해 발전함을 강조하였다. 또한 사회복지사는 자율적인 자기결정의 권리와 원조과정에 적극적으로 참여하는 권리를 존중해야 한다고 하였다. 그리고 사회복지사는 클라이언트에 부응하도록 변하는 데 기여할 책임이 있음을 강조하였다. 특히 사회복지사는 다양한 집단의 고유한 특성을 존중하고 차이를 수용해야 하며, 실천윤리를 기반으로 적절하게 개입하고 실천하여야 한다고 하였다. 따라서 사회복지사는 전문적인 지식과 기술을 지속적으로 발전시키는 노력과 더불어 윤리적 실천을 위한 훈련을 해야 함을 강조하였다.

우리나라에서는 1992년 10월 22일 세 차례의 개정을 통하여 한국사회복지사의 윤리강령을 채택하였고 2001년 재개정하였다. 그 내용은 인간의 존엄성과 사회적 정의 및 공평등의 가치를 추구하면서 균등하고 차별 없는 서비스를 받을 클라이언트의 권리와 사회복지사 개인의 이익을 배제하고 전문적 지식과 기술개발을 위해 계속해서 노력할 것과 팀워크, 전문인으로서의 책임성 등을 강조하고 있다(양옥경, 2005).

미국의 사회복지사협회 윤리강령은 전문, 윤리강령의 목적, 윤리원칙, 윤리기준 등 크게 네 부문으로 구성되어 있다. 그중 윤리원칙을 간략히 소개하면 다음과 같다. 미국 사회복지사협회의 윤리원칙들은 사회복지서비스의 핵심 가치, 사회정의, 개인의 존엄성과 가치, 인간관계의 중요성, 신뢰성, 능력을 바탕으로 한다. 이러한 원칙들은 모든 사회복지사가 열망하는 이상을 규정한다. 사회복지사의 주요 목표는 욕구에 처한 사람들을 도우며 사회문제를 해결하고자 하는 것이다. 사회복지사는 사회적 불공평에 도전한다. 사회복지사는 개인이 타고난 존엄성과 가치를 존중한다. 사회복지사는 인간관계의 본질적인 중요성을 인식한다. 사회복지사는 신뢰성을 줄 수 있게 행동한다. 사회복지사는 자신의 능력이 미치는 범위 안에서 실천을 하며, 자신의 전문기술을 발전, 강화시킨다.

표 1-7 윤리적 이슈의 우선순위 체크리스트

사회복지사는 어떤 선택, 행동 또는 결정을 고려하는가?(상황을 고려한 가정 선택을 기술한다)

- 선택 A: ______________________
- 선택 B: ______________________
- 선택 C: ______________________

예, 아니오 또는 결정할 수 없음으로 확인한 각각의 선택에 대해 다음 질문에 체크한다.

1\. 이 선택 및 행동이 생명, 신체적 안녕 또는 생존기회를 위협하는가?

선택 A☐, 예☐, 아니오☐, 결정할 수 없음☐

선택 B☐, 예☐, 아니오☐, 결정할 수 없음☐

2\. 이 선택이 누군가를 기본적으로 부정하게, 또는 불공정한 방식으로 다루거나 기본적 인권을 위반하였는가?

선택 A☐, 예☐, 아니오☐, 결정할 수 없음☐

선택 B☐, 예☐, 아니오☐, 결정할 수 없음☐

3\. 이 선택이 비합리적으로 누군가의 자기결정권, 자율성을 제한하는가?

선택 A☐, 예☐, 아니오☐, 결정할 수 없음☐

선택 B☐, 예☐, 아니오☐, 결정할 수 없음☐

4\. 이 선택이 누군가의 중대한 개인적 고통 또는 경제적 곤란을 야기하는가?

선택 A☐, 예☐, 아니오☐, 결정할 수 없음☐

선택 B☐, 예☐, 아니오☐, 결정할 수 없음☐

5\. 이 선택이 이웃, 지역사회의 또는 전체 사회의 사람들에게 삶의 질을 감소시키는가?

선택 A☐, 예☐, 아니오☐, 결정할 수 없음☐

선택 B☐, 예☐, 아니오☐, 결정할 수 없음☐

6\. 이 선택이 누군가의 사생활과 비밀보장 권리를 잃게 하는가?

선택 A☐, 예☐, 아니오☐, 결정할 수 없음☐

선택 B☐, 예☐, 아니오☐, 결정할 수 없음☐

7. 이 선택이 개인 또는 지역사회의 진실을 왜곡하거나 철회하는 것을 포함하는가?
선택 A □, 예 □, 아니오 □, 결정할 수 없음 □
선택 B □, 예 □, 아니오 □, 결정할 수 없음 □

■ 자기개방훈련을 통한 가치명료화

가치명료화 과정은 자신이 갖고 있는 가치에 대해서 부족한 부분을 보완하고 적합한 가치를 스스로 발전시켜 나가는 과정이다. 가치명료화 과정에 대한 접근은 ① 가치는 상대적 · 주관적 · 상황적이며, ② 인간은 생리적으로 선하며 도덕적으로 완전을 지향하는 지향성을 지니고, ③ 동시에 자기결정 및 선택의 자유를 위한 능력과 권리를 지닌 존재임을 전제로 한다. 그러므로 개인은 가치명료화 과정을 통해 성장과정 동안 자신도 모르게 가지게 된 가치를 발견하는 한편, 자신과 현시대에 보다 적합한 가치를 계속으로 발달시켜 나가게 된다.

가치명료화 과정은 선택하고 존중하며 행동하는 3단계 과정을 기초로 하고 있는데, Simon과 Howe 등(1993)은 가치발달의 7단계를 〈표 1-8〉과 같이 설명하고 있다.

표 1-8 가치발달 과정

과정	내용	단계
과정1	존중함	1) 자유롭게 선택함 2) 여러 가지 방향 또는 대안들 중에서 선택함 3) 선택하기 전에 일어날 결과에 대해서 심사숙고한 다음에 선택함
과정2	존중함	4) 자기가 선택한 바를 자랑스럽게 여기고 존중함 5) 그 선택한 바를 공개적으로 확언함
과정3	실행함	6) 선택한 바를 행동으로 나타냄 7) 이를 반복함으로써 생활화함

Simon과 Howe 등은 위에서 언급한 가치발달의 7단계를 근간으로 '자기개방훈련을 통한 가치명료화 활동'을 제안하였다. 이러한 활동은 사회복지사가 개인적 성장을 위해 적용할 수 있는 방법이다. 이 활동은 5개의 영역으로 구성되는데, ① 일반성(Generalities), ② 가치 및 태도(Value & Attitude), ③ 감정(Affect), ④ 정체감(Identity), 그리고 ⑤ 강점 및 약점(Strengths & Weakness) 등으로 구성되었다. 이러한 활동은 두 사람씩 짝이 되어 수행되는

데, 두 사람이 각각의 주제에 대한 자신의 생각 및 느낌을 표현하는 것이다.

체크리스트를 작성한 후, 각각의 주제에 대해서 서로 역할을 바꾸어 먼저 한 사람이 질문하고 상대방은 대답하는 형식을 취한다. 이때 중요한 것은 자신이 기록한 내용을 바탕으로 자신의 장점 및 잠재적 능력을 강조하면서 자기주장을 발표한다. 또한 상대방은 발표하는 사람에게 지지적으로 반응할 수 있도록 공감대를 형성하면서 칭찬 및 조언할 내용이 있으면 말해 주는 것이 좋다. 이러한 활동에 참여한 학생들은 자신이 작성한 자료를 통해 가치가 명확해지고 구체적으로 생활에서 실천될 수 있을 것이다. 또한 담당 교수자는 수업시간이나 상담을 통하여 피드백을 주어 학생들의 가치가 더욱 명확해지도록 독려할 필요가 있을 것이다. 이러한 자기개방훈련 체크리스트는 〈표 1-9〉에 나타냈다.

표 1-9 자기개방훈련 체크리스트

주제1: 나의 일반적 가치 인식 1) 나의 직업 목표는 ______________________이다. 2) 내가 가장 좋아하지 않는 사람의 유형은 ______________________이다. 3) 나는 ______________________때, 내 자신이 능력이 있다고 느껴진다. 4) 나는 정말 ______________________할 수 있기를 원한다. 5) 인생에서 가장 중요한 것은 ______________________이라고 생각한다.
주제2: 인간 태도와 가치 인식 6) 사람들이 다른 사람을 돕는 진짜 이유는 ______________________라고 생각한다. 7) 이제껏 내가 기꺼이 돕기를 원한 사람은 ______________________ 상황에 놓여 있는 (특성을 가진) 사람이다. 8) 아동을 성폭력한 가해자에 대한 나의 느낌은 ______________________이다. 9) 알코올중독자에 대한 나의 느낌은 ______________________이다. 10) 교수나 선배에게 불손하게 대드는 학생에 대한 나의 느낌은 ______________________이다.
주제3: 감정 인식을 통한 가치 인식 11) 나는 ______________________ 때, 가장 나 자신에 대해 긍지를 느낀다. 12) 나는 상대편이 나에게 어떻게 ______________________ 말할 때, 기분이 언짢다. 13) 나는 ______________________ 때, 당혹스럽다. 14) 나는 ______________________ 때, 자존심에 상처를 받는다. 15) 나는 상대가 나에게 어떤 ______________________ 말을 할 때 기분이 좋다.

주제4: 정체감

16) 나는 누구인가? ______________________________

(이 질문에 대한 대답은 즉흥적으로 해야 한다.
의도적으로 생각한 것이 아니고 평소에 자신이 생각한 그대로를 반영해야 한다.)

주제5: 강점 및 약점

강점	약점
① ____________	① ____________
② ____________	② ____________
③ ____________	③ ____________
④ ____________	④ ____________
⑤ ____________	⑤ ____________

참고문헌

구혜영(2009). 『인간행동과 사회환경』. 서울: 신정.

김혜란 외(2006). 『사회복지실천기술론』. 경기: 나남.

배창진 외(2003). 『사회복지실천론』. 서울: 대학출판사.

신성자 외(2007). 『사회복지실천기술론』. 경기: 양서원.

양옥경(2005). 『사회복지실천론』. 경기: 나남.

이윤로(2007). 『사회복지실천기술론』. 서울: 학지사.

장인협(1992). 『사회사업실천방법론(상, 중, 하)』. 서울: 서울대학교출판부.

정종우(2007). 『사회복지실천영역3』. 서울: 학지사.

Garvin, C., & Tropman, J.(1998). *Social work in contemporary society*(2nd ed.). Needham Heights, MA: Allyn and Bacon.

Pincus, A., & Minahan, A.(1973). *Social work practice: Model and method*. ltasca, Il: Peacock.

Chapter 02

사회복지실천모델과 개입기술(Ⅰ)

01 정신역동(분석)모델
02 심리사회모델
03 인지행동모델
04 행동수정모델

1. 정신역동(분석) 모델

정신역동(psychodynamics)은 정신역학, 정신분석학(psychoanalysis), 무의식의 심리학(psychology of unconscious) 등으로 불리며 Freud와 그의 동료, 제자들의 학문적 업적에 기반을 두고 있어 Freud의 정신분석이론은 성격발달에 대한 모형인 동시에 인간본성에 대한 철학이며, 정신치료의 한 방법이다.

Freud는 인간행동을 동기화하는 요소를 정신역동적 힘이라고 보았고, 정신역동적 힘의 근원으로서 무의식의 역할에 관심을 두었으며, 무의식적 갈등이 부적응의 원인으로서 신경증 같은 정신장애의 근원이 된다고 보았다. 또한 그는 기본적 성격의 구조를 이해하고 수정하는 치료절차에 관심을 두었다.

정신역동이론의 기본개념은 현대 심리학 및 정신의학의 여러 가지 이론의 기본개념이 형성되거나 발달하는 데 기초가 되었다. 즉, 어떤 상담·치료접근은 정신역동이론을 확장시킨 것이고, 어떤 것은 정신역동이론의 개념이나 절차를 수정하였으며, 또 어떤 것은 정신역동이론에 대한 반발로 나타났다. 즉, 많은 이론들이 정신분석의 원리나 기법을 빌려오거나 확장하였다(Corey, 1991).

또한 Freud의 사상과 생각은 정신의학이나 심리학에 그치지 않고 교육학, 사회학, 문화인류학, 정치학, 예술, 사회복지, 미술, 문학, 영화 등 그 어느 곳에도 반영되지 않은 곳이 없다. 정신분석이론은 20세기에 들어서 인류에 가장 큰 영향을 미친 위대한 업적으로 인정받고 있으며 실제로 인간의 정신생활을 이해하는 데 크게 공헌하였다.

1) 개요와 기본개념

(1) 개요

정신역동모델은 의식과 무의식의 구성요소로서 사고(thought), 소원(wish), 혹은 행위(acts)와 같은 현재의 정신활동과 과거의 경험 사이에 원인적 관계가 있다는 이론적 기초

위에 형성된 심리과학이다(Howard, 1980).

인간에 대한 정신분석학의 관점은 인간이 행동하거나 생각하거나 느끼는 모든 것에는 의미와 목적이 있고, 결정되어 있다는 정신결정론(Psychic Determinism)이다. 즉, 실언(失言)이나 실수, 몸짓조차도 개인의 경험에 근거를 둔 의미와 특별한 기원이 있다는 것이다. 또한 Freud는 인간의 행동이 비합리적이고 무의식적 힘, 생물학적 욕구나 충동, 생후 초기 6년 동안의 생활경험에 의해 결정된다고 하였다.

정신역동모델은 인간본성에 대해 다음과 같은 기본가정에 기초하고 있다(이훈구 역, 1984).

- 결정론 : 행동, 사고, 감정, 소망 등과 같은 인간의 모든 면들은 어떤 법칙의 지배를 받으며 강력한 본능적인 힘, 그중에서도 성적 본능(eros)과 공격적 본능(thanatos)에 의해 결정된다.
- 비합리성 : 비합리적이고 통제 불가능한 무의식의 본능이 인간의 행동을 동기화한다.
- 전체주의 : 성격의 세 가지 기본구조인 원초아(id), 자아(ego), 초자아(superego) 등의 전체적인 역동적 상호작용으로 인간의 행동을 이해할 수 있다.
- 유전론 : 인간의 존재는 내적인 생물학적 유전의 결과이며, 환경에 의한 영향은 이차적인 것이다.
- 불변성 : 인간의 기본적 성격은 어린 시절에 형성되어 성인이 되어도 쉽게 변하지 않는다.
- 주관성 : 인간은 주관적 느낌, 감정, 지각, 의미와 같은 세상에 살고 있는 존재이다.
- 발생성 : 인간행동의 원인은 원초아와 그의 본능으로부터 나오는 에너지에 있다.
- 형평성 : 인간의 모든 행동은 불쾌한 신체적 긴장에 의해 발생되는 흥분을 감소시키는 방향으로 조정된다.
- 가치성 : 모든 인간의 행동은 결국에는 과학적 노력으로 이해할 수 있다.

초기 사회복지실천, 특히 개별사회사업의 이론적 기초를 형성하는 데 있어서도 Freud의 이론은 막대한 영향을 미쳤으며, 사회복지사가 전문직으로 발돋움하는 데 큰 역할을 하였다. 그러나 인간과 환경이라는 사회복지의 고유한 이중초점(dual focus)에서 벗어나, 인간의 정신 내적 현상에 집중하게 하였고, 기계론적이며 결과론적인 인간관을 가지고 있어 사회복지사의 정체성에 대한 의문이 계속 제기되었다.

(2) 기본개념

① 지정학적 모형

지정학적 모형은 인간의 의식수준을 크게 의식(conscious), 선의식(pro-conscious), 무의식(un-conscious)으로 구분 지은 것이다. 인간의 정신세계는 대부분 무의식의 영역이며 극히 일부만이 의식의 영역에 올라와 있다. 마치 '빙산의 일각'이란 표현처럼 빙하의 대부분이 수면 아래에 잠겨 있고 일부만이 수면 위로 떠올라 있는 것과 같다.

가. 의식

의식이란 순간적이고 제한적인 개념으로 설명되고 있다(정우식, 1986). 즉, 주어진 시간 제한 속에서 정신활동의 내용으로 의식의 개념을 파악해야 한다는 것이다. 자, 지금부터 눈을 감고 10초 동안 1에서 10까지의 숫자를 세어 보자. 주어진 10초 동안의 당신의 의식은 정직하게 지시를 따랐다면 1에서 10까지의 숫자를 셌을 것이다. 그 외의 정신활동이 있었다면 지시를 성실이 따르지 않은 것이다. 하지만 다른 내용의 정신활동 또한 그 개인에게는 의식의 내용이 된다.

나. 선의식

선(先)의식 혹은 전(前)의식이란 흔히 이용 가능한 영역이라 불리기도 한다. 지금 갑자기 "오늘 아침식사로 무엇을 드셨습니까?"라는 질문을 받게 되면, 곧바로 아침식사를 기억해 내고 대답을 할 수 있을 것이다. 그러나 분명한 것은 그 질문을 받기 전에는 아침식사에 대한 기억이나 정신활동(의식)이 없었다는 것이다. 이 경우에는 아침식사에 대한 기억이 선의식의 영역에 있다가 필요한 경우에 즉시 의식의 영역으로 올라와 정신활동이 가능한 경우이다. 따라서 의식의 전 단계로서 언제든지 의식의 영역으로 불러 올려서 정신활동이 가능한 기억의 부분을 선의식이라고 할 수 있다.

다. 무의식

무의식이란 의식과는 반대의 개념이며, 의식화되기가 상당히 힘들거나 불가능한 경우에 해당한다. 주로 의식세계에서 버림을 받은 쓰라린 기억, 경험 그리고 억압된 욕망들이 저장되어 있다(이현수, 1985). 물론 개인은 그러한 무의식의 세계에 저장된 기억들을 의식하지는 못하지만, 자아의 통제가 일시적으로 해이해지면 공상이나 꿈을 통해서 나타나게 된다. 무의식은 너무 오래되어 의식화되기가 힘들기 때문에 기억이 나지 않는 것, 오래되지 않았는데도 중요하지 않기 때문에 무의식의 영역에 자리 잡게 된 경우 등이 있다.

② 구조적 모형

구조적 모형은 인간의 성격을 원초아, 자아, 초자아의 세 체계로 구성되어 있다고 본다. 원초아, 자아, 초자아는 각각 독자적으로 성격에 작용하는 분리된 요소로서가 아니라 전체로서 기능한다. 즉, 성격의 역동은 심리적 에너지(리비도, libido)가 원초아, 자아, 초자아에 분배되는 방식이다. 심적 에너지의 양은 제한되어 있고, 한 체계는 다른 두 체계의 희생으로 에너지를 이용할 수 있기 때문이다.

가. 원초아

원초아는 심리적 에너지의 원천이자 타고난 본능(instint)이 자리 잡고 있는 곳이다. 원초아의 존재 이유는 본능의 즉각적이고 방해 없는 충족이다. 원초아는 쾌락만이 좋은 것이고 다른 것은 아무것도 상관하지 않는다. 즉, 원초아는 본능적 욕구를 충족시키는 데 있어서 비논리적이고, 맹목적으로 작용하며 현실세계의 상황은 고려하지 않는다. '쾌락의 원칙' 또는 '쾌락-고통의 원칙(pleasure-pain principle)'에 따르며(Brenner, 1975), 일차과정식 사고(primary process thinking)를 한다.

나. 자아

자아는 성격의 실행자이자 경영자이다. 자아는 원초아와 초자아 그리고 외부 현실세계를 중재 또는 통제하는 교통경찰관으로서 집행자의 역할(이정균, 1990)을 한다. 자아는 '현실의 원칙(reality principle)'에 따라서 현실적이고 논리적인 사고로 환경에 적응한다. 원초아가 맹목적으로 욕구의 충족을 꾀하는 데 비해 자아는 주관적 욕구와 외부의 현실을 구별할 줄 아는 현실검증(reality testing)의 능력이 있으며, 이차과정적 사고(secondary process thinking)와 방어기제(defense mechanism)를 주관한다.

자아는 욕구를 만족시키기 위하여 행동에 대한 계획을 세운다. 원초아는 주관적 현실만을 알지만, 자아는 정신적 심상과 외부세계의 사물을 구별한다.

다. 초자아

초자아는 쾌락보다 완벽을 추구하고 현실적인 것보다 이상적인 것을 추구한다. 초자아는 도덕에 위배되는 원초아의 충동을 억제하며 자아의 현실적 목표를 도덕적이며 이상적인 목표로 유도하려고 한다. 이것은 부모의 사회규범이 내면화되는 심리적 보상이나 처벌과 관련이 있으며, 그 개인이 속한 사회의 규범과 행동기분이 내재화된 것이라 볼 수 있다. 즉, 외부체계, 주로 부모로부터 현실거래방법에 대한 잘잘못의 평가를 받게 되며, 그것은 칭찬이라는 보상과 꾸짖음이란 벌의 형태로 나타난다. 이때, 칭찬받은 것들이 모여서 잘된 것, 해야 하는 것의 기준이 되며 자아이상(ego-ideal)이 되고, 벌 받은 것들이 모여서 잘못된 것, 해서는 안 되는 것의 기분이 되면 양심(conscience)이 되는 것이다.

[그림 2-1]은 지정학적 모형과 구조학적 모형을 한 그림에 나타낸 것이며, 전제조건은 정신기능이 정상의 범위에 있는 성인이 깨어 있으면서, 정서적으로 평온한 상태일 때이다.

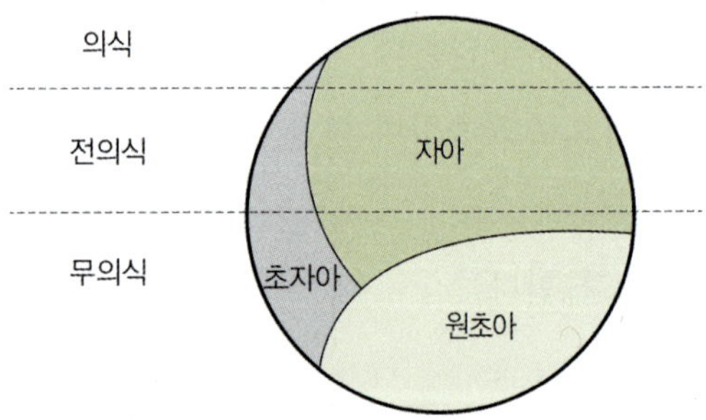

그림 2-1 의식수준과 성격구조와의 관계

출처 : 이훈구 역(1984).

③ 방어기제

방어기제란 용어는 Freud가 최초로 사용하였고 그의 딸 Anna Freud가 체계적으로 정리하여 완성하였다. 인간은 신체적으로나 심리적으로 평정을 원하며 이 평정이 깨어졌을 때에는 다시 평정을 되찾으려는 본능을 가지고 있다. 심리적으로도 인간은 평정이 깨진 상태에서는 평정을 되찾으려는 심리적 작용, 즉 심리기제로서 평온함을 찾고 갈등이나 불안을 해결하려는 작용이 있고 이것을 방어기제라고 불렀다. 쉽게 말하면 방어기제란 인간 심리 내부의 형평(평형, equilibrium)이 깨어졌을 때 개체보존을 위해서 다시 형평을 찾으려는 항상성(homeostasis)의 작용이라 할 수 있다.

또한 마음의 평정을 깨트리는 것들은, 의식의 영역으로 올라오게 되면 불안을 야기하는 것으로서 주로 사회적, 도덕적으로 용납되지 못하는 원초아의 욕구나 욕망, 충동, 초자아의 압력, 과거의 기억이나 현실의 요구, 욕구불만, 내적 갈등, 죄책감 등 무의식 속에 억압되어 있던 받아들이기 어려운 충동 등이며 이때 자아는 불안을 처리하여 마음의 평정을 회복시키려는 노력을 동원한다. 이것이 바로 방어기제이다(이형영, 1992).

따라서 방어기제는 갈등이나 불안을 처리하려는 자아의 노력이며 병리적이라기보다는 정상적인 반응이다. 또한 현실을 왜곡하는 측면도 있지만, 현실을 회피하는 삶의 양식이 되지 않는다면 적응상의 가치가 있는 것으로 볼 수 있다. 모든 과정은 자아(ego)가 주관하고, 무의식의 영역에서 이루어지므로 본인은 인식하지 못한다. 또한 자동적으로 작동되며 한 번에 여러 가지의 방어기제가 동원되는 것이 대부분이다.

대표적 방어기제는 다음과 같다.

- 억압(repression) : 억압이란 현실세계에서 충족되기가 어렵거나 힘든 내용의 무의식의 본능이 의식화되는 것을 막기 위해서 더 깊은 무의식 속으로 눌러 버리는 것을 말한다. 유의할 것은 일단 의식계로 올라온 본능의 내용을 무의식 속으로 눌러 버리는 억제(suppression)와는 달리 무의식적 작업이기 때문에 자신이 그러한 본능이 가지고 있는지, 또 그 본능을 억압했는지를 본인조차도 모른다는 것이다.
- 취소(undoing) : 자신의 언행을 무의식적으로 취소하려는 것을 말한다. 자신의 언행이 자신에게 불안감을 불러일으키기 때문이다. 예를 들어 아주 바쁠 때 보채는 아이를

한 대 쥐어박은 어머니가 하던 일을 제쳐두고 뛰어가 구석에서 서럽게 울고 있는 아이를 안아 주면서 "아가, 내가 잘못했다! 울지 마."라고 말하며 달래 주는 경우이다.

- 반동형성(reaction formation) : 자신의 본래의 마음과는 반대되는 언행을 하여 자신의 본심을 숨기는 것을 말하며 그 예로서 자기가 좋아하는 여학생을 애먹이거나 괴롭히는 경우를 들 수 있다.
- 상환(restitution) : 잃어버린 대상을 대신할 만한 새로운 대상이 나타날 때가지 애처롭고 불쌍하게 동정심을 유발시키며 살아가는 것을 말한다. 그 예로 상처(喪妻)한 남자가 홀아비 냄새를 풍기며 외롭고 쓸쓸하게 살아가는 경우가 이에 해당한다.
- 동일시(identification) : 외부의 대상이 가지고 있는 어떤 점을 보고 흉내 내어, 내 것으로 만드는 것을 의미한다. 작은 개념으로서 합일화(incorporation), 함입(introjection), 내면화(내재화, internalization), 감정이입(공감, empathy), 동정(sympathy) 등이 있다.
- 투사(projection) : 자신이 가졌다고 인정하기에는 너무나 불안하기 때문에 상대방이 가졌다고 생각해 버리는 것을 의미한다. 또한 남의 탓을 하는 것을 말하기도 한다. 예로서 다른 이성에 대한 욕구가 강한 사람이 반대로 자신이 아닌 배우자가 바람을 피운다고 의심하는 의처증이나, 자신의 실수를 인정치 않고 주위의 사람들을 비난하는 것 등이다.
- 전치(대치, displacement) : 적절한 예로서 "종로에서 뺨 맞고 한강에서 화풀이 한다."라는 우리 속담이 있다. 한 대상에게서 품었던 감정을 그 대상에게 풀었다가는 자신이 더 불안할 것이기 때문에 대상을 바꾸어 그 감정을 푸는 것을 말한다. 아버지에게 혼이 난 뒤 동생을 쥐어박는 것이 좋은 예라고 할 수 있다.
- 대리형성(substitution) : "꿩 대신 닭"이란 속담이 좋은 예이다. 또 다른 예로서 오빠를 사랑하는 동생이 오빠와의 이루어질 수 없는 사랑 대신에 오빠와 가장 닮은 사람이나, 오빠와 가장 친한 친구와 결혼한 경우를 들 수 있다.
- 부정(denial) : 충격적 무언가를 직면했을 때 "아니야!" 하고 부정하는 것을 말한다. 예를 들어 건강하게 잘 지내다 갑자기 배가 아파 병원에 갔더니 말기 암이며 1개월 정도밖에 살지 못한다는 말을 들으면, 모두가 아니라고 부정하게 된다.

- 합리화(rationalization) : 이솝 우화의 "여우와 신포도"가 그 좋은 예이다. 자신이 못난 점을 인정하려니 불안하기 때문에 그 불안을 회피하기 위해서 자신도 모르게 변명 또는 거짓말을 하게 되는 경우를 말한다.
- 보상(compensation) : 자신의 결점이나 열등한 부분을 다른 것으로 채우려는 것을 말한다. 나폴레옹 콤플렉스가 대표적인 예이며, 키가 작은 사람이 목소리가 크다는 것도 그 예이다.
- 유리(격리, isolation) : 과거의 어떤 사건에 대한 모든 기억은 생생하나 그에 수반되었던 감정과 정서는 부분적으로 억압되어 있는 경우를 말한다. 그 예로 10년 전에 할아버지가 돌아가셨을 때 정말 슬프고 힘들었지만, 지금 와서 생각해 보면 모든 기억은 생생하나 그때만큼 슬프고 힘든 감정이나 정서가 강하게 생기지 않는다면 유리의 좋은 예일 것이다.
- 지성화(지식화, intellectualization) : 모든 것을 아는 체하며 지적인 사람으로 보이려고 하는 경우를 말한다. 애인에게 바람맞고는 친구와 밤새 술을 마시며 "인생이 뭐냐?, 사랑이 뭐냐?" 하고 밤새 토론한다면 지성화의 예일 것이다.
- 퇴행(regression) : 정상적 발달단계를 거치다가 특정한 계기로 인해서 그 이전의 발달단계로 후퇴하는 것을 말한다. 착하고 똑똑하던 꼬마가 동생이 생기자 고집도 세어지고, 말도 안 하며, 대소변을 가리지 않는다면 퇴행이라고 볼 수 있다.
- 해리(dissociation) : 한 개체에 둘 이상의 인격체가 활동하는 것을 말하며 "지킬 박사와 하이드"가 그 예이다. 또한 이러한 현상을 이인화 현상(depersonalization)이라고 한다.
- 승화(sublimation) : 전치의 한 형태로 볼 수 있으며, 억압되어 있던 본능이 고도의 사회성, 문화성, 예술성을 지니고 표출되어 충족된다면, 승화라고 한다. 예로서 공격적 본능을 격투기로 승화시킬 수 있을 것이다.
- 전이(transference) : 과거의 중요한 인물에게 품었던 감정을 현재의 다른 인문에게 투사시켜 내보인다면, 전이라고 한다. 특히 아버지에게 품었던 공격적 본능을 현재의 사회복지사에게 나타내 보인다면 전이라 볼 수 있다.

2) 개입목표와 과정

(1) 개입목표

정신역동모델의 개입목표는 '무의식의 의식화'를 통한 자기 통찰(self-insight), 즉 클라이언트에게 행동의 패턴, 행동의 의미, 행동의 원인에 대하여 해석해줌으로써, 과거의 경험에서 갖게 된 불안한 감정이나 무의식적 갈등을 의식화하여 이러한 것들이 어떻게 자신의 행동에 영향을 주고 있는지에 대한 통찰력을 갖도록 돕는 것이다.

정신역동모델은 클라이언트가 말을 하거나 감정정화(catharsis)나 통찰과 무의식적 자료를 훈습(working through)하는 것으로 이루어진다. 이러한 작업은 지적으로나 정서적으로 이해하고 재교육시켜서 성격변화가 일어나게 한다.

(2) 개입과정

사회복지실천에 있어서 정신역동모델의 개입과정을 4단계로 살펴보았다(장인협, 2005).

① 관계형성단계

본격적으로 원조과정으로 들어가기 위해서 사회복지사와의 클라이언트가 rapport(상호 신뢰관계)를 형성하는 시기이다. 원조과정의 초기에 발생하는 불안에 직면한 클라이언트에게 편안함을 제공하여 사회복지사와 원조에 대한 저항을 줄이고, 방어적이지 않게 만들어 주는 것이 중요하다.

② 동일시를 위한 자아구축단계

클라이언트와 사회복지사 사이에 친밀한 관계가 형성되는 단계이다. 클라이언트는 사회복지사를 동일시하기 시작하여 사회복지사의 생각과 태도 중 많은 부분을 받아들이기도 하고, 자신의 갈등과 관련 있는 과거의 어떤 중요한 인물에 대한 정서적 반응을 사회복지사에게 옮기게 되는 전이현상을 보이기도 한다. 이러한 동일시와 전이 등과 같은 심리기제들을 잘 분석, 이해하여 클라이언트가 겪고 있는 갈등의 본질을 잘 파악하여야 한다. 또한 사회복지사는 클라이언트에게 현실감을 부여하여야 한다.

③ 클라이언트가 독립된 자아정체감을 형성하도록 원조하는 단계

클라이언트가 자신의 문제에 대한 통찰이 깊어지는 단계로서, 사회복지사의 전문적 원조를 받은 후에는 클라이언트가 독립된 하나의 인격체로서 세상을 향해 나아가야 하기 때문에 독립된 정체감을 확립하는 것이 필요하다. 그러나 그 과정이 어렵기 때문에 클라이언트의 퇴행을 나타낼 수도 있다. 이때 사회복지사는 강하고 공정하며 일관성 있는 부모의 모습으로 클라이언트가 독립된 인격체로 성장하는 도전을 이해하고 도와주어야 한다.

④ 클라이언트의 자기이해를 원조하는 단계

클라이언트가 자신의 행동과 그 행동의 원인을 이해할 수 있도록 원조하는 단계로서 클라이언트의 무의식적 갈등과 미해결된 문제를 해결하는 단계이다. 사회복지사는 클라이언트가 자신의 방어기제가 대해 의식하며, 부적합한 정서적 행동에 빠지지 않으면서 좌절과 실패에 대응하는 방법을 찾을 수 있게 원조한다.

3) 개입기법

정신역동모델의 개입기법들은 자유연상과 저항의 분석, 방어기제와 자아기능에 대한 이해, 꿈의 분석 등과 함께 사회복지사와 클라이언트 간의 상호작용적 관계에서 발생하는 전이의 분석, 해석, 직면, 훈습 등과 같은 기법들이 있다.

(1) 자유연상과 저항의 분석

정신역동모델은 무의식에 억압된 갈등이나 감정을 의식에 떠오르게 하는 방법을 기본적 기법으로 사용한다. 그중에서도 가장 대표적인 기법으로 자유연상이 있다. 자유연상(free association)은 클라이언트를 침상(couch)에 편하게 눕게 한 다음, 의식에 떠오른 것은 무엇이든지 자유롭게 떠올리게 하고 그것을 숨김없이 말하도록 한다. 이때 클라이언트는 자기가 느끼고, 생각하고 있는 것을 꾸밈없이 말해야 함은 물론 이를 수치스럽게 생각하거나, 별로 도움이 되지 않을 것으로 생각하여 말할 내용을 취사선택해서도 안 된다. 이와 같은 자유연상을 통하여 무의식이 점차 의식세계로 떠오르게 되며 감정정화의 효과도 있다. 이때 클라이언트의 연상된 내용, 맥락, 어조, 흐름의 단절 등을 통해서 무의식의 내용과 소재를 분석하게 된다.

그러나 클라이언트와 자아는 무의식의 내용이 의식화되는 것에 대하여 불안을 느낄 수 있고, 이로 인해 억압이나 다른 자아방어기제를 사용하여 자유로운 연산을 방해할 수 있다. 이것을 저항(resistance)이라 한다. 저항은 억압되었던 무의식이 의식화하는 것을 주저하는 것이다. 무의식의 기억을 생각해 내는 것을 저지함으로써 치료과정을 방해한다. 그래서 저항이 치료과정을 방해하기 시작할 때에는 분석하고 해석되어, 해소되어야 한다. 일반적으로 저항은 클라이언트의 민감한 문제를 다루었다는 신호이므로 종종 긍정적으로 본다.

(2) 꿈의 분석

Freud는 꿈의 내용이 종종 개인의 무의식과 관련된 일종의 단서들을 제공한다고 주장하고, 꿈의 3대 구성요소로 잠재몽(latent dream)과 현재몽(manifest dream), 꿈의 작업(dream work)을 들었다.

잠재몽의 내용은 초자아의 기준에 맞지 않으며, 잠자는 사람을 깨우려고 위협하는 무의식적 개념(thoughts)과 소망(wishes)을 말하며, 현재몽은 잠재몽의 내용이 그대로 적나라하게 나타나면 괴로워지기 때문에 초자아의 검열(consorship)을 받아 자아가 받아들일 수 있는 형태로 상징화(symbolization) 또는 변형시켜서 나타난 것을 말한다. 또한 잠재몽의 내용이 현재몽으로 전환되는 무의식적 정신작용(방어기제)을 꿈의 작업이라고 한다(Brenner, 1973). 따라서 꿈의 분석은 꿈의 작업과는 반대방향으로 현재몽을 통해 잠재몽을 분석하는 것이다.

꿈의 분석에 있어서는 자유연상과 상징의 해석 등이 사용된다. 그러나 보편적 상징에 대한 분석보다는 자유연상을 토대로 분석하는 것이 꿈의 분석에 있어서는 더 중요하고 보다 정확한 것으로 되어 있다. 즉, 자유연상으로부터 얻은 무의식의 갈등에 대한 지식

없이 꿈을 상징으로만 분석하는 것은 매우 위험하다는 것이다. 또한 꿈에 대한 분석도 클라이언트가 스스로 자신의 꿈을 분석하게 할 때 더욱 치료의 효과가 크다고 하였다.

Freud는 자유연산이 어떤 저항에 부딪쳤을 때 꿈에 대해서 말하게 하여, 이를 분석하고 해석함으로써 자유연상을 돕게 된다는 점에서 꿈을 자유연상의 보조수단으로 삼았다. 이런 점에서 자유연상과 꿈의 분석은 무의식적인 일련의 소원, 욕구, 사고의 과정을 해명하는 데 있어서 기본기법이다.

(3) 전이의 분석

전이는 과거의 어떤 인물과 현재의 인물을 동일시하여 과거 인물에게서 느꼈던 사랑이나 증오의 감정을 현재의 인물에게 전치하는 것을 말하며, 사회복지실천의 장면에서는 클라이언트가 과거의 중요한 인물에게서 느꼈던 감정을 현재의 사회복지사에게 전치하는 것을 말한다. 전이는 반복적이고 부적절하며, 무의식적으로 일어나고, 퇴행하는 특징을 갖고 있다.

클라이언트의 전이현상을 분석하고 해석함으로써 과거의 문제들을 이해하는 데 중요한 단서를 얻을 수 있고, 클라이언트의 과거 문제들을 해석해 줄 수 있다. 또한 클라이언트가 자신의 기본적 반응형태를 통찰해 볼 수 있도록 돕고, 새로운 반응형태를 학습할 수 있도록 돕는다.

(4) 해석

클라이언트의 문제가 무엇인지 분명해지면, 해석과정을 시작한다. 해석을 통하여 클라이언트는 특정 생각, 행동, 소원의 무의식적 의미를 깨닫게 된다. 즉, 해석은 상담자가 자유연상, 꿈, 저항, 치료관계에서 나타나는 행동의 의미를 클라이언트에게 지적하고, 설명하고, 가르치는 것이다. 해석(interpretation)의 기능은 자아가 새로운 자료를 받아들이고, 더 많은 무의식 자료를 드러내도록 하는 것이다. 해석은 클라이언트가 깨닫지 못했던 것이 문제를 일으키고 있었다는 것을 인정하도록 하는, 즉 통찰력을 갖게 하는 효과가 있다.

(5) 직면

직면(confrontation)은 클라이언트가 문제해결 과정에 있어 저항과 비순응적 태도를 보이거나, 클라이언트의 말과 행동 사이의 불일치나 모순이 있을 때, 그것을 직접적으로 지적하는 것(Cournoyer, 1996)으로서 클라이언트의 행동이 역기능적이 되거나 언어적 메시지와 비언어적 메시지가 일치하지 않을 때 사용한다. 이는 클라이언트가 특정 현상에 대해 주의를 기울이고 무엇을 회피하려 했는지를 인식하도록 하는 것을 의미한다.

(6) 훈습

끊임없이 전이와 저항에 대한 분석과 해석을 클라이언트 자신에 대한 이해를 확대하고 반복함으로써 이해의 통합을 가져오게 하는 것이다. 한 번의 깨달음(insight)만으로는 변화가 오지 않기 때문에 클라이언트 스스로 통찰할 수 있을 때까지 계속되어야 한다. 훈습을 통해 클라이언트의 불안은 최소화되고 적합한 방법으로 자신의 문제를 이해할 수 있는 능력을 기르게 된다.

정신분석모델의 실천기술은 다음 〈표 2-1〉과 같다.

표 2-1 정신분석모델의 실천기술

기술	내용
자유연상	클라이언트의 내면에 있는 감정 생각, 기억, 환상, 꿈 등을 구애받지 않고 편안한 마음으로 자유롭게 표현하도록 하는 기술이다. 예를 들어, 클라이언트가 "오늘은 기분이 참 좋아요"라고 말한다면 사회복지사는 "기분이 좋으면 무엇이 생각나나요?"라고 질문하면서 이에 대한 반응이나 또 다른 연상을 연계하도록 돕는 것이다.
경청	자유연상을 통해 클라이언트가 자유롭게 표현하는 내용을 중립적으로 공감하면서 긍정적인 의사소통을 할 수 있도록 경청하는 기술이다.
직면	클라이언트가 욕구 및 문제에 대해 유지하려는 사고, 감정, 행동 등의 특정 측면을 직시할 수 있도록 인식시키는 기술이다. 클라이언트가 자신의 문제를 부정하거나 회피하고 변화나 개입을 거부할 때 그의 자아인식을 고양하고 변화를 촉진시킨다.
명료화	클라이언트가 직면한 심리적 현상에 대해 초점을 맞추거나 문제의 원인이 되는 과거력 등을 인식할 수 있도록 명확히 하여 변화할 수 있도록 하는 기술이다.

기술	내용
훈습	불안으로 인한 방어기제를 사용할 때 긍정적으로 인식한 욕구 및 문제에 대해서 반복적으로 훈련 및 학습하여 불안을 최소화하는 기술이다.
꿈의 해석	Freud는 꿈의 내용이 종종 개인의 무의식과 관련된 일종의 단서를 제공한다고 보았는데 꿈이나 자유연상을 통해 나타나는 무의식적인 소망이나 욕구, 불안 등을 해석함으로써 무의식적으로 억압되었던 사건들을 해결하여 새로운 자아통찰을 갖게 하는 기술이다.

4) 제한점

정신역동실천모델에서 인간은 기계론적이고 결정론적 존재로 인식되기 때문에 단지 성욕과 과거 경험에 지배되는 수동적이고 소극적인 존재로 보았다. 가족관계의 심리·성적인 측면을 중요시하였으며, 특히 유아기 아동에 대한 영향을 강조하여 가족적응이나 아동의 심리를 주로 취급하는 사회복지에 큰 영향을 주었다.

그러나 인지발달은 무시한 채 정서발달에만 치중하였다는 것과, 발달에 미치는 생물학적 요인의 강조로 대인관계적·사회적 요인의 영향을 고려하지 않았다는 비판을 받고 있다. 이와 같이 반여성적 입장, 결정론적 입장, 사회환경과의 상호작용이나 상황 속의 인간이라는 관점을 도외시하는 입장, 강점보다는 문제에 초점을 둠으로써 정신역동실천모델은 한계를 갖게 되었다.

이 접근방법이나 기술은 자기분석을 통해 성장을 이루고자 하는 의지가 높은 클라이언트에게 적용하기 용이하다. 특히 자신의 내면적 갈등에 대한 이해와 통찰력을 획득함으로써 현재의 문제에 대한 해답을 찾고자 하는 클라이언트에게 적용할 수 있다. 나아가 자아성장을 위해 오랜 시간 동안 자기분석에 관심을 갖고 있는 클라이언트를 대상으로 장기적인 치료를 제공할 수 있다.

그러나 이러한 특성은 사회복지사의 우월성을 강조한 나머지 클라이언트의 낙인으로 이어질 소지가 있으며, 장기 비용 문제에 직면할 수 있다. 또한 통찰력이나 문제인식 및 이해가 결핍되거나 미약한 클라이언트에게는 저항감을 불러일으키게 되고, 비자발적이고 문제해결의 의지가 약한 클라이언트에게 저항감과 전이의 섣부른 해석이나 직면은 클라이언트의 반감을 가져올 수 있다. 지적능력 및 언어구사능력이 높아야 치료가 가능하며, 빈곤문제 등 일상적인 문제와 관련된 클라이언트, 단기간에 궁극적인 해답을 원하는 클라이언트에게는 적용의 한계가 있다(원요한, 2007).

정신분석이론은 처음으로 이상행동에 대해 과학적이고 경험적인 접근을 시도했다. 정신병리를 귀신의 소행으로 본다든가 전적으로 신체적 원인에 의한 것으로 보았던 이전과는 달리 Freud는 처음으로 경험적 사례연구를 통해 합리적으로 연구하기를 시도했다. 또 정신분석을 충동모형, 지형학적 모형, 구조모형 등 다양한 심리모형과 자유연상, 꿈의 해석, 전이분석, 저항분석 등과 같은 다양한 기법들로 제시하였다. 이것은 과거 의학적 혹은 생물학적 모형이 아닌 최초의 심리적 모형과 기법이라는 데에 의의를 지닌다. 또 문제를 단순히 치료자의 것 혹은 환자의 것으로 보지 않고 환자와 치료자가 협력해서 해결해 나가는 동맹관계를 강조했다는 것도 정신분석의 공헌이라 볼 수 있다. 정신분석에서 가장 중요한 개념인 무의식 개념을 제시했다는 것도 빠뜨릴 수 없는데 이를 통해 심리연구의 영역이 무의식이라는 영역에까지 확장되었으며 인간관에 획기적인 변화를 맞이하게 하는 계기가 되었다. 그 외에도 정신분석학은 문학, 예술, 철학 등 사회의 여러 분야에 영향을 주었다는 것 역시 위대한 공헌이라 볼 수 있다.

그러나 이러한 정신분석의 공헌에도 불구하고 이에 대한 강력한 비판이 제기되어 왔다. 우선 개념의 모호성을 들 수 있는데 사용하는 용어들이 조작적으로 정의되어 있지 않기 때문에 이리저리 끼워 맞출 수 있다는 것이다. 즉, 과거 설명은 잘하나 미래 예측은 힘들고 학자들 간의 해석이 크게 다를 수 있다는 것 등이 그 예이다. 이런 맥락에서 실험적인 연구에 의하여 뒷받침을 받지 못한다는 것 역시 비판의 대상이 된다. 정신역동이론은 실험보다는 임상적인 사례연구를 통해서 이론을 검증하고 있는데 이런 사례연구는 통제할 수 없는 수많은 변인들이 작용하고 있어서 정신역동이론에서 주장하는 여러 법칙성을 지지하는 행동의 인과관계를 밝힐 수 없는 것이다. 또 19세기 말 성의 억압이 심했던 유럽사회의 젊은 노이로제 환자들의 경험에 기초하고 있다는 것이 비판의 대상이 된다. 즉 지나치게 성적 욕구의 갈등을 강조하고 있는데, 이를 다른 문화권에까지 일반화하기 어렵다는 것이다. 지나친 성의 강조는 또 인간이 환경과 상호작용을 하는 존재임을 간과하고 경시하게 했다는 점에서도 비판의 대상이 된다. 이것은 정신분석이 인간에 관한 비관적인 입장에서 출발한다는 것에서 비롯되기도 하는데, 즉 타인으로 대표되는 환경과의 상호작용보다는 진공상태에서의 개인의 발달을 본 것, 애착이나 통달에 대한 욕구 등과 같이 중요한 동기를 무시하고 심리성적인 면만을 강조한 것, 그리고 초기발달의 중요성을 간과한 것이 Freud 이론의 맹점이라는 것이다. 마지막으로 치료에 있어서 지나친 시간과 돈이 소요될 뿐 아니라 효과의 모호성 때문에 치료에 한계가 있다는 것도 정신분석학을 비판하게 하는 요인이다.

5) 정신분석이론모델 사례

(1) 증상

Anna O라는 가명의 한 환자가 있었다. 이 환자는 스물한 살이고, 명망 있는 가문 출신의 교양 있고 지적이고 매력적인 여성이었다. Anna는 두통, 흥분발작, 복시(원래 한 개인데 두 개로 보이는 것), 난시, 감각상실, 국부적 마비를 경험하기 시작했다. 시간이 지남에 따라 그녀의 증상은 더욱 기괴하게 발전하였다. 그녀의 흥분 발작이 급격한 기분의 변화로 옮겨가는 한편, 일종의 몽환 상태가 나타나는 것 같았다. 그녀는 검은 뱀, 해골 및 뼈에 대한 환각을 경험하기 시작했다. 때때로 그녀는 어린아이처럼 말했고, 또 다른 때는 단지 영어, 불어, 또는 이탈리아어로만 말할 뿐, 자신의 모국어인 독일어로는 말하지도 읽지도 쓰지도 못했다. 그녀에게서 두 가지 서로 다른 성격들이 나타났는데, 그 중 하나는 상당히 괴팍스러웠다. 그녀의 아버지가 사망했을 때, 이러한 증상들은 혼수상태로까지 악화되었다.

(2) 원인

Anna는 많은 재능이 있었으나, 당시 사회에서는 여성들에게 사회적 속박을 가했고, 그 때문에 그녀는 권태감을 느끼고 성적으로 순박해졌으며, 또 날마다 백일몽 속에서 보냈다. 그리고 Anna는 그녀를 망치게 한 아버지에게 몹시 애착되어 있었다. 하지만 아버지가 불치병을 앓고 있던 마지막 몇 달 동안, 그를 간호하고 있던 Anna는 너무 쇠약해졌다.

(3) 치료목표 설립

이 환자의 치료를 맡은 사람은 비엔나의 존경받던 의사인 Josef Breuer였다. Breuer 박사는 이 환자를 Freud의 정신분석방법을 통해 치료하려 했다. 정신분석치료의 핵심 목표는 무의식을 의식화하여 현재의 행동, 감정 및 사고들이 무의식적으로 충동들에 의해 지배당하기보다 현실에 바탕을 두고 진행될 수 있도록 하는 것이었다. 무의식의 의식화의 궁극적 목적은 어떤 연유에서건 억압하여 전혀 자신의 의식과 자아가 통제할 수 없었던 무의식적 충동이나 욕구들이 통제될 수 있도록 자아의 기능을 강화하는 것이었다. 자아가 보다 강해지면, 본능이나 충동들을 자아의 통제 하에 두게 되고, 이것은 무의식적 본능들을 현실적이고 사회적으로 용인될 수 있는 방식으로 취하도록 하게 되어 있다.

(4) 치료과정

당혹스런 환자인 Anna와 당면한 Breuer 박사는 매일 그녀를 왕진했다. 왕진이 이루어지는 동안 Anna는 의사에게 말을 건네고, 자신에 대한 이야기를 하기 시작했다. 대화를 해 나감에 따라, Anna는 중요한 기억들을 회상하고, 그녀가 이전에는 회상하거나 표현할 수 없었던 느낌들을 재경험하기 시작했다. 느낌들을 기억하고 재경험하는 정화(catharsis)라고 불리는 이러한 과정을 겪은 후에 증상이 완화되었다. Anna는 이것을 '대화치료'라고 불렀다. Breuer는 Anna에게 최면을 걸고 그녀로 하여금 증상 각각에 대하여 그것을 야기시킨 특정 사건이나 원인으로 거슬러 올라가 보도록 하였다. 그녀의 증상들은 억제된 감정과 충동의 결과인 것으로 보였다. 이러한 발견 후에, Breuer는 Anna의 증상들을 제거하고 그녀를 건강한 상태로 되돌릴 수 있었다.

(5) 결과

Breuer는 환자가 단순히 호전되었기 때문에 치료를 그만두었다. 그가 그렇게 하였을 때, 예상 밖의 일이 발생하였다. Anna와 치료를 종결한 직후, Breuer는 1883년 어느 날 저녁 그녀의 집으로 초대되었다. 거기서 그는 그녀가 정신이 나갈 정도로 혼란스러워하고, 복부 경련으로 몸을 뒤틀고 있는 것을 보게 되었다. 그가 왜 그런지를 물었을 때, 그녀는 분만 중이며 아기가 곧 태어날 것이라고 대답하였다. 이어, "Breuer 박사님의 아기가 곧 태어날 거예요."라고 덧붙였다. 놀라 동요된 Breuer는 Anna에게 최면을 걸어 그녀를 진정시키고 떠난 후 치료를 그만두었다. 그와 그의 아내는 곧 긴 휴가를 떠났다. 물론 말할 것도 없이, Breuer 박사는 그의 새로운 치료에 대한 관심을 모두 포기하였다.

(6) 보완점

Breuer는 재능 있는 환자의 도움으로 몇 가지 중요한 관찰들을 해왔었다. 그러나 발견의 결정적인 순간에 질문을 멈추고 도망쳐 버렸다. Breuer의 젊은 동료인 Sigmund Freud는 다음과 같이 질문을 던지며 주의를 다른 곳으로 돌리지 않았다. "왜 이 젊은 여성이 그와 같이 기괴한 방식으로 치료자에게 반응해야만 했을까?" 드러난 의식세계 밑에 숨겨진 무의식의 세계를 파헤치는 것이 얼마나 어려운가를 이 사례를 통해 알 수 있다. 문제가 재발되었을 때 치료자는 단순히 치료를 포기할 것이 아니라 재발의 원인에 대해 더 깊이 탐색하고, 치료에 나서야 할 것이다.

2. 심리사회모델

심리사회모델은 역사적으로 정신분석이론의 발달, 자아심리학의 출현, 사회과학적 지식의 도입과 더불어 Richmond의 연구에 의해 발전하였다. 이러한 심리사회모델에서는 모든 개인이 연령에 상관없이 성장하고, 학습하며 적응해 나가는 능력을 가지고 있다고 가정한다. 이 이론에서는 인간의 성장과 발달을 위해 적절한 여건을 조성하는 것에 개입의 초점을 두고 있다(Wood & Robinson, 1996; 엄명용 외, 2009 재인용).

심리사회모델은 사회복지실천분야의 진단주의와 기능주의 논쟁에서 진단주의의 실천양식에 뿌리를 둔 모델이기 때문에 어떤 사례를 이해하기 위해 클라이언트의 근접환경을 현재 및 과거 시점에서 조사했던 Richmond의 영향을 받고 있으며, 관련된 과거 사실에 대한 세심한 개인력 조사를 통한 사회연구를 강조한 Freud의 관점도 반영하고 있다. 따라서 이 모델에서는 가족, 개인 및 가족의 최근접환경, 상황 속의 인간 등을 철저히 조사하는 사정(assessment) 또는 진단(diagnosis)이 강조된다. 이는 개인의 현재 기능은 현재는 물론 과거 사건들의 영향을 받는다는 생각에 기초하고 있다.

이러한 심리사회모델의 특성은 사회복지실천이 개인 내력 요소와 사회적 요소의 영향을 모두 중요시하는 부분을 잘 담아내고 있다는 것이다. 따라서 이 모델에 따라 사회복지사는 사회복지실천현장에서 만나는 문제를 개인 내적인 심리적이고 생리적인 문제와 사회환경의 문제 또는 개인과 사회와의 상호작용의 문제로 보고 접근한다.

1) 등장배경

Woods와 Hollis는 심리사회모델의 이론적 배경으로 생태체계이론, 정신역동이론, 역할이론, 의사소통이론 등을 제시하였다(김혜란 외, 2003).

심리사회모델은 19세기 우애방문단 및 자선조직협회의 활동, Richmond의 실천모델을 전승하며 이후 Freud 정신분석이론에서 파생된 자아심리학의 영향을 받았을 뿐만 아니라 생태체계적 이론, 문화인류학 등 인접 사회과학에 이르기까지, 어떤 특정 이론에 근거하여 발달하였다고 하기보다는 사회복지실천의 과정에서 여러 요소들이 절충되어 이루어졌다고 할 수 있다(한국전문대학사회복지교육협의회, 2005).

심리사회적 접근은 클라이언트 상황에서의 정신 내부적, 대인관계적, 그리고 환경적 측면들을 완전하게 이해하기 위해 새로운 이론과 다양한 지식을 받아들이는 개방체계로서의 성격을 가지면서 절충주의를 취하고 있다. 어떠한 우수한 생각이나 실천기술이라도 그 하나만으로는 클라이언트의 복잡하고 광범위한 문제를 모두 포괄할 수는 없다. 그러한 점에서 심리사회모델은 사회복지 영역뿐만 아니라 정신의학, 심리학, 사회학, 인류학 등을 포함하는 다양한 지식체계들로부터 클라이언트 상황에 대한 더 나은 이해를 도모한다. 또한 다양한 수준-개인, 소집단, 가족, 중요한 타자, 다른 영역의 전문가, 그리고 클라이언트 생활 내 여타 체계-에서의 원조 제공을 강조함으로써 복잡하고 복합적인 사안들에 효과적으로 대처하고자 하는 경향을 보이고 있다(김기태 외, 2006).

역사적 관점에서 심리사회모델은 정신분석이론에 기반을 두고 진단주의의 옹호자였던 Hamilton(1940)에 의해 사회복지실천에 학문적으로 정착되었다. 심리사회모델은 19세기 우애방문단 및 자선조직협회의 활동에 영향을 받았고, 특히 Richmond는 자선조직협회에 의한 우호방문만으로는 충분한 원조를 제공할 수 없으며, 개인에 대한 초점뿐 아니라 개인은 그를 둘러싼 가족과 집단 등의 환경 속에서 이해되어야 한다는 개념을 주장하였다.

또한 사회복지사의 분석은 정확한 분석으로 이어져야 함을 중시하면서 사회복지실천이 실제 실천 경험으로부터 수집된 정보를 토대로 과학적 근거를 갖게 함으로써 진정한 전문직으로 출발할 수 있게 하였다. 이러한 활동은 단순한 자선을 베푸는 것이 아닌 사회조사, 진단, 치료계획과 같은 전문적 원조 과정을 가진 전문가로서 사회복지사를 양성하는 데 기초가 되게 했다.

2) 주요 가정 및 개념

(1) 원칙과 가정

심리사회모델은 개인 내적 영역과 사회환경적 영역, 그리고 개인과 환경의 상호작용에 초점을 두고 있다. 이 모델은 기본적으로 정신분석이론에 뿌리를 두고 있으며, 자아 심리학과 체계이론 등의 영향을 받아 형성된 모델이므로 다음과 같은 가정을 기반으로 한다고 할 수 있다(Turner, 1996).

① 모든 개인은 생래적 가치 또는 존엄성을 갖고 있다고 전제된다. 사회복지사는 클라이언트의 존엄성을 존중하기 위해 그를 현재 상황에서 있는 그대로 받아들인다.

② 모든 인간은 연령에 상관없이 성장 능력, 학습 능력, 적응력, 그리고 사회 또는 물리

적 환경을 변화시킬 수 있는 능력을 가진 존재로 간주한다.

③ 자아심리학의 영향에도 불구하고 '개인이 어떻게 기능하는가'에 대한 이해를 위해서는 성격체계의 구조나 발달에 관한 Freud의 관점이 이용된다. 심리사회모델에서는 Freud가 제시한 다음의 사항들이 전제된다(Woods & Robinson, 1996).

- 주요 감정 및 의식들은 의식 밖에 존재한다.
- 성격은 행동에 영향을 주는 유동적이고 역동적인 체계이다. 따라서 성격체계 내부의 작은 변화일지라도 그 영향이 성격체계 전체에 파급되어 시간을 두고 생각, 감정 및 행동을 변화시키게 된다.
- 방어기제는 긍정적 · 부정적 목적 모두로 사용될 수 있도록 구성되어 있다.
- 겉으로 드러난 문제들은 정신 내부의 갈등을 드러내어 해소하고자 하는 적응노력의 산물이다.
- '신경증(neurosis)'은 Freud 이전의 이론가들이 말하는 선천적 취약성의 징후가 아니라 개인의 인간관계 경험에 뿌리를 두고 있는 것으로 그 기원이 사회적이다.

④ 심리체계는 독립적으로 존재하는 것이 아니라 생물학적 체계, 사회적 체계와 끊임없이 상호작용한다고 전제된다. 따라서 사회복지사는 클라이언트의 현재 문제 상황에 영향을 주는 생물 · 심리 · 사회체계 등 모든 관련 체계에 관여해야 한다.

⑤ 문제 상황을 다룸에 있어 차별성이 강조된다. 동일한 유형의 문제 상황이더라도 그 상황이 발생한 배경들이 다를 수 있기 때문에 클라이언트의 문화적 배경, 사회경제적 배경, 계층, 주변 환경 등이 차별적으로 다루어져야 함이 강조된다.

(2) 주요 개념

심리사회모델에서 사회복지실천의 목적은 인간과 환경 간의 최상의 적합 혹은 적응을 제공하는 것이다. 따라서 상황과 동떨어진 개인이 아니라, 상황 속에 있는 개인을 파악하고, 개입할 때에도 클라이언트가 제대로 기능할 수 있도록 사회복지사가 직접적으로 개입하는 경우와 클라이언트가 환경에 잘 적응할 수 있도록 간접적으로 원조하는 경우가 있을 수 있다. 특히, 클라이언트가 원조를 받게 되는 문제 상황은 크게 세 가지로 요약될 수 있다.

첫째, 현재 생활상의 압력으로 질병이나 이혼, 실직 등 스트레스를 주거나 사회적 기능을 약화시키는 상황이나 상태가 주어진 경우이다.

둘째, 자아와 초자아가 성숙하지 못하거나 균형을 이루지 못하여 사회적 상황에 적응하지 못하거나 불만을 느끼게 되는 경우로 이런 경우에는 주변 상황이 어떠하든지 적응이 어렵게 된다.

셋째, 억압적이거나 경직된 자아방어기제나 초자아 기능이 지나치게 발달되어 과제는 성실하게 수행하나 만족을 모르고 억압이 크고, 경직되어 있어 어려움을 겪는 경우이다.

이렇듯 심리사회모델에서는 환경적 압력이 직접적으로 수정될 수도 있고, 클라이언트가 자신을 변화시키도록 도움을 받아 성격 변화를 다룰 수도 있다. 또는 클라이언트 내에 작용하고 있는 것으로 가정되는 힘의 균형을 수정함으로써 마음의 문제를 다룰 수도 있다(조휘일 외, 2002).

심리사회모델에서 이러한 문제 상황을 해결하기 위한 과정으로서, 사회복지사와 클라이언트 상호간에 결정한 목표에 따라 심리사회적 처치 절차는 여섯 가지 주요한 범주로 나뉘게 되는데 이는 사회복지사에 의해 다르게 사용되었다. 여섯 가지 처치 절차는 다음과 같다.

- 라포(rapport) 형성하기
- 제안하기
- 클라이언트의 갇힌 감정을 해소하기 위해 원조하기
- 정보 모으기
- 클라이언트의 현재 상황과 행동의 패턴에 대한 반성적 성찰 격려하기
- 클라이언트의 초기 생활 경험이 현재 태도와 행동에 준 영향에 대해 반성적 성찰을 하도록 격려하기

사회복지사가 '상황 속에 있는 클라이언트'를 심리사회적으로 사정하고, 개입하는 과정 속에서 사회복지사와 클라이언트 간의 의사소통은 핵심적 부분이라고 할 수 있다. 제대로 된 의사소통과정을 통해 클라이언트가 가진 문제를 제대로 파악하고, 클라이언트의 개인적 문제와 상황적 측면을 충분히 고려하여 사정하고, 이를 통해 제대로 된 개입이 가능하기 때문이다. 이를 위해 사회복지사와 클라이언트 간의 중요한 의사소통의 유형을 Wood와 Hollis는 크게 여섯 가지로 예를 들어 제시하고 있다(Turner, 1996).

① 지지

지지(sustainment)과정은 심리사회모델에 따른 사회복지사의 활동 가운데 가장 기본적이고 핵심적이다. 지지과정이란 사회복지사가 클라이언트를 수용하고 클라이언트를 원조하려는 의사와 클라이언트의 문제해결 능력에 대한 확신감을 표현함으로써 클라이언트의 불안을 줄이고 자아존중감을 증진하기 위한 과정이다. 특히 클라이언트가 죄책감과 수치감을 느끼거나 두려워하거나 분노를 느끼는 경우에 사회복지사는 지지기법을 적극 사용함으로써 클라이언트를 이해하고 있음을 보여야 한다. 지지과정은 언어적 의사소통뿐 아니라 따뜻한 표정, 어깨를 두드리는 등의 비언어적 방법도 포함한다. 또한 클라이언트가 당면한 문제에 대해 실질적 도움(예 : 가정봉사원, 보육서비스, 경제적 지원, 자원봉사자 연결 등)을 제공함으로써 사회복지사가 클라이언트를 수용하고 지지함을 나타낼 수 있다. 사회복지사가 클라이언트에게 관심과 수용(interest and acceptance), 공감적 이해(empathic understanding), 재보증(reassurance), 격려(encouragement)를 보여주기 위한 언어적·비언어적 형태의 의사소통을 모두 포함하고 있다. 이를 통해 클라이언트의 불안감을 감소시키고, 클라이언트와 함께하고 있다는 신뢰를 갖도록 격려한다.

예 언어적 : "그런 느낌들은 자연스러운 거예요."
"계속 얘기해 보세요."
비언어적 : 미소, 고개 끄덕임

② 직접적 영향 주기

직접적 영향(direct influence)이란 클라이언트의 행동을 향상하기 위한 조언이나 제안 등을 통해 사회복지사의 의사를 관찰하기 위한 과정이다. 클라이언트가 스스로 자신의 문제를 해결하는 결정을 하는 것이지만 사회복지사가 그 결정에 직접적으로 영향을 미칠 수 있다. 사회복지사의 영향은 다양한 방법으로 이루어지는데 의견 제시에서 클라이언트가 이미 내린 결정에 대한 지지, 강력한 주장, 직접적 개입 등의 방법을 포함한다.

직접적 영향이 효과적이기 위해서는 지지과정을 통해 신뢰관계를 형성하는 것이 무엇보다 중요하다. 사회복지사가 조언하고 싶은 욕구를 강요하는 것이 아니라 클라이언트가 가진 욕구를 명료화하여 조언해야 한다. 그러므로 조언하기 위해서는 충분히 경청하고 클라이언트가 서 있는 곳에서 출발해야 한다. 이 기술은 다양한 수준의 조심스러운 제안이나 충고를 제시하는 것이다. 부모의 안내나 위기개입은 따로 사회복지사가 당한 의견을 표현하거나 클라이언트가 특정한 행동과정을 따르도록 촉구하기도 할 정도로 직접적 영향을 준다. 물론, 클라이언트가 자신의 생각대로 결정에 이르기는 하지만 어느 정도 방향은 분명하게 지시하기도 한다.

예 "~하는 게 도움이 될까요?"
"~하는 게 더 나을 거예요."
"나는 당신이 ~했으면 해요."

③ 탐색, 기술, 환기

탐색(exploration)과 기술(description)은 클라이언트의 문제와 관련하여 클라이언트, 클라이언트의 환경, 혹은 클라이언트와 환경과의 상호작용에 관한 사실을 진술하고 설명하도록 원조하는 것이며, 환기(ventilation)는 사실과 관련된 감정을 끄집어냄으로써 카타르시스를 경험하도록 원조하는 것이다. 탐색－기술－환기는 연관되어 있는데, 사실을 진술하거나 설명하는 과정에서 자연히 감정이 표현되기 때문이다.

심리사회모델에서는 특히 분노, 상실에 대한 애도 반응, 죄책감, 불안 등의 감정에 주의를 기울인다. 이런 감정들은 표현할 수 있는 준비가 되었을 때 말로 표현되어야만 클라이언트가 환기를 경험할 수 있다. 때로는 환기를 경험하는 것 자체로 문제가 해결되는 경우가 종종 있다. 그러나 클라이언트가 개방할 준비가 되지 않았을 때에는 더욱 방어적 태도를 취하거나 표면적으로만 그 사실을 다루게 되어 실제로 느끼는 그 감정은 그대로 남아 있는 경우도 생긴다. 클라이언트가 자신의 상황과 감정을 사회복지사와 의사소통할 때 탐색(exploration), 기술(description), 환기(ventilation)를 통해 설명한다. 감정을 환기하면 클라이언트는 즉각적으로 감정적 편안함을 느낀다.

예 "지금의 문제를 조금 더 얘기해 주세요."
"당신이 가족과 함께 있을 때 무슨 일이 일어나나요?"

④ 개인-상황의 구성에 대한 성찰

개인-상황의 구성에 대한 성찰(reflection of person-situation configuration)을 통해 클라이언트의 현재 환경과 다른 사람과의 상호작용에 관한 인식, 생각, 감정을 더 알 수 있도록 도움을 준다. 클라이언트가 말하는 것에 대해 사회복지사가 의견 제시, 질문, 부연 설명 등을 통해 관심 있는 사건에 대해 클라이언트가 깊이 있게 되새겨 볼 수 있도록 돕는 것이다. 클라이언트와 사회복지사 간의 관계를 탐색하는 것도 개인-상황 반영의 일부분이 될 수 있다.

예 아버지가 딸의 비행에 화가 나고 혼란스러울 때
"딸이 반항적으로 행동하는 것이 당신을 당황하게 만드나요?"
"딸의 어떤 행동이 당신을 힘들게 하나요?"
"내(사회복지사)가 당신(클라이언트)을 판단한다면(또는 차별하거나 화를 내면) 당신은 어떤 느낌인가요?"

⑤ 유형-역동의 성찰

유형-역동의 성찰(pattern dynamic reflection) 기술은 사건에 대해 특정한 방식으로 생각하거나 행동하도록 이끄는 클라이언트의 행동 경향, 사고나 감정의 패턴을 확인하도록 도와준다. 이런 절차는 클라이언트가 자신의 심적 기능을 탐색하도록 격려한다.

예 "가까워지는 게 어려운 사람과 가까워지려는 경향이 있나요?"
"다투기 어려운 사람과 싸우려고 하지 않나요?"
"남편이 정말 괴롭힐 때 당신의 아들과 싸우지는 않나요?"
"당신의 생각을 평가절하하거나 비판하는 걸 어떻게 알게 되나요?"
"당신이 자신을 희생해서 다른 사람을 돌보는 방식으로 다른 사람도 자신을 돌보아 주었으면 좋겠다고 바라나요?"

⑥ 발달과정의 성찰

발달과정의 성찰(developmental reflection) 기술은 현재의 인격과 기능에 영향을 주는 원가족이나 초기 생활의 경험을 클라이언트가 고려해 보도록 한다. 과거의 상황과 개인의 감정이 연결되도록 돕는다. 때로는 특정한 초기 경험과 현재 행동이나 태도 간에 관계를 인식할 수 있도록 촉진시키는 질문을 던진다. 해석보다는 질문이 보통 더 바람직하다. 클라이언트는 동의하지 않아도 되므로 자유롭게 느끼고 사회복지사의 의견이 잘못될 수도 있기 때문이다.

예 "이전에도 이와 같은 감정을 가진 적이 있습니까?"
10대의 자식을 가진 부모에게 더 어린 시절을 성찰하도록 돕는 질문-"당신의 청소년기와 비슷한 점은 무엇입니까?"
"당신의 아버지에게 느꼈던 대로 상사 앞에서 위축됩니까?"

3) 주요 적용 영역 및 한계

심리사회모델은 심리 내적 부분과 환경이라는 부분의 상호작용을 강조하는 모델인 만큼 개인, 집단, 가족, 환경 등에 폭넓게 적용될 수 있다. 의사소통을 통해 클라이언트에게 도움이 될 만한 사람들과 관계형성을 맺게 하고 다양한 자원을 활용하도록 하고, 사회복지사가 클라이언트를 위해 행동하는 역할을 하게 함으로써, 자원을 창조하고 발견하고 제공하는 역할을 하고 클라이언트와 다른 사람들 사이에서 중재자의 역할을 한다는 점이 이 모델의 장점이라고 볼 수 있다. 이 모델이 표방하는 바는 인간과 환경 간의 상호작용을 강조한다고는 하지만 심리 내적 요인에 좀 더 초점을 두고 있다는 점은 결국 문제의 원인을 사회적 요인보다는 개인이나 가족에서 찾으려는 면이 강하다는 점을 부인하기 어렵다. 즉 개인의 변화나 적응을 촉구하고 강조하는 면이 강하다고 할 것이다. 실제로 사회적 약자이거나 사회구조적 측면에서 개입해야 하는 클라이언트 문제의 경우에는 심리사회모델로서는 한계가 있다는 점을 염두에 두고 적용해야 할 것이다. 또한 클라이언트의 문제를 밝히고 성찰을 높이는 접근과 사정은 큰 장점이지만, 이런 사정을 바탕으로 사회복지실천현장에서 구체적 적용과 개입을 하려고 할 때에는 실증적 부분이 부족하다는 점은 약점으로 꼽힌다.

4) 심리사회모델 사례

(1) 사례소개

○○이의 가족은 아빠, 엄마, 언니, ○○이로 이루어져 있다. ○○이는 부유한 가정의

표 2-2 심리사회적 치료모델의 주요기술

치료기술	설명
1. 간접적 치료	클라이언트의 환경에 개입하는 과정으로서, 클라이언트를 지지하고 영향을 미칠 수 있는 가용한 자원을 연계하고 배치시키는 것
2. 직접적 치료	사회복지사와 클라이언트와의 신뢰관계를 바탕으로 클라이언트에게 제안과 설득을 제공함
3. 자아지지 치료	자아의 기능을 보존, 지지, 회복시키기 위해 필수적인 방어(기제), 자아의 통제력과 기능, 지적과정, 현실 판단력, 충동조절능력 등을 향상시킴
4. 수용	클라이언트에게 온정과 친절함을 유지하는 태도로서, 타인의 감정이나 주관적인 상태에 참여하고 받아들이는 감정이입이 주요한 요소가 됨
5. 자기 지시권 존중	클라이언트 스스로가 내리는 자기결정권을 존중함
6. 비밀을 노출할 권리를 존중	클라이언트가 자신의 정보를 숨기거나 혹은 개방할 권리를 존중함
7. 지지	클라이언트에게 언어적 혹은 비언어적 의사소통을 통해 관심, 수용, 감정이입적 이해, 재확신, 격려 등을 제공함
8. 직접적 영향	클라이언트에게 주의 깊게 제안과 충고를 제공함
9. 탐색 · 묘사 · 환기	클라이언트의 상황에 관한 사실들을 드러내고 다른 감정을 표현하게 함으로써 감정의 전환을 제공함
10. 인간과 환경 간의 구성을 성찰	현재의 상황과 타인과의 상호작용에 관한 클라이언트의 인지, 사고, 감정을 인식하도록 도움
11. 유형의 역동 성찰	클라이언트의 행동, 사고, 감정의 경향을 명확히 하도록 도움
12. 발달적 성찰	현재의 클라이언트의 성격이나 기능에 영향을 미친 가족 기원이나 초기 경험을 고찰하도록 함

딸로 현재 고등학교 2학년에 재학 중이다. 경제적으로는 부유하지만 부모님이 모두 사회생활을 하여 가족들과 함께하는 시간이 부족하고, 무엇이든지 잘하는 언니에 대한 열등감도 가지고 있으며, 부모님께서 자신에게 전혀 관심이 없는 것으로 인식하고 있었으나, 최근 자신의 불량한 태도를 간섭하시는 부모님을 못마땅해 하고 있다. ○○이의 부모님은 아이에 대한 관심을 물질적으로 나타내고 있다. ○○이를 부족함 없이 키우고 싶은 마음에 일에만 열중한 나머지 ○○이에게 정서적인 관심은 미처 보여주지 못하고 있다. ○○이가 부모님의 마음을 몰라주는 것 같아 속상해 하고 있다.

구체적으로 클라이언트의 문제와 그에 대한 실천목표에 대해 살펴보면 다음과 같다.

① 클라이언트의 문제

- 불량친구들과 어울려 다니면서 학교에 잘 나가지 않고, 집에도 거의 들어가지 않는다.
- 부모님과 마주치지 않으려 하고 무시한다.
- 사회생활을 하는 데 있어서 어른들이나 친구들에 대한 태도가 바람직하지 못하다.
- 자신의 감정을 표현하지 못한다.

② 실천목표

- 클라이언트의 감정을 솔직하게 표현할 수 있도록 한다.
- 클라이언트의 언어습관을 고치도록 한다.
- 클라이언트와 부모 간의 관계를 향상·회복하도록 한다.

5) 심리사회모델의 문제사정 및 개입

(1) 문제사정

① 개인적 차원

가. 클라이언트의 특성

- 어렸을 때부터 부모에게 정서적인 안정감이나, 애정을 느끼지 못하고 물질적인 것

으로만 받아와서 부모님이 자신을 사랑하지 않는다고 생각한다.

- 부모와의 대화나 같이 보낸 시간이 거의 없었기 때문에 가정교육 등을 받지 못해서 사회생활을 하는 데 있어서 친구들이나 어른들을 대하는 태도 등에 대해서 바람직하지 못한 행동을 취한다.
- 부모님이 자신에게 관심이 없다고 생각하여 자신에게 관심을 보이는 사람이면 그에게 의지하고, 옳은 행동인지 그른 행동인지 판단하지 못하고, 무조건 그들을 따라가는 경향을 보인다.
- 무엇이든지 잘하는 언니에 대한 열등감을 느낀다.

나. 부모의 특성

- 부는 자신이 어렸을 때 그의 아버지가 일을 하려는 의지가 없고, 능력도 없어서 거의 집에서 놀기만 했다. 그래서 어머니가 다른 집에 가서 일을 해 주는 등 푼돈을 모아서 겨우 생활해 나가는 환경에서 자라났기 때문에 자신은 아버지처럼 능력 없는 사람은 되지 않으리라 굳은 다짐을 하며 무조건 공부만 열심히 했다. 그래서 지금은 회사에서 높은 지위에 있고, 돈도 많이 벌고 있다. 하지만 너무 일에만 치중하여 집에는 매일 늦게 들어와서, 가족과 같이 있는 시간이 없기 때문에 딸이 어떤 생각을 하고 있는지, 무엇을 하는지에 대해서 잘 알지 못했다. 자신이 어렸을 때부터 아버지가 능력이 있어야 가족도 행복하다고 느꼈기 때문에 딸이 원하는 것을 물질적으로 다 해주면 딸도 아버지를 능력 있는 사람으로 생각하고 좋아해 줄 것으로 생각하고 있다.
- 모는 대기업의 막내딸로서 어렸을 때부터 부모의 사랑을 독차지하며 자라나 자신이 가지고 싶은 것이나 하고 싶은 것을 자신 마음대로 할 수 있었다. 그래서 자기주장이 강하며, 자신의 관리에 대해 철저하다. 피부관리, 몸매관리 등 자신을 꾸미고, 사치가 심한 아주머니들의 모임에 다니느라 모 역시 집안일은 일해 주시는 아주머니에게 맡기고, 집에 늦게 들어오는 날이 잦았다. 그래서 딸과 대화를 하거나 같이 보내는 일이 없었다. 그리고 클라이언트의 언니는 신경을 써 주지 않아도 자신이 알아서 잘 해왔기 때문에 클라이언트가 삐뚤어진 행동을 하는 것에 대해 이해하지 못한다.

② 가족 차원

클라이언트의 부모님 모두 자신의 능력이나 자기를 위한 관리에만 치우쳐 자식의 심리적 · 정서적 안정감이나 애정에 대해서는 관심을 가지지 못하고, 물질적인 것이 충족되면 정서적인 면도 충족되리라 생각하고 있다. 그리고 부모와 딸 간의 대화나 시간이 많이 부족한 편이다. 또한 클라이언트는 무엇이든지 잘하는 언니로 인해 열등감이나 소외감을 느낀다.

③ 사회공동체적 차원

학교에서 클라이언트가 친구들에게 물질적으로만 해 주었기 때문에 정서적으로 지지해 주거나 마음을 공유할 수 있는 친구들이 없었다. 친구들은 클라이언트가 물질적으로 가진 것을 잘난 체하는 아이로만 생각하고 그를 멀리했다. 그러나 물질적인 것이 필요한 아이들은 그에게 접근하여 마음으로는 친구로 생각하지 않으면서 그의 옆에서 물질적인 것을 착취하였다. 클라이언트가 이런 친구들과 어울리면서 학교에서의 이미지는 더욱 안 좋아져서 많이 가진 것을 잘난 체하는 아이를 넘어 나쁜 아이로 이미지가 굳어졌다.

④ 문화적 차원

물질적 풍요를 중요하게 여기고, 능력 있는 사람만이 인정받는 사회적 풍조가 넓게 퍼짐에 따라 그것만 얻으려고 클라이언트의 부모님은 노력했다. 그래서 클라이언트의 정서적인 면은 고려하지 않았다.

(2) 개입절차

① 초기단계

- intake시 클라이언트가 안정감을 가질 수 있는 분위기를 제공한다.
- '지지'와 '환기'를 통해 클라이언트가 사회복지사에게 친밀한 라포를 형성할 수 있도록 한다.
- 클라이언트가 문제의 상황을 잘 이해할 수 있도록 이해시킴과 동시에 판단할 수 있는 자기 결정권이 있음을 알려준다.
- 클라이언트의 가족에 대한 상담도 함께 해본다.

② 사정단계

- 클라이언트는 누군가에게 관심을 받고 싶어 하고, 누군가와 함께하고 싶어 하는 욕구를 가지고 있다고 판단된다.
- 아버지는 자신의 능력을 인정받고 싶어서 그것을 무엇이든지 사줄 수 있음으로써 인정을 받고 있다고 여기고 있는 것으로 판단된다.
- 어머니는 어렸을 때부터 자신이 하고 싶은 것을 다 해왔기 때문에 자신에 대한 관리에만 신경 쓰고, 클라이언트의 언니는 자신이 신경 써 주지 않아도 잘 해왔기 때문에 클라이언트 역시 잘 해주기를 바라는 것으로 판단된다.

표 2-3 클라이언트의 목표와 계획

목표	계획	기대되는 결과
자신의 감정 표현하기	① 일기쓰기 ② 자신의 감정을 노래나 춤으로 표현하기	○○이가 자신의 감정을 표현함으로써 자신의 현재 상태에 대해 정확히 파악할 수 있고, 부모님도 ○○이가 현재 어떤 감정을 가지고 있는지 파악할 수 있으며 학교에서도 선생님이나 친구들에게 자기감정을 표현함으로써 원만한 관계를 유지하는 데 도움이 될 것으로 기대된다.
언어습관 고치기	○○사회복지관의 '언어치료프로그램'에 참여	○○이가 자신의 언어가 옳지 못하다는 것을 깨닫게 되고 점점 고치고자 노력할 것으로 기대된다. 부모와의 대화도 예전보다 더 원만해지면서 대화의 기회가 늘 것으로 기대되고 더 나아가 대인관계에서도 발전된 모습을 보일 것이다.
부모와의 관계 향상-회복	① 서로에게 편지쓰기 ② 문자메시지 연락이나 통화 자주하기 ③ 대화의 시간 갖기	이러한 프로그램을 통해 서로에 대해 관심을 가지도록 노력함으로써 서로에 대한 감정이나 생각에 대해 알아가면서 서로를 이해하도록 한다. 더 나아가 대인관계를 가지는 데 있어서 상대방에 대해 이해하려는 태도를 기르는 데 도움이 되기를 기대한다.
부모와의 관계 향상-가족이 함께 활동하기	① 약속 : 외식하는 날 정하기 ② 가족여행 가기 ③ 가족신문 만들기	가족이 함께하는 활동을 통해 같이 있는 시간을 늘림으로써 정서적인 안정감을 되찾고, 가족의 중요성에 대해 깨닫게 하며 서로 사랑함을 느끼게 한다. 나아가 자신을 가치 있는 존재로 여기도록 한다.

③ 개입단계

표 2-4 개입단계

목표	계획
자신의 감정 표현하기	① 일기쓰기 ② 자신의 감정을 노래나 춤으로 표현하기
언어습관 고치기	ㅇㅇ사회복지관의 '언어치료프로그램'에 참여
부모와의 관계 향상-회복	① 서로에게 편지쓰기 ② 문자메시지 연락이나 통화 자주하기 ③ 대화의 시간 갖기
부모와의 관계 향상- 가족이 함께 활동하기	① 약속 : 외식하는 날 정하기 ② 가족여행 가기 ③ 가족신문 만들기

④ 종결단계

- 클라이언트와 부모와의 관계가 어떻게 변화되었고, 그들이 원하는 목표에 도달하였다고 판단되어지면 종결이 이루어진다.
- 종료 후에도 전화접촉 등으로 현재의 적응생태를 점검함으로써 사후관리를 한다.
- 클라이언트의 학교부적응에 대한 접근으로 학교체계와 지속적인 관계를 유지한다.

3. 인지행동모델

인지행동모델은 인간을 내적 갈등에 의해 전적으로 조정당하는 존재(정통 정신분석 입장)로 보지 않고, 또 외적 강압에 의해 무기력하게 타격을 받는 존재(정통 행동주의 입장)로도 보지 않는다. 그 대신 개인적 기능을 행동과 이 행동을 통제하는 사회 조건같이 지속적 상호작용의 결과로 이해하고 있다. 한때는 행동주의자들이 바람직하지 못한 행동을 유지시키는 환경 조건을 변화시키는 데 주력하였지만 오늘날에는 대부분의 행동을 변화시킴에 있어 자기 규제와 자기 방향성의 중요성을 강조한다(Goldenberg & Goldenberg, 2000). 즉 인지행동모델에서 개인의 행동은 환경이 제공한 정보와 개인의 인지적 과정이 상호작용한 결과 형성된다고 본다.

환경은 끊임없이 인간에게 경험과 정보를 제공하고, 이러한 환경의 영향은 인지적 과정에 의해 중재된다. 이러한 중재과정은 대체로 초기 경험을 통해 학습되며, 이러한 학습의 결과는 정보의 선택적 처리과정을 통해 강화되는 경향이 있다(신성자 외, 2000). 따라서 인지행동모델은 클라이언트의 역기능적 문제가 클라이언트의 자신과 환경에 대한 왜곡된 인지체계에서 출발한다고 가정하고, 클라이언트의 왜곡된 인지를 재구성하기 위해 인지적 기법뿐 아니라 다양한 행동주의적 기법을 병행하여 사용한다. 즉 인지, 정서, 행동이 서로 어떻게 상호작용하여 클라이언트에게 영향을 미치는지 치료과정을 통해 클라이언트가 자각하도록 함으로써 클라이언트가 기능적으로 행동하고 느끼며, 생각할 수 있도록 돕는 모델이다.

1) 등장배경

인지행동모델은 인간이 생각하고 정보를 처리하는 과정에 관한 인지이론과 행동주의 및 사회학습이론으로부터 나온 개념들을 통합한 것으로 하나의 실천모델이 아니라 여러 모델들을 통칭하는 용어이다.

1950년대 미국 심리학에 가장 영향을 끼친 철학은 행동주의라고 볼 수 있다. 그러나 행동주의는 인간의 신념, 동기, 의지, 사고, 감정과 같은 내면적 요소를 설명해 주지 못함으로써 인간행동 이해의 한계점에 봉착하여 새로운 접근이 필요하게 되었다. 이런 배경하에 심리학의 여러 분야에서는 인간의 인지적 요인에 대한 많은 관심과 연구가 시도되었고, 행동주의자들도 그들이 지금까지 거부해 오던 인간의 생각, 감정, 심상, 동기, 의도, 지식과 같은 인지적 요인에 관심을 갖게 되었다(청소년 대화의 광장, 1996).

인지적 요인에 대한 관심과 연구가 갑작스럽게 행동주의에 반하여 이루어진 것은 아니다. 인지치료에 대한 철학적 기원은 스토아 철학으로 거슬러 올라간다. 에픽테토스(Epictetos)

는 그의 저서 『교본(The Enchiridion)』에서 인간은 사물로 인해 고통받는 것이 아니라 그것을 받아들이는 관점으로 인해 고통받는다고 주장하였다(권정혜·이재우, 2001). 또한 Adler(1931; 1958)에게 있어서 치료란 개인이 세상을 어떻게 지각하고 경험하는지를 해명하려는 시도이며, Kelly(1955)는 그의 개인구성이론에서 개인의 삶 속에서 일어나는 상황에 대한 해석 방식에 초점을 두고, 삶에 대한 개인의 지각 방식이 행동에 영향을 준다고 보았다.

인지치료에 행동주의적 기법을 적용한 최초의 임상가는 Ellis와 Beck으로서 이들은 인지, 정서, 행동의 상호작용과정을 설명하였다. Ellis(1957; 1962; 1971; 1973)의 저서는 인지행동치료의 역사적 발달에 주요한 기폭제가 되었다. 그의 합리적-정서적 행동치료는 클라이언트가 자신의 비합리적 신념과 이러한 신념들로 인한 부적절한 정서적 결과를 스스로 자각하고, 비합리적 신념을 수정할 수 있도록 고안되었다. Beck(1963)은 인지의 형성 및 정서, 행동과의 상호작용과정을 구체적으로 밝히고자 노력하였다.

본격적으로 고전적 행동주의에서 인지행동주의로 넘어가는 시기는 Bandura의 사회학습이론(1977)이 소개되면서부터라고 볼 수 있다. Bandura는 관찰학습을 통해 인간의 행동에 대한 학습은 자극-반응의 단순한 관계라기보다는 자극-유기체의 내적 요인(인지적 요인)-반응 모델로 설명하였다. 인지행동모델은 인지치료적 요소와 행동주의적 기법을 통합하여 사용함으로써 클라이언트의 인지, 정서, 행동을 기능적으로 변화시킨다. 즉 클라이언트가 가지고 있는 외부 세계나 자신에 대한 왜곡된 인식체계를 인지적 교육을 통해 변화시키고, 순기능적인 대안적 인지체계로 전환할 수 있도록 한다. 또한 행동주의적 기법들을 통한 성공 경험으로 클라이언트가 문제 상황에 보다 현실적이고 적응적으로 행동하고, 변화를 유지시키도록 도와준다.

인지행동모델은 오랜 기간을 거쳐 다양한 학문적 배경을 가진 학자들에 의해 형성되었지만 다음과 같은 기본 가정을 공유하고 있다. 첫째, 인지활동은 행동에 영향을 미친다. 둘째, 인지활동은 모니터링되고 변경될 수 있다. 셋째, 바람직한 행동 변화는 인지를 통해 이뤄진다(Dobson & Block, 1988).

2) 정의 및 주요 개념

인지행동치료는 인지치료와 행동치료를 혼합한 접근 방법으로 사람들의 감정이나 행동은 어떤 사건에 대한 그들의 자극에 대해서 영향을 받는다고 가정한다. 사람들의 느낌을 결정하는 것은 그 상황 자체가 아니고 그들이 그 상황을 해석하는 방식에 달려 있다. 인지행동치료에서 주로 사용되는 개념은 다음과 같다(최영희 외, 1997; 김동배 외, 2000).

① 핵심믿음

어린 시절부터 사람들은 자신과 다른 사람들, 그리고 세상에 대해 믿음을 형성해 나간다. 가장 중심적인 믿음, 즉 핵심믿음(core belief)은 아주 근원적이고 깊은 수준의 믿음으로 흔히 그들 자신도 인식하지 못한다. 사람들은 이러한 믿음을 의문 없이 당연한 것으로 여기고 절대적 진리로 받아들인다. 사람들은 핵심믿음을 입증하는 정보에만 선택적으로 관심을 가지고 그와 반대되는 정보는 무시하거나 개의치 않는 경향이 있다. 따라서 핵심믿음이 부정확하고 역기능적일지라도 그것을 계속 믿게 된다. 핵심믿음은 가장 근원적 수준의 믿음으로 모든 영역에 영향을 미치고, 경직되고, 지나치게 일반화되어 있다.

② 중간믿음

핵심믿음은 태도나 규칙 그리고 가정들로 구성되어 있는 중간믿음(intermediate belief)의 형성에 영향을 주며, 본인도 이 중간믿음을 잘 인식하지 못하는 경우가 흔하다. 이러한 믿음은 어떤 상황을 보는 관점에 영향을 주게 되며, 그것은 또다시 그 사람이 어떻게 생각하고 느끼고 행동하는지에 영향을 준다. 사람들은 세상이나 다른 사람들과의 상호작용을 통하여 어떤 이해나 학습, 즉 믿음을 형성하게 되는데, 이러한 믿음들은 정확성과 기능적인 면에서 다양할 수 있다. 치료자들은 역기능적 믿음이 탈학습될 수 있으며, 치료를 통해 보다 현실적이고 기능적인 새로운 믿음이 개발, 학습될 수 있다고 믿는 것이 중요하다.

③ 자동적 사고

사람들은 어떤 상황에서 사실적 정보를 이해하고 통합한다. 그러나 이와는 다른 수준에서 매우 빠른 평가적 사고를 지닐 수 있는데 이러한 사고들은 자동적 사고(automatic thinking)라고 불리며, 심사숙고하거나 합리적으로 판단한 결과가 아니다. 오히려 이러한 사고들은 자동적으로 튀어나오는 것처럼 보이며 흔히 아주 빠르고 짧게 나타난다. 이러한 자동적 사고를 언뜻 인식할 수도 있으나, 대개는 자동적 사고에 뒤따르는 감정의 변화를 인식하는 경우가 더 많아 결과적으로 자신의 자동적 사고를 사실인 것처럼 무비판적으로 받아들이기 쉽다. 그러나 감정의 변화에 주목함으로써 자동적 사고를 식별할 수 있는 방법을 배울 수 있다. 자동적 사고를 인식하게 되면, 그 사고의 타당성을 평가할 수 있다. 자신의 해석이 잘못된 것임을 알고 그것을 교정한다면, 아마도 기분이 변화되는 것을 느낄 수 있을 것이다. 즉 역기능적 사고가 합리적 되새김 과정을 거치게 될 때, 일반적으로 그 사람의 감정은 변하게 된다.

어떤 특정 상황에서 한 사람의 내재된 믿음은 그 사람의 지각에 영향을 주고, 이것은 상황 특정적인 자동적 사고를 통해 표현된다. 그리고 이러한 자동적 사고들은 그 사람의 감정, 행동 그리고 생리적 반응에까지 영향을 준다.

④ 인지과정

자극이나 정보가 선택적 관심에 의해 선택되고, 개인의 인지적 구조에서 변형, 전달되는 과정을 인지과정이라고 한다. 외부의 자극들은 인지적 왜곡을 통해 변형되고 이것들은 정신병리의 주요 역할을 하게 된다.

⑤ 인지재구조화

인지재구조화는 개인이 자신과 환경에 대해 지각하고 있는 인지나 인지과정에 대해 인지적·행동적 기법들을 통해 반박하여 수정하고 변화시키는 일련의 절차를 의미한다. 인지재구조화는 개인이 가지고 있는 인지구조의 합리성과 타당성 조사를 통해 이루어지며, 클라이언트의 신념이나 인지과정을 뒷받침해 줄 만한 논리적이며 경험적인 증거가 있는지 검토한다.

⑥ 강화와 처벌

행동주의 이론에서는 행동이 그 결과에 의해 통제된다고 가정한다. 그러나 어떤 결과는 행동이 다시 일어날 가능성을 증가시키는 반면 또 다른 결과는 행동이 재현될 가능성을 감소시키는 경우가 있다. 행동 재현 가능성을 높여 주는 강화(reinforcement)와 가능성을 낮추어 주는 처벌(punishment)이 바로 그것이다.

⑦ 행동 조성

기대하는 반응이나 행동을 학습할 수 있도록 기대에 부응하는 행동에 대해 강화를 함으로써 행동을 점진적으로 만들어 가는 것이다. 이러한 행동 조성(shaping)은 복잡한 행동이나 기술을 학습시키는 데 매우 유용한 방법으로서 원하는 반응에 접근할 때마다 강화가 주어지는 점진적 접근이다.

⑧ 모방

Bandura는 사회학습에 있어서 중요한 과정은 모방이라고 하였다. 새로운 반응은 학습될 수 있고, 현존하는 반응의 특징은 직접적 강화를 받지 않고도 다른 사람의 행동을 관찰하거나 반응 결과를 통해서 변화될 수 있다. 개인은 모델을 관찰함으로써 특별한 반응을 학습하여 일단 반응이 획득된 후에는 사회적 힘이 학습과정에 영향을 주기 시작한다.

⑨ 일반화

특정 자극 상황에서 강화된 행동이 처음의 자극과 비슷한 다른 자극을 받았을 때 다시 발생하게 되는 것을 의미한다. 아주 어린아이가 아버지를 보고 '아빠'라고 불렀을 때 칭찬을 해 주었다면 비슷하게 생긴 성인 남자를 보고도 '아빠'라고 한다. 이때 아빠라는 자극이 다른 성인 남자에게로까지 일반화(generalization)된 것이다.

3) 주요 가정

인지행동모델의 기본 전제는 인간의 사회적·행동적 역기능이 사건이나 상황에 대한 클라이언트의 잘못된 생각(혹은 인지)으로 인해 발생한 것으로 인지 및 행동의 수정을 통해 역기능이 해소될 수 있다고 본다(엄명용 외, 2000). 즉, 인지행동모델은 인지적 접근과 행동적 접근을 통합한 것으로 때로 행동이론에 근거한 인지적 개입 기술로 불리기도 한다. 이는 인지적 치료기법을 통해 사회복지사가 상황을 왜곡하여 해석하는 방식과 정서를 변화시킬 수 있도록 도우면서 동시에 새로운 행동 기술을 습득하고 실제 상황에 적용할 수 있도록 강화를 통해 행동의 변화를 유지시키도록 한다(Lantz, 1996). 인지행동모델은 다음과 같은 몇 가지 기본 가정을 전제로 하고 있다.

① 일생을 통하여 인지적 성장과 변화가 이루어진다.
② 개인의 행동은 환경적 사건을 인지적으로 어떻게 인식하는지에 따라 달라진다. 즉 개인이 사건의 어떤 측면에 선택적으로 주의를 기울이며, 어떤 의미를 부여하는지에 따라 행동이 달라진다.
③ 대부분의 사회적·행동적 역기능은 자기 자신, 타인, 그리고 삶의 상황들에 대해 갖고 있는 잘못된 생각(인지체계)에서 비롯된다.
④ 사고, 감정, 행동 그리고 결과는 원인적으로 관련성을 가지고 있다.
⑤ 인간은 자기의 의식 영역 내에 자신의 심리적 불균형 상태를 이해하고 해결할 수 있는 열쇠를 갖고 있다.
⑥ 인지 변화는 행동 변화에 영향을 미친다.

4) 적용 기술

인지행동모델의 적용 기술은 다음 〈표 2-5〉과 같다.

표 2-5 인지행동모델의 적용 기술

기술	내용
내적 의사소통의 명료화	클라이언트 스스로에게 개입하면서 그때그때 말로 피드백을 제공함으로써 자신의 생각과 이야기 속에 숨겨진 인지적 오류와 비합리적 신념체계에 대해 이해할 수 있도록 변화를 유도하는 기술이다.

기술	내용
설명	클라이언트에게 어떻게 감정이 행동에 영향을 미치는지에 대해서 Ellis의 ABC모델(선행사건 – 신념체계 – 결과)로 어떻게 작용하는지를 알려주는 치료기술이다
과제	클라이언트의 적극적인 협조와 참여로 이루어지는데, 그가 자신의 문제에 대한 인식을 향상시킬 뿐만 아니라 새로운 행동을 획득하거나 과거의 반응을 제거할 수 있도록 도와주는 기술이다. Ellis의 ABCDE모델을 활용하여 작성하도록 유도하는 것이 효과적이다.
경험적 학습	클라이언트의 행동이나 행위, 또는 생활양식에 부합되는 인지적 불일치를 변화시키고 수정하는 기술로 자기주장훈련, 모델링, 역할극, 사회기술훈련, 그리고 심리극 등을 활용한다.
역설적 의도	클라이언트가 특정 행동에 대해 불안해할 때 역으로 그 행동을 강화하여 인지적 오류(불안)에 도전하여 감소시키는 기술이다.
역동적 · 실존적 사고 반영	클라이언트의 문제 상황을 객관적이고 물질적인 초점에서 해결하려는 역동적 사고와 삶의 의미와 잠재적 의미에 초점을 두는 실존적 사고를 통해 인지구조를 재구조화하는 기술이다.
인지재구조화	클라이언트가 자신의 기능에 부정적인 영향을 미치는 역기능적인 사고와 신념을 인식할 수 있도록 돕고 이를 현실에 맞는 신념과 행동으로 대치하여 순기능적 행동을 할 수 있도록 하는 기술이다.
모델링	클라이언트가 관찰학습과정을 통해 시행착오를 거치지 않고 원하는 행동을 학습할 수 있도록 하는 기술로, 사회복지사가 제시한 방법에 따라 직접 하게 된다.
시연	클라이언트가 변화시키고자 하는 행동을 반복적으로 연습한 행동을 현실세계에서 직접 실행하기 전에 사회복지사 앞에서 반복적으로 연습하는 기술이다.
자기 지지기법	클라이언트가 변화하기를 원하는 행동을 대상으로 목표를 설정하고 이에 따른 실천행동지침과 계획을 세워서 실천에 옮기는 기술이다.
이완훈련	클라이언트 행동에 따른 근육의 수축과 이완, 깊고 규칙적인 호흡, 그리고 즐거운 사고와 감정 등을 훈련하여 일상생활에서 유발되는 스트레스에 대처할 수 있도록 하는 기술이다.
체계적 둔감화	클라이언트에게 가장 덜 위협적인 상황에서 가장 위협적인 상황까지 상황들을 순서대로 제시하면서, 불안자극과 불안반응 간의 연결이 없어질 때까지 불안을 일으키는 자극들을 반복적으로 이완 상태와 매칭하는 기술이다.

5) 주요 적용 영역 및 한계

인지행동모델에서의 각 기술들은 정신분석적 통찰력이나 해석에 대한 이해가 부족하거나 이에 대한 거부감이 있는 클라이언트에게 적용 가능하다. 인지행동치료의 효율성에 대한 연구 결과는 불안, 우울증, 부부간 문제, 불면증, 약물남용, 야뇨증 등 다양한 장애와 문제점들을 치료하는 데 효과적이라는 것을 제시하고 있다. 사회복지실천현장에서 이루어지고 있는 집단 프로그램의 대부분이 인지행동모델을 기반으로 구성되고 있어 광범위하게 사회복지실천현장에서 사용되고 있다. 특히 정신보건 영역이나 장애인복지 영역에서 사회기술훈련, 상황대처훈련, 일상생활관리훈련, 인간관계훈련, 자기주장훈련, 가족교육 등 사회복지사에 의해 주로 실천되는 프로그램이 이를 기반으로 한 것이다.

인지행동모델은 다양한 사회복지실천현장에서 활용되고 있지만 이들 기술들을 클라이언트에게 적용하는 데 몇 가지 한계점이 있다(엄명용 외, 2009). 먼저 클라이언트가 자신의 사고와 감정, 행동의 관계 및 인지행동모델에서 적용하고자 하는 기술을 충분히 이해할 수 있어야 하기 때문에 일정한 교육수준 혹은 지적 능력을 가진 클라이언트에게 적용이 가능하다. 또한 인지행동모델은 일반적으로 4~14회 정도의 치료 기간이 소요되므로 즉각적 개입(자살이나 폭력 등)을 필요로 하는 클라이언트에게는 적용하기 어렵다. 또한 인지행동모델에 입각한 기술을 적용할 때 사회복지사는 클라이언트에게 이들 기술을 활용하는 목적을 분명하게 설명하고 이를 수용할 수 있도록 하는 등 개입 및 치료 과정에 적극적이어야 한다. 그리고 문제해결을 위한 시연, 모델링 등 새로운 시도를 해보려는 적극적 의지나 동기가 부족한 클라이언트에게는 개입의 효과가 적을 수밖에 없다.

6) 개입과정과 사례 적용

(1) 개입과정

인지행동모델은 모든 심리적 장애에서 왜곡되고 역기능적 사고가 공통적이며, 이러한 역기능적 사고는 클라이언트의 기분과 행동에 영향을 미친다고 가정하는 인지이론과 기능적 행동은 학습을 통해 습득될 수 있다고 가정하는 행동주의 이론의 영향을 받았다. 따라서 인지행동모델은 인지치료적 방법으로 교육을 통해 왜곡된 방식으로 상황을 해석하는 것을 변화시키거나 기능적 차원에서 해석하는 방식을 배우며, 관찰학습을 통해 새로운 기능적 행동 기술을 학습하고, 행동주의적 강화를 통해 변화를 유지시키는 것을 목적으로 한다고 할 수 있다(양옥경, 2000).

인지행동모델에 의한 실천과정은 행동주의 또는 인지적 접근을 통해 다양하게 실천할 수 있다. 〈표 2-2〉는 우울증 클라이언트에 대한 인지행동적 실천과정을 기술하였다(권정혜, 1999; 권정혜 · 이재우, 2001).

표 2-6 우울증 클라이언트에 대한 인지행동적 실천과정

단계		내용	적용방법
기초단계		• 라포 형성 • 클라이언트 평가나 진단 • 인지행동치료에 대한 교육 • 사례의 개념화	• 클라이언트가 편안한 상태에서 치료자에게 신뢰를 가지고 대화할 수 있도록 하고 정확한 평가를 한다. • 인지행동치료의 원리와 치료과정에 대한 설명을 하고, 소책자나 책을 활용하기도 한다. • 클라이언트의 역기능적 가정이나 신념체계를 파악한다.
초기단계	행동 기법	• 주간활동계획표 사용하기 • 즐거움을 주는 활동 증가하기 • 점진적 과제 부여 • 다양한 행동기법활동(사회기술훈련, 주장훈련, 역할연습 등)	• 인지행동치료에서 인지 변화를 일으키기 위한 준비 단계로 행동기법을 사용한다. • 행동을 통해 기분의 변화를 기록하여 클라이언트 스스로 약간의 즐거움과 기분의 변화를 눈으로 확인하게 한다. • 거의 확실히 달성할 수 있는 쉬운 과제부터 단계적으로 제시하여 성공 경험을 강화한다. • 자동적 사고를 클라이언트의 행동을 통해 검증해 본다.
	인지 기법	• 자동적 사고 파악하기 • 인지적 오류 점검 • 자동적 사고 현실 검증 (소크라테스식 대화)	• 특정 상황에서 자동적으로 떠오른 심상을 통해 자동적 사고를 파악한다. • 자동적 사고에 나타난 인지적 오류를 검토한다. • 소크라테스식 대화를 통해 자신의 자동적 사고에 대해 스스로 평가할 수 있게 한다.
중간단계	역기능적 가정이나 핵심믿음 발견하기	• 자동적 사고를 통한 유추 • 하향식 화살표 기법 사용	• 자주 나타나는 특정 자동적 사고를 통해 역기능적 가정이나 핵심믿음을 파악할 수 있다. • "이것이 나에게 무엇을 의미하는가?"라는 질문을 계속하다 보면 자동적 사고 기저의 핵심믿음을 파악할 수 있다.
	역기능적 가정이나 핵심믿음 재구성하기	• 역기능적 가정이나 핵심믿음을 검증하기 • 행동실험을 통한 검증 • 대안적 가정이나 핵심 찾기	• 클라이언트의 일상생활 사건을 통해 핵심믿음이 맞는지 틀린지 검증하는 증거를 수집한다. • 검증할 가정인 신념을 정하여 이 생각을 검증하기 위한 행동실험을 한다. • 핵심믿음을 지지하는 증거와 지지하지 않는 증거를 모으다 보면 이전 핵심믿음보다 덜 절대적이고 덜 부정적인 대안적 신념을 발견할 수 있다.

단계	내용	적용방법
종결단계	• 치료자 역할 연습하기 • 재발 및 예상되는 어려움 다루기 • 종결에 대한 감정, 태도 다루기	• 종결 후 클라이언트 스스로 치료자 역할을 하면서 역기능적 신념을 극복할 수 있도록 연습한다. • 앞으로 나타날 수 있는 문제를 어떻게 극복할지 대처방법을 연습해 본다. • 종결과 관련된 불안, 원망, 슬픔 등에 대한 감정을 표현하게 하여 다루어 준다.

(2) 사례 적용

클라이언트는 40세 된 주부로 남편, 두 아들과 함께 살고 있다. 5년 전 친구 내외와 저녁 식사 하러 갔는데 친구 남편이 친구와 클라이언트를 대할 때 존중하는 태도를 취하여 매우 부러웠다고 한다. 또 그 친구는 쇼핑을 할 때 돈을 여유 있게 쓰는 것에 비해 클라이언트는 돈을 쓰는 것에 항상 불안을 느껴 그 친구와 옛날에는 처지가 비슷했는데 이제는 처지가 많이 달라져 기분이 나빴고, "내 자신이 지금까지 무엇을 했나?" 하는 생각을 많이 하게 되었다고 한다. 돈을 벌고 소일거리를 위해 남편과 상의하여 꼬치구이 가게를 시작했는데 남편이 나중에 술집 같다며 완강하게 반대하여 인테리어비만 손해 보고 그만두었다고 한다. 이후 신경이 예민해지고, 쉽게 섭섭함을 느끼고, 화가 치밀어 오르며, 머리가 아프고, 식욕이 떨어지고, 구역질이 나기도 하여 생활이 힘들어졌다(권정혜 외, 2001).

① 사례 개입과정

표 2-7 사례 개입과정

단계	내용	사례
기초단계	• 라포 형성 • 클라이언트 평가나 진단 • 인지행동치료에 대한 교육 • 사례의 개념화	• 면담을 통해 클라이언트의 어려움과 치료에 대한 기대를 표현하게 하고 지지 • 자동적 사고와 느낌을 구별하는 훈련(상황 : 남편이 늦게 들어온다. 느낌: 화가 난다. 자동적 사고 : 나에게 무관심하다)

단계		내용	사례
초기단계	행동 기법	• 주간활동계획표 사용하기 • 즐거움을 주는 활동 증가하기 • 점진적 과제 부여 • 다양한 행동기법활동(사회기술 훈련, 주장훈련, 역할연습 등)	• 하루 일과 적어오기, 시간 단위로 계획 수립 즐거운 활동을 가장 쉬운 단계부터 시작하여 점진적으로 수행(약수터에서 물 떠오기 : 아침에 일어나기 → 간편한 복장으로 약수터 입구까지 갔다 오기 → 약수터까지 갔다 오기 → 약수터에서 물 떠오기)
	인지 기법	• 자동적 사고 파악하기 • 인지적 오류 점검 • 자동적 사고 현실 검증 (소크라테스식 대화)	• 특정 상황에서 자동적으로 떠오른 심상을 통해 자동적 사고를 파악한다. • 자동적 사고에 나타난 인지적 오류를 검토한다. • 소크라테스식 대화를 통해 자신의 자동적 사고에 대해 스스로 평가할 수 있게 한다.
중간단계	역기능적 가정이나 핵심믿음 발견하기	• 자동적 사고를 통한 유추 • 하향식 화살표 기법 사용 ("그게 무슨 뜻입니까?"라고 클라이언트의 생각에 대해 계속 추적)	• 남편은 일부러 늦는다. 나는 매일 남편이 언제 집에 돌아오는지 기다려야 하나? 사는 것이 무의미하고 가치없다(핵심믿음 : 나는 언제나 혼자고 사랑받지 못한다) • 남편이 연락도 없이 늦는다 → 화가 난다 → (그게 무슨 뜻입니까?) 남편은 약속도 없으면서 일부러 술자리를 만든다 → (그게 무슨 뜻입니까?) 남편은 나를 무시한다 → (그게 무슨 뜻입니까?) 나를 떠나간다. 나는 혼자가 된다. • 남편을 기다리고 있을 때 → 내가 부엌데기나 하고 살아야 하나 → (그게 무슨 의미일까?) 나는 더 큰 일을 해야 한다 → (어떤 일을 해야 하나?) 남들과 같이 살아야 한다 → (구체적으로 어떻게 살아야 하나?) 친구같이 돈도 잘 쓰고, 남편이 대우도 잘해 주고 → (그렇게 못 살면 어떻게 되나?) 남에게 무시당한다. 나는 가치가 없다.
	역기능적 가정이나 핵심믿음 재구성하기	• 역기능적 가정이나 핵심믿음을 검증하기 • 행동실험을 통한 검증 • 대안적 가정이나 핵심 찾기	• 핵심믿음 뒷받침하는 증거(40세가 되었는데 이룬 것도 없고, 병만 남겨 남에게 귀찮은 존재가 되었다: 내가 남편을 훌륭히 뒷바라지 하여 직장 간부가 되었는데 이제는 나는 무시당하고 혼자다) • 핵심믿음 반박하는 증거(누구든지 나이를 먹으면 병이 든다. 남편이 병이 들면 당신은 남편을 귀찮아 할 것인가: 남편이 이제는 지쳐서 그렇다. 남편도 보통사람이다. 내 요구 사항이 지나친 것도 있다.) • 남편에게 함께 식사, 쇼핑하자고 청한다. → 결과 적어본다. • 남편은 남이다. 나를 떠나갈 것이다 → 남편은 남이 아니고 나의 동반자이다.

단계	내용	사례
종결단계	• 클라이언트가 치료자 역할 연습하기 • 재발 및 예상되는 어려움 다루기 • 종결에 대한 감정, 태도 다루기	• 앞으로 닥칠 상황을 예상하여 어떻게 다룰지 역할 연기를 통해 계속 연습하기 • 치료과정 동안의 증상 감소 정리하기 • 치료자가 든든한 후원자로 남아 있음을 강조

② 인지행동 프로그램의 예: 주제별 목표와 내용

클라이언트의 인지적 재구조화를 통한 프로그램의 예를 살펴보면 다음 〈표 2-8〉과 같다.

표 2-8 인지행동 프로그램의 예

회기	주제	목표	내용
1	지금 여기서 시작해요!	• 집단원 간 신뢰감과 친밀감 형성 • 프로그램의 성격, 목적, 활동에 대한 이해 • 명상호흡을 통한 긴장 이완과 심신 안정	• 환영인사, 집단소개 및 구성원 소개, 프로그램의 성격, 목적, 활동에 대한 설명, 명상호흡법 소개 및 훈련, 이완훈련 및 체계적 둔감법 훈련, 과제(평상시 자주 쓰는 말 중 비합리적인 말 찾아오기)
2	내가 되고 싶은 것은?	• 공동체의 친밀감 강화와 자기개방의 구체화 • 별칭 짓기를 통한 욕구 파악 • 비합리적인 신념과 언어를 스스로 인식하기	• 별칭 짓기, 명찰 달기, 일상생활에서 비합리적인 언어 찾아내기 • 과제(내가 정말로 하고 싶은 것이 무엇인가, 왜 나는 할 수 없다고 생각하는가?)
3	나의 감정 들여다보기	• 과제를 통해 감정의 변화와 긍정적인 사고 이끌어내기 • 폭력과 관련하여 구체적 경험 나누기와 감정 탐색하기	• 결혼생활에서 참고 억제하는 삶 속에서 잃어버린 나의 감정 찾아보기 • 폭력과 관련된 경험 나누기(화가 났지만 너무 무서워서 움직일 수가 없었어요)
4	화가 나요!	• 대인관계 반응 패턴에 대한 방어기제 탐색 • 감정 인식과 표출 • 정서적 조절능력 향상	• 대인관계 시 반응탐색(내가 남편으로부터 폭행을 당하는데 이웃들은 아무도 도와주지 않았어요. 오히려 나를 조롱하고 무시하는 것 같았어요), (내가 이웃이 되어보니 나도 섣불리 도와주지 못할 것 같아요)
5	나는 소중해요!	• 척도 질문을 통한 남편에 대한 감정탐색 • 긍정적인 자아상 확립 및 자존감 향상	• 예전에 자상하고 가정적인 남편이었는데 술 때문에 안 좋은 것 같아요 • 부부관계 비디오 시청 • 칭찬프로그램 도입

회기	주제	목표	내용
6	마음의 소리에 귀 기울여봐요!	• 왜곡된 사고의 비합리적인 신념 탐색 • 긍정적인 사고로 변환 • 역할극을 통한 의사소통 훈련	• 생각 전환활동, 의사소통 프로그램, 역할극을 통한 치료(남편 : 당신은 사업이 어렵고 내가 많이 힘들어할 때 대화도 많이 하지 않고 돈 많이 벌어오지 못한다고 무시하고 허수아비 처럼 대했잖아. 아내 : 저는 몰랐어요 당신이 그렇게 힘든지 … 미안해요)
7	용서로의 여행!	• 용서의 의미를 알고 선택 • 용서를 통한 참 자유 경험 • 타인 수용 능력 향상	• 역할극을 통한 치료 • 나의 감정을 나타내며 감정을 긍정적인 방향으로 변화하기 • 과제(5명 이상 주변 사람들과 대화하기)
8	주위를 보세요!	• 경청의 방법 습득과 긍정적인 해결방안 모색 • 주변 사람들로부터 지지를 통한 역량강화	• 사례별 문제 의뢰 • 당신은 소중해요 • 내가 인지하는 주변인, 주변인이 인지하는 나에 대해 알아보기
9	다시 태어난 나를 위해	• 인생에 대한 책임감과 삶에 대한 소중함 인식 • 미래에 대한 준비 • 삶에 대한 목표 제시 • 의사소통 훈련 습득	• 나의 생애 설계 • 의사소통 프로그램(대인관계에서의 대화법) • 자존감 회복과 인생설계
10	이제부터 시작이야!	• 긍정적이고 감사하는 삶 • 자신의 변화와 성장에 대한 인식과 의지 강화 • 정리와 평가	• 나에게 편지 쓰기 • 관계자 및 동료의 칭찬 파도 • 정리와 평가, 사후관리

출처 : 김현호 외(2017).

4. 행동수정모델

행동수정모델은 현재 클라이언트의 문제행동을 변화시켜서 바람직하지 못한 행동은 감소·제거하고, 바람직한 행동을 학습하고 유지하게 하려는 것이다. 행동주의자들은 인간의 문제를 정신 내적 과정, 인지, 의지, 동기와 같이 추상적 개념들에 의해서가 아니라 눈으로 관찰할 수 있는 행동을 통해 해결해야 한다고 생각한다.

또한 행동변화의 핵심은 의지의 문제가 아니라 기술의 문제라고 보았다. 왜냐하면 기술은 배울 수 있는 것이기 때문인데 관찰 가능한 행동에 초점을 두고 행동을 자극과 반응이라는 도식에 의해 선행조건－행동－결과의 관계(Antecedent-Behavior-Consequence: A-B-C관계)로 이해하며 특정의 구체적 문제행동에 초점을 둔다.

따라서 행동수정모델에서는 구체적이고 정확한 문제의 규정, 변화목표, 개입과정이 강조된다. 이런 구체성과 정확성, 관찰 가능한 것에 대한 강조는 사회복지사와 클라이언트 간의 이해를 도울 뿐 아니라 개입에 대한 연구와 평가, 책무성(Accountability)을 증진하는 데 기여한다.

1) 개요

행동수정모델의 초기에는 인간을 기계론적 입장으로 자극에 반응하는, 즉 환경에 수동적으로 반응하는 유기체로 보았다. 그러나 최근에는 인간이 환경을 만들기도 하고 동시에 환경의 영향을 받기도 한다는 인간의 능동적인 면도 인정한다. 또한 행동수정모델은 모든 자발적 행동의 호의적이거나 비호의적인 결과를 제공하는 환경에 근거하여 일어난다고 본다. 따라서 모든 행동을 조작적 행동이라고 하며 거의 모든 클라이언트의 문제에 결정적인 조작적 요소가 관여되어 있는 것으로 보고 있다. 행동수정모델의 가장 큰 특징은 체계적이고 구조화된 접근과 인간행동에 대한 과학적 근거에 기초한다는 것이다.

행동수정모델에 영향을 미친 몇 가지 이론적 개념을 살펴보면 결정론, 경험주의, 조작주의, 간결주의와 순환론적 사고 등을 들 수 있다. 결정론이란 모든 인간의 행동은 개인의 과거 및 현재의 환경 속에서 확인되는 잠정적 원인을 찾을 수 있는 것으로 인간행동은 인간이 의도적으로 변화시킬 수 있다는 낙관적 신념을 보여준다. 경험주의는 사회복지사의 의사결정은 객관적 자료나 실험조사연구 등 경험적 자료에 의존해야 한다는 입장이며, 조작주의는 관찰할 수 있는 자료에 의해 클라이언트의 행동을 서술하고 절차에 따라 실행해야 한다는 입장이다. 간결주의 원칙은 단순하고 간결한 원인론적 접근이 가능한 문제에 대해 복잡한 원인론을 대입할 필요가 없다는 것이며, 순환론적 사고란 원인과 결과가 구별되지 않는 설명방식인데 행동주의자들은 이를 가식적 설명이라 보고 이와는 반대로 모든 행동에는 원인요인이 있으며 실험적 조사분석을 통해 이를 밝힐 수 있다고 보는 것이다.

사회복지실천에서 사용되는 행동수정모델은 Bandura(1977)에 의해 발전된 사회학습이론에서 발전된 것이며, 그는 행동수정의 기본원칙으로서 첫째, 정상적이든 비정상적이든 행동은 모두 같은 원칙하에 발달되고, 둘째, 모든 행동은 학습원리에 의해 수정되거나 변화할 수 있다고 하였다. 이러한 Bandura의 행동주의적 시각에서 본다면 클라이언트의 행동은 조작적 요인과 생물학적 요인 그리고 환경적 자극에 대한 반응적 요인의 세 가지 요인들이 상호작용한 결과이다.

2) 기본개념

행동수정모델에서는 인간의 행동은 학습이론에 의해 형성된다고 보았으며, 학습을 과거 경험의 결과로서 일어나는 행동의 비교적 영구적인 변화로 정의하였다(Jehu, 1967).

(1) 고전적 조건

고전적(반응적) 조건이란, 무조건적 반응(unconditioned response)과 연관(contiguity)으로 이루어지며 무조건적 반응은 자극(stimulus)에 대한 선천적 반응(response)이며 연관은 두 가지 대상이 비슷한 시간과 장소에서 발생했을 때 동시에 학습되는 것을 말한다. 고전적(반응적) 조건에 의해 학습된 반응적 행동(respondent behavior)은 선행자극에 대한 반응으로서 나타난 행동이다. 이런 경우 자극은 반응을 일으킨다는 것(S → R)이다.

Pavlov의 실험은 개의 타액반응을 조건화한 것이다. 개가 타액을 흘리는 것을 정확하게 측정할 수 있도록 해 놓고 실험했다. 개의 입에 음식물이 들어가면 타액이 분비된다. 여기서 타액 분비는 무조건적 반응이고, 음식은 무조건적 자극(unconditioned stimulus)이다. Pavlov의 개 실험은 벨이 울리고 음식물이 제공되는 것이었다. 이 두 가지 과정이 연관되어 수차례 반복되니까 개는 음식물이 제공되지 않아도 타액을 분비했다. 여기서 벨은 조건화된 자극(conditioned stimulus)이고 타액 분비는 조건화된 반응(conditioned response)이다. 또한 벨이 울리면 타액 분비가 되는 것과 연관된다. 또한 일정기간 지속적으로 음식을 제공하지 않은 채 종만 계속 들려주면 침을 흘리는 반응이 더 이상 나타나지 않는다는 것을 관찰하였으며, 이를 소거(extinction)라 하였다. 반응적 행동 자체 혹은 행동의 강도, 속도 등은 자극의 영향을 받는다.

(2) 조작적 조건

Skinner는 선행사건상황에서 행동이 발생하고 행동의 결과에 영향을 미치며, 결과는 다음의 유사상황에서 행동의 비율, 빈도, 형태 등을 결정하는 데 영향을 미친다고 보았다. 이때 행동은 결과를 조작한다. 즉, 결과에 영향을 미친다는 의미에서 조작적 행동(operant behavior)이라 하며, 선행사건－행동－결과(A－B－C)를 강화라 한다.

조작적(도구적) 조건에는 강화(reinforcement)와 강화스케줄(reinforcement schedule)의 두 기법이 있다. 행동은 칭찬, 보상과 같은 강화와 함께 반복되면 습관으로 남게 된다. 또한 이것은 행동성형(shaping)의 시작이기도 하다.

강화는 네 가지로 구분된다(Thyer & Myers, 1997). 첫째, 보상(예: 칭찬, 용돈)을 제시함으로써 긍정적 행동의 발생 가능성을 증대시키는 정적 강화(positive reinforcement), 둘째, 벌(예: 숙제, 청소)을 철회함으로써 긍정적 행동의 발생 가능성을 증대시키는 부적 강화(negative reinforcement), 셋째, 처벌(예: 꾸지람, 체벌)을 제시하여 부정적 해동의 발생 가능성을 감소시키는 정적 처벌(positive punishment), 넷째, 보상(예: 관심, 상여금)을 철회함으로써 부정적 행동의 발생 가능성을 감소시키는 부적 처벌(negative punishment) 등이다. 강화에서 행동은 강화물 혹은 자극을 제공하는 사람의 의도가 아닌 효과에 의해 결정된다.

강화스케줄이란 강화가 전달되는 조건, 규칙을 말하며, 행동에 따라 결과가 뒤따르는 연속적 계획과 행동의 비율이나 행동 간의 간격이 어느 정도 되었을 때 결과가 뒤따르는 간헐적 계획이 있다. 간헐적 계획은 결과가 뒤따르는 비율 혹은 간격이 일정한 고정비율계획(고정간격계획)과 결과가 뒤따르는 비율 혹은 간격이 일정하지 않고 변동적인 변동비율

계획(변동간격계획)으로 나누어진다. 연속적 강화로 유지된 행동의 강화물이 더 이상 제시되지 않을 때에는 특히 변동비율계획적인 강화에 의해 형성·유지된 행동보다 빨리 소거된다. 따라서 행동을 학습하기 위해서는 연속적 혹은 고정적으로 일정기간 동안 강화가 제시되어야 한다(김혜란 외, 2006).

조작적 조건의 한계는 일률적으로 조건화할 수 없는 보상과 반응을 말한다. 예를 들어 대부분의 아이들에게는 사탕이 훌륭한 강화가 되어 행동의 변화를 유발할 수 있으나, 정도의 차이가 있고 객관적이지 못하다. 즉, 개인의 사회적·문화적 가치와 행동유형에 따라 반응이 다를 수도 있다는 것이다.

(3) 대리적 조건, 모방 또는 관찰적 학습

인간은 자신이 직접 경험하지 않더라고 행동을 학습할 수 있는데, 이런 행동을 대리적 행동(vicarious behavior)이라 한다. 즉, 인간은 다른 사람들의 행동을 따라 할 수 있고, 다른 사람들의 행동에 따른 결과를 관찰함으로써, 즉 그 타인이 상을 받느냐 벌을 받느냐에 따라서 행동이 강화될 수도 있고, 금기될 수도 있는 것이다. 또한 학습과 수행을 구분하였는데, 학습은 대리적으로 일어날 수 있으나 학습된 행동의 수행은 강화에 의해 결정된다고 보았다. 모델링, 역할연습, 행동시연, 강화, 코칭, 문제해결기술에 대한 교육, 숙제부여 등 다양한 기법들이 실천의 현장에서 활용되고 있다.

3) 개입목표

Krumboltz와 Thoresen은 행동수정모델에서의 기본적인 개입의 목표를 다음과 같이 설정하였다(Huber & Millan, 1972). 첫째, 클라이언트가 원하는 목표라야 한다. 둘째, 클라이언트가 목표를 달성할 수 있도록 도와야 한다. 셋째, 달성한 목표는 평가가 가능해야 한다. 행동수정모델은 부정적 행동을 포함한 모든 행동은 학습된다고 가정하기 때문에, 새로운 행동을 학습하기 위한 새로운 조건들을 제공하고 새로운 행동을 학습하도록 클라이언트를 원조하는 것이 개입의 목표가 된다.

또한 몇 가지 세부적 목표를 제시하면, 첫째, 클라이언트가 자신의 생각과 요구들을 더 강하게 주장하고 표현할 수 있도록 돕는 것, 둘째, 비현실적 공포들을 제거하도록 클라이언트를 돕는 것, 셋째, 클라이언트가 인생의 중요한 결정을 내리는 데 방해가 되는 내적 갈등을 해소시켜 주는 것 등이다.

4) 개입과정

행동수정모델의 개입과정도 다루어야 할 클라이언트의 문제와 사회복지사의 접근방법에 따라 다양하다. 여기서는 초기단계, 개입단계, 종결단계로 살펴보았다(엄명용 외, 2000).

(1) 초기단계

① 문제규정

클라이언트의 문제를 일단 관찰 가능한 구체적 행동으로 표현하고, 이 행동을 조작적 행동의 원칙에 따라 행동이 일어나기 전에 전개된 선행자극과 행동, 그리고 행동의 결과로 나누어 그 관계를 분석하게 된다. 문제행동이 추상적으로 표현되어서는 곤란하고 구체적이며 확인이 가능한 언어로 표현되어야 한다. 이때 문제행동이 반드시 행동이어야만 하는 것은 아니다. 문제행동은 고치고 싶은 정서적 반응이나 사고가 될 수 있기 때문이다.

② 기초선 자료 수집

개입 이전의 문제행동의 수준을 알지 못하면 개입의 효과를 측정하기 어려우므로 반드시 정확한 기초선 자료를 수집할 필요가 있으며, 기초선 자료 수집은 최소한 행동의 명확한 유형을 관찰할 수 있을 정도여야 한다. 수집된 자료는 대게 선행조건과 후속결과, 즉 A-B-C관계로 표현하고 정확하게 수집된 기초선은 문제를 규정하고 A-B-C관계를 사정할 수 있게 해 주며 어떻게 문제에 접근할 것인가를 보여줄 수 있다.

③ 분석

기초선이 확보되면 분석을 통해 표적문제와 문제의 발생유형을 파악해야 한다. 사회복지사는 클라이언트 스스로 자기 문제의 발생유형을 이해할 수 있도록 도와주고 이를 선행조건과 후속결과의 형태로 나누어 볼 수 있도록 도와준다. 이 과정을 통해 사회복지사와 클라이언트는 표적문제를 확실히 하고 해결의 우선순위를 정한 후 목표를 명확히 한다.

④ 개입계획 수립

문제의 우선순위가 정해지면 표적문제의 발생 전후 관계를 분석한다. 행동수정모델을 적용할 때 중요한 것은 선행조건-행동-후속결과의 세 가지 영역 모두를 고려한 변화계획을 수립해야 한다는 것이다. 개입계획 시 유의할 것은 행동수정의 목적이 '바람직하지 못한 행동을 감소시키거나 소거'하는 목표만이 아닌 '바람직한 행동의 발달'이 병행될 때 효과가 있다는 것이다.

⑤ 계약

사회복지사와 클라이언트의 계약은 표적문제, 장·단기 목표, 개입계획, 사회복지사와 클라이언트 각자의 역할, 기간, 장소, 참여자 등이 명시되어야 한다. 사회복지사는 클라이언트의 동기와 변화할 수 있는 능력을 사정하고 클라이언트가 제안된 변화를 기꺼이 시행하게 하는 변화의 힘이 무엇인지 그리고 이를 약화시키는 저항의 힘은 어떤 것인지를 사정해야 한다. 사회복지사는 변화매개자로서 클라이언트가 적절한 변화목표를 선택하도록 돕고 적절한 역할을 선택하여 변화의 단계를 인식하고 이끌어야 한다.

(2) 개입단계

개입계획을 실행하고 수행 여부를 점검하며 수정하는 과정을 구체적 개입 과정 A-B-C관계로 나누어 적용되는 행동수정기술들을 살펴보면 다음과 같다.

① 선행조건의 개입

선행조건 영역의 개입을 분류하면 개입목적이 바람직하지 못한 행동의 감소 또는 제거일 때, 또는 기초선 자료에서 문제행동의 선행조건이 되는 상황을 변화시킴으로 행동의 변화를 가져오기 위해서 사용하는 선행조건의 통제와 개입목적이 바람직한 행동을 증가시키는 새로운 선행조건의 개발이 있다.

② 행동 영역의 개입

어떤 행동의 변화를 계획하고 있을 때에는 바람직하지 않은 행동을 단순히 억압하기보다는 새로운 대체행동을 발달시키는 것이 보다 효과적이지만, 이는 쉬운 것이 아니므로 사회복지사는 기술적 관점에서 문제를 해결하려 노력해야 한다. 새로운 행동을 발달시키는 기술로는 긍정적 강화, 대체행동의 사용, 리허설, 모델링, 행동형성 등이 있다.

③ 후속결과의 개입

행동수정에서 후속결과는 행동의 결과에 따라 그 행동이 지속될 것인지 중단될 것인지를 결정하는 중요한 요인이 된다. 그러므로 후속결과에 대한 개입은 바람직하지 못한 행동을 제거하는 것이 무엇인지, 바람직한 행동을 증가시키는 것이 무엇인지에 따라 나누어진다. 물론 어떤 때는 이 두 가지가 동시에 진행되기도 한다.

문제행동을 제거할 때에는 소거, 처벌 등의 기술이 사용되며, 바람직한 행동을 발달시키고자 할 때, 또는 바람직한 행동을 발달시키기 위해 후속결과를 변화시키고자 할 때 사용되는 기술은 긍정적 강화물을 일관되게 사용하는 것이다.

(3) 종결단계

우선 종결이 다가오면 종결을 예고하고, 초기단계에서 작성한 계약을 기준으로 그동안의 진전과정을 클라이언트와 함께 평가한다. 계약상에 드러난 흔적과 관련하여 성취 정도를 평가하고 얻어진 결과를 점검한다. 목적달성에 어려움이 있었거나 미진했다면 그 원인을 분석하고 필요한 과정을 논의한다. 종결의 결정이 내려지면 일정기간 사후관리(follow-up)를 통하여 행동의 변화가 계속되었는지를 점검한다.

5) 개입기법

(1) 강화

강화(reinforcement)는 행동수정의 가장 고전적인 기술이면서 강한 기술이다. 긍정적 강화란 바람직한 행동을 할 때마다 보상을 함으로써 그 행동이 더 자주 일어나도록 하는 것이다. 그 예로서, 행동변화의 원칙과 관련된 교과과정에서 학생들은 교실에서 교수의 행동을 제한하려고, 교실의 오른쪽 구석에서 교수가 강의할 때 흥미와 열중을 나타내고, 그가 왼쪽으로 옮기면 냉담해하고, 지루함을 나타내 보였다. 학생들의 관심이라는 보상을 받은 교수는 오른쪽 구석에만 머무르게 되었다. 이 예에서 교수의 행동은 학생들의 반응(보상)에 응답한 것이며, 만약 교수가 학생들의 관심이라는 반응을 무시하였다면 학생들은 또 다른 보상 조작을 찾았을 것이다.

(2) 소거

소거(extinction)는 굴절, 단절이라고도 하며, 어떤 행동에 대해 더 이상 강화를 해 주지 않음으로써 그 행동의 발생을 약화시키는 기술이다. 예로서, 잠들기 전에 아주 심한 울화를 나타내는 21개월 된 소년이 있었다. 이 소년은 잠자기 전, 침대에 들어가면 고함지르고 야단법석을 떨었으며 그가 잠이 들 때까지 부모는 보통 1시간 30분에서 2시간 정도 침대 곁에서 지켜보아야 했다. 이 소년이 이런 행동을 계획하는 이유가 침대 옆에서의 부모의 관심 때문이라고 결론 내린 뒤에 소거법을 결정했다

치료 프로그램은 확고한 강화에 의해 행동이 계속되는 것이라는 조사결과에 의한 것이며 갑자기 끊어 버림으로써 행동을 변화시키려는 것이다. 이렇게 결정 내리자 즐겁고 평안한 마음으로 침대로 가게 하고, 일상적 즐거움이 따른 뒤에 부모는 문을 닫고 나가 버렸다. 첫날은 45분 동안 고함을 질렀으며, 둘째 날은 소란을 피우지 않았고, 셋째 날은 10분 동안 고함을 질렀고, 넷째 날은 6분, 다섯째 날은 3분, 여섯째 날은 2분 그리고 결국에는 소리를 지르지 않게 되었다. 계속해서 아이의 다른 측면 또는 이후의 영향에 대해서 살폈으나 소년은 친근해지고, 표현적이며, 적극적인 성격을 갖게 되었다.

이 기법은 치료적 금기라고 불리는 기법으로서, 클라이언트의 부정적 행동이 신체적 질병에 의한 것이거나, 공격적 성향이 있어 자해 등의 위험이 있다면 사용해서는 안 되는 기법이다.

(3) 역조건화

역조건화(counter conditioning) 또한 치료적 금기로 불리는 기법이다. 이 기법은 상반되는 조건이 제공되고 체계적 둔감법이 수반되면서 클라이언트가 이겨낼 수 있도록 하는 것이다. 그 예로서는 토끼, 쥐 그리고 털(모피)이 있는 대상물에 대한 공포의 고전적 치료법의 예로서 Peter라는 3세 된 소년의 경우이다. 상반된 조건하에서 그에게 음식을 먹였다. 그러나 그는 토끼가 가까이 있자 공포심을 이기지 못해 도망가는 것조차 잊어버렸다. 이 어려움을 이겨내자 그는 음식을 먹 수 있었다. 방의 한구석에 우리 속에 넣은 토끼를 놓아두었다. 세션이 진행될수록 안정을 찾았으며 우리에서 나와 그에게 다가와도 편안했다. 결국에는 토끼를 그의 무릎에 올려놓고, 토끼가 그의 손가락을 조금씩 깨물어도 기쁘기만 했다.

(4) 행동성형

shaping은 '적응하게 하다'의 뜻을 가지고 있으며, 행동성형(행동형성, 순응, shaping)은 최종적 목표행동에 도달하기 위해 점진적으로 이를 진행시키는 것으로 익숙하지 않은 새로운 행동을 클라이언트에게 처음에는 행동의 일부분만을 수행하도록 하고 차차 그 범위를 넓혀 가는, 즉 바람직한 행동을 여러 단계로 나누어 강화시킴으로써 점진적으로 바람직한 행동에 접근하도록 유도하는 방법이다. 이때 클라이언트가 동기를 상실하지 않도록 해야 한다.

유의해야 할 원칙은 첫째, 목표를 현재 클라이언트가 위치한 수준보다 조금 낮은 수준에서 설정하고, 둘째, 단계적으로 목표를 높여 나갈 때, 클라이언트가 위압되지 않도록 간격을 좁게 잡아야 한다는 것이다.

(5) 체계적 둔감법

체계적 둔감법(탈감법, systematic desensitization)은 Wolpe(1969)가 발전시킨 것으로 이완요법을 포함하는 개념이다. 모든 신경증적 행동은 불안의 표현이고 불안의 반응은 원래의 불안에 대치되는 반응을 발견해 냄으로써 제거될 수 있다고 한다. 주로 공포증의 치료에 뛰어난 효과를 보인다.

그 과정을 간단하게 요약하면 다음과 같다.

첫째, 불안을 야기하는 상황을 구체적으로 계층화시켜 위계목록을 작성한다.

둘째, 근육이완훈련을 받는다. 물론 사회복지사는 이완훈련이 이 치료기법에 어떻게 활용되는지를 설명해 준다. 클라이언트는 사회복지사의 지시에 따라 안면근육의 이완에 강조를 두고 먼저 팔 근육, 머리, 목과 어깨, 등, 배, 가슴, 다리 근육의 순으로 이완해 나간다. 그리고 가장 편안하고 불안이 없는 장면을 상상하도록 하여 심리적 평안의 상태를 이루도록 한다.

셋째, 클라이언트가 이완을 통해 완전히 평온한 상태에 들어간 후, 최초 또는 최소의 불안을 일으키는 장면을 상상하여 그 상황 속에서 자신이 유능하게 극복하도록 유도한다. 이렇게 하여 불안이 극복되면, 보다 높은 수준의 불안 장면으로 점차 높여 나가고, 최고의 불안 장면까지 극복하면, 실제상황에 적용시켜, 결국 불안을 완전히 이겨내게 된다.

(6) 주장훈련

주장훈련(assertive training)은 사회기술훈련의 한 형태로 특히 대인관계에 어려움이 있거나, 옳고 그름의 판단에 어려움이 있는 사람, 불쾌한 감정이나 분노를 제대로 표현하지 못하는 사람, 거절을 잘 하지 못하는 사람, 애정이나 호감을 잘 표현하지 못하는 사람에게 치료의 효과가 있다.

표현훈련이라고도 하는 이 기법은 사회복지사와 클라이언트가 문제가 되는 상황을 설정하고 서로 역할을 바꾸어 가며 자유롭게 자신의 감정과 의사를 표현하는 역할행동의 연습을 통해 이루어질 수 있다. 상대방의 입장에서 느낀 것을 서로 이야기하면서 클라이언트가 보다 효과적으로 자기표현을 할 수 있도록 지도한다. 이 훈련을 집단상담 프로그램으로도 많이 실시하고 있다.

(7) 혐오치료

혐오치료(aversion therapy)는 특수한 행동의 불안을 제거하는 데 널리 이용되어 온 기법으로서 바람직하지 못한 행동이 없어질 때까지 고통스런 자극을 연관시켜 치료에 이르는 것이다. 대표적으로 전기쇼크 혹은 구토를 일으키는 것 등이다. 이 기법은 혐오자극으로 문제행동을 '처벌'하면서, 동시에 문제행동을 대체할 수 있는 바람직한 다른 행동을 제시하고 강화해 줄 때 더욱 효과적이다.

혐오치료는 알코올중독이나 약물중독, 흡연, 강박증, 성도착증(性倒錯症), 도박 등에도 적용할 수 있다. 예를 들어 알코올중독의 경우 구토제가 섞인 술을 마시게 함으로써 술병만 보아도 진저리가 나도록 하는 것이다.

(8) 토큰경제

토큰경제(token economy)는 칭찬, 인정 등과 같은 무형의 강화물이 효력이 없을 때 적용할 수 있다. 클라이언트가 미리 선택된 행동을 지키면 강화물인 토큰을 받게 되는 것으로 토큰의 예로서 담배, 사탕, 티켓, 선물용품, 장난감, 특정 프로그램에 참여할 수 있는 특권 등 여러 대체물이 사용된다.

6) 활용 및 평가

행동수정모델은 자극-반응으로 인간을 설명하려는 고전적인 행동주의 원칙에다 Bandura(1977)와 같은 학자들의 사회학습이론이 접합되어 발달된 개입모델로서 인간을 지금까지 그가 배운 모든 것의 총합이라고 보고 행동을 변화시키는 데에 이 원칙들이 적용된다고 본다. 행동수정모델은 지금까지의 어떤 다른 사회복지실천모델보다도 이론적 뒷받침이 풍부하고 경험적 지지도가 높기 때문에 발전 전망이 낙관적이며 사회사업의 통합적 패러다임으로 발전할 수 있는 잠재력이 있다고 한다(Thyer, 1983).

행동수정모델은 적용되는 분야가 매우 풍부하여 사회복지실천현장에서 어른이나 아이들과 일할 때, 일반인들의 일상생활의 문제에서부터 정신적인 문제에 이르기까지 다양한 분야에서 상이한 인구집단에 적용할 수 있는 방법으로 비교적 단시간에 효과를 볼 수 있어 많이 사용되고 있다. 특히 행동문제를 가지고 있는 아동이나 청소년 또는 정신병동 환자들에게 많이 적용되고 있으며 흡연, 비만, 약물에 대한 탐닉과 같이 수정하기 어려운 행동들에 대해서도 비교적 효과적인 접근방법으로 알려져 있다. 또한 원칙을 잘 알고 있으면서 동기화가 된 사람이라면 자기 스스로가 실천에 옮겨 볼 수 있을 만큼(self-directed behavior modification) 접근방법이 구체적이다.

반면 행동수정모델에 대해서 그 기본 가정이 클라이언트를 조종하고 클라이언트의 변화를 촉진하는 데 있어 대인관계과정의 역할을 무시한다는 비판도 알고 있다(Bruck, 1968; Strean, 1973; Watson, 1974). 인간의 행동을 자극과 반응의 단순한 도식으로 이해하고 자극을 변화시켜 행동변화를 가져올 수 있다는 가정이 인간의 자유의지라든가 자기결정의 권리를 간과하고 있다는 것이다.

그러나 다른 모델들과 마찬가지로 행동수정모델도 강제성을 띠지 않는다는 점에서 일반적으로 가치중립적이라 할 수 있다. 목표설정과정에서 어떤 행동은 바람직하고 어떤 행동은 바람직하지 않다고 결정하는 것은 사회복지사의 전문적 윤리와 일반 상식에 근거하여 판단되는 것이기 때문에 특별히 행동수정모델이 비윤리적이라고 말할 수는 없을 것이다. 분명한 것은 행동수정모델은 일단 목표가 설정되면 클라이언트로 하여금 목표를 달성할 수 있게 돕는 데 매우 유용한 모델이라는 점이다.

7) 행동수정모델 사례

(1) 사례 개요

- 아동이름 : 한아름(가명, 여, 11세, 초등학교 4학년 재학 중)
- 의뢰경위 : 아동의 문제행동으로 ○○○집 실무자로부터 의뢰

- 개입기간 : 20○○. 2. 9 ~ 20○○. 7. 5
- 소속기관 : ○○○○○○

(2) 주요 문제

① 씻는 것을 싫어하고 냄새가 심하다

아동을 처음 만난 것이 겨울이었는데도 불구하고 발 냄새와 땀 냄새가 몸에 배어 있었다. 피부색이 워낙 검은 데다가 잘 씻지 않아서 목과 얼굴, 손 군데군데에 때가 보였다. 겨울인데도 양말을 신지 않고 있었고, 입은 옷도 따뜻해 보이지 않았다. 4학년쯤의 여학생이라면 누구나 외모에 신경을 쓰고 관리할 시기인데, 그러한 것을 귀찮아하는 것은 자신에 대한 자신감 결여라고 볼 수 있고, 또한 앞으로 대인관계에서 소극적인 태도를 보일 수 있고, 학교 내에서 따돌림을 당할 수 있는 요인이라고 생각되었다.

② 조모에 대한 불만

여동생(3학년)과 조모와 셋이서 살고 있는데, 조모에게 차별대우를 받는다는 생각이 너무나 지배적이었고, 조모의 매질에 상당히 부정적인 생각을 갖고 있었다. 그래서 더욱 조모에게 맞고, 잔소리도 동생보다 더 많이 듣고 있었다. 조모와 아동 간의 악순환은 이런 식으로 끊어지지 않고 더욱 심해지고 있었다.

③ 남자아이들과의 몸싸움이 자주 있다

여자 아동인데도 불구하고 ○○○집에서 싸움을 제일 잘한다고 정평이 나 있다. 6학년 남자아이들도 웬만해서는 시비를 걸지 않고 피한다. 한번 싸움이 붙으면 사소한 말다툼으로 시작했다 해도 결국에는 주먹이 왔다 갔다 하는 상황이 벌어지고 누군가 한 명이 울음을 터트려야 싸움이 끝이 난다. 실무자가 의뢰했던 동기도 이 문제가 가장 크게 작용을 했다. 사회복지사가 내담자를 만나면서 실무자가 우려하는 것보다 폭력 정도는 낮았고, 먼저 시비를 걸어서 싸움을 일으키는 게 아니기 때문에 그 나이 아동들이 일으킬 수 있는 자연스런 문제라고 생각되었다.

(3) 아동의 기능 정도

① 인지적 지능

학교성적이 상위권은 아니지만 이해력이 빠르고 책임감이 강해서 열심히 하고자 노력한다. ○○○집에서는 꽤 잘하는 편이고 학교 과제나 ○○○집 과제를 충실히 하고자 한다.

② 대인관계의 기능

폭력성과 욕설이 심하지만 먼저 싸움을 거는 것이 아니기 때문에 내담자를 싫어하는 아동은 없다. 하지만 남자아이들은 여자아이가 너무 힘이 세고 싸움을 잘한다는 이유로 싫어한다. 나이 어린 아동들은 무서워하는 모습도 보였다. ○○○집에 또래가 없어서 그런지 특별히 친한 단짝친구는 없었고 모든 아동들과 원만한 관계를 맺고 있었다.

③ 잠재적인 기능

내담자의 단점이나, 고쳐야 할 점에 대해 충고하면 수용하는 편이고 고치려고 노력하는 모습이 있다. 동생을 제일 아끼고 세상에서 서로 의지할 수 있는 유일한 존재라고 믿고 있다.

(4) 가족배경

① 가계도

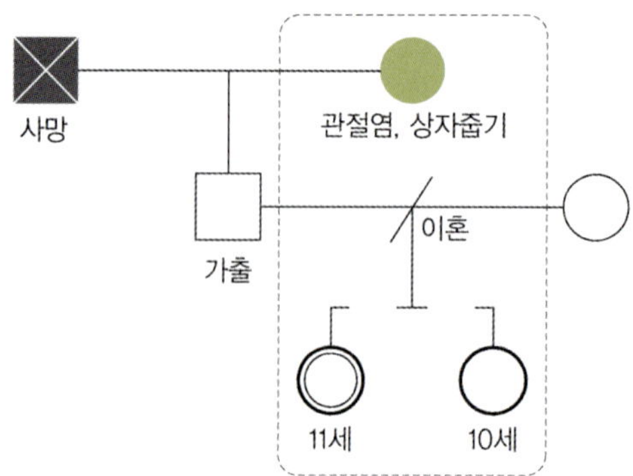

② 가족력

- CT : 조모가 동생과 자기를 차별대우한다고 생각하고 있다. 조모에게 많이 맞는데 맞을수록 더욱 반항을 해서 조모와의 사이가 별로 좋지 않다. 겉으로는 동생을 싫어한다고 하지만 살면서 가장 의지가 되고 보살펴야 하는 존재라는 것을 잘 알고 있다.
- 조모 : 상자 줍기를 해서 손녀들과 함께 생활하고 있는데, 몸이 많이 안 좋아졌다. 관절염이 심해서 어깨와 무릎의 고통을 호소하고 있다. 병원비가 없어서 보건소 약으로 처방을 대신하고 있다. 집안일을 내담자에게 많이 시키는데 그런 문제로 내담자가 조모에 대해 불만이 더욱 많아지고 있다.
- 동생 : 조모에게 순종적이며 싹싹해서 내담자보다 조모에게 사랑과 인정을 더 받고 있다. 이러한 부분이 내담자의 불만을 더욱 높이는 것이다. 내담자와 크게 부딪히는 문제 없이 일반 자매들처럼 지낸다.
- 父 : 가출을 했지만, 가끔 아이들을 보러 온다. 생활비를 보태주고 있지 못하다.

(5) 개입과정

① 목표

- 문제행동을 수정한다 : 2일에 1회씩 머리 감기, 매일 잠자기 전에 손발 씻고 이 닦기
- 조모에 대한 불만(동생과의 차별대우)을 감소시킨다.

② 계획

- 문제행동 3가지 중 내담자가 짧은 시간 동안 변화시킬 수 있는 행동 선정
- 문제행동의 수정에 대한 과제 점검 및 보상 활용
- 조모에 대한 불만(차별대우)을 자유롭게 표현하게 하고, 불만을 감소시킴
- 내담자가 흥미 있어 하는 활동들을 함으로써(종이접기) 자신감을 갖게 함
- ○○○집 교사와 상담내용을 공유하여 아동에 대한 정보를 주고받음

③ 개입과정(총 18회)

표 2-9 개입과정

단계	상담목표	상담내용	평가
초기단계 (1~3회) 2.9~3.8	1. 친근감 형성 2. 내담자에 대한 정보수집	1. 공기놀이 2. 자기 모습 그리기	1. 2 session 시 결석 → 친근감 형성 곤란 2. 상담시간을 지루해함 3. 성급하게 개입하려고 하였음
발전단계 Ⅰ (4~8회) 3.15~4.26	1. 개입할 문제행동 선정 2. 가정환경 관찰 (동거인 중심)	1. 동화책 읽어주기 (역할놀이) 2. 야외놀이(운동, 산책) 3. 종이접기(역할놀이)	1. 일상생활 관찰이 곤란해서 개입할 문제를 찾지 못함 2. 새 학기 적응을 힘들어함 3. 상담에 대한 부담이 없어짐
발전단계 Ⅱ (9~16회) 5.3~6.21	1. 문제행동 개입 (청결, 욕설) 2. 가정문제 개입 (조모관계)	1. 행동수정표 실시 (2일에 1회 머리 감기/매일 손발 씻고 이 닦기) 2. 관찰일기 (조모의 매질 횟수, 본인의 욕설 횟수)	1. 행동수정표에 따라 보상받는 것을 좋아함 2. 조모의 관찰일기는 초반에는 잘 이루어지지 않다가 후반에는 매일 기록해 왔고, 조모를 이해하려고 노력함
종결단계 (17~18회) 5.28~7.5	1. 보상 없이 행동 수정 2. 차후 개입에 대한 동기 부여 3. 종결준비	1. 청결의 중요성 확인 2. 조모의 마음 알기 3. 행동수정표, 관찰 일기 정리	1. 조모의 체벌에 대해 긍정적으로 이해하기 시작함 2. 동생과의 차별대우에 대해 여전히 불만을 갖고 있었지만 조모의 입장을 이해하려고 하는 모습이 보임

사회복지실천모델 설명과 적용에 앞서 초기면접 점검목록을 점검해보면 다음과 같다.

표 2-10 초기면접에 사용되는 점검목록

참고사료

초기면접에 사용되는 점검목록

1. 예의 갖추기

- 클라이언트에게 인사하고, 편안한지 확인한다.
- 클라이언트가 면접에 응하는 데 어려움이 있는지 파악한다.
- 클라이언트를 존중하면서 부드럽게 이야기한다. 적대적이거나 얕보는 말은 하지 않는다.
- 클라이언트가 면접에 온 것이 외부적 강압에 의한 것인지 확인한다.

2. 기관의 서비스에 대한 정보 제공

- 면접의 기회, 빈도, 그리고 시간에 관해 설명한다.
- 서비스 전반에 관해 간략하게 설명한다.
- 서비스 제공에 있어 다른 유형의 서비스가 있으면 이를 설명한다(예 : 가정방문).
- 상담료를 지불하게 되는 경우 이를 설명한다.
- 첫 면접의 목적을 설명한다.

사회복지사의 책임

- 면접시간을 지키고 비밀을 보장한다.
- 클라이언트의 문제에 대한 변화에 대해 피드백을 제공한다.
- 다양한 절차 및 그 이유에 대해 분명하게 설명한다.
- 효과적인 서비스를 제공한다.
- 클라이언트의 동기를 향상시키도록 노력한다.

클라이언트의 책임

- 면접시간을 지킨다. 지키지 못할 경우 1~2일 전에는 면담시간을 취소한다.
- 합의된 상담료를 지불한다.
- 문제에 변화가 있는지 확인한다.
- 어려운 사항이 있으면 사회복지사와 공유한다.

3. 협력관계를 독려한다.

- 초기면접에 관련된 사람들이 있으면 포함한다.
- 면접에 참여해야 하는 클라이언트의 책임을 강조한다.
- 클라이언트가 피드백과 제안을 하도록 요청한다.
- 클라이언트가 이해하고 있는지 수시로 확인한다.
- 클라이언트의 제안과 피드백을 지지한다.
- 클라이언트가 보일 수 있는 주저함을 예측해 본다.

4. 정보를 수집한다.

- 클라이언트의 문제와 염려 그리고 성취하고자 하는 결과 목록을 작성해 본다.
- 우선순위를 결정한다.
- 이 시점에서 도움을 요청하는 이유를 파악한다.
- 문제를 그냥 지나쳤을 때 발생할 수 있는 결과를 파악한다.
- 클라이언트의 구체적인 행동, 사고, 느낌이 어떻게 증가되거나 감소되고, 변화되거나 유지되어야 하는지 또는 안정되어야 하는지 파악한다.
- 발달력, 가족력과 같은 관련 정보를 수집한다.
- 클라이언트의 문제에 영향을 미치는 선행사건, 결과 등을 파악한다.

- 클라이언트의 현재 생활에 대한 전반적인 정보를 수집한다.
- 기대치를 결정한다.
- 문제에 대해 클라이언트와 중요한 사람들의 관점을 파악한다.
- 문제와 관련해서 어떤 결과가 있었는지 구체적으로 파악한다.
- 원하는 결과를 얻기 위해 어떤 노력을 해 왔으며 그 결과는 어떤지 파악한다.
- 원하는 결과를 성취하였을 때 이것이 클라이언트와 중요한 사람들에게 미치는 장 · 단기적인 영향을 검토한다.
- 개인적 · 환경적 자원을 파악한다.
- 예측되는 장애물과 이를 극복할 방안을 모색한다.
- 클라이언트의 동기를 수집한다.
- 클라이언트의 실질적인 진전을 파악할 수 있는 구체적인 지표를 모색한다.

5. 도움을 제공한다.

- 지지를 제공한다.
- 잘 진행되고 있는 부분을 파악할 수 있도록 클라이언트를 돕는다.
- 개별화된 성취 가능한 목표와 결과를 파악한다.
- 긍정적인 기대를 할 수 있도록 돕는다.
- 클라이언트의 문제에 대해 도움이 될 수 있는 관점을 제공한다.
- 문제해결 기술을 향상시킬 수 있도록 돕는다.
- 필요한 서비스를 제공한다.

6. 공동으로 결정한다.

- 계약에 동의한다. 명확하게 언어적 또는 서면으로 동의서를 작성한다.
- 도움이 될 만한 과제를 선택한다.
- 다음 면접을 약속한다.
- 필요한 경우 타 기관에 의뢰한다.

출처 : Gambrill(1997); 최경화 외(2010).

참고문헌

김기태 외(2006). 『사회복지실천론』. 경기 : 양서원.

김동배 외(2000). 『인간행동과 사회복지실천』. 경기 : 학지사.

김혜란 외(2003). 『사회복지실천기술론』. 경기 : 나남출판.

김현호 · 어홍선 · 이용환 · 전대성 · 현영렬(2017). 『사회복지실천기술론』. 경기 : 정민사.

신성자 · 홍금자 · 라동석 · 김진이(2000). 『사회복지실천론』. 서울 : 고헌출판부.

양옥경(2000). 한국 가족개념에 관한 질적 연구. 『한국가족복지학』, 6.

엄명용 · 김성천 · 오혜경 · 윤혜미(2000). 『사회복지실천의 이해』. 서울 : 학지사.

엄명용 · 노충래 · 김용석(2009). 『사회복지실천기술의 이해』. 서울 : 학지사.

원요한(2007). 『사회복지실천기술론』. 경기 : 학현사.

이영호(2008). 『사회복지실천기술론』. 경기 : 공동체.

이정균(1990). 『정신의학』. 서울 : 일조각.

이현수 역(1985). 『이상행동의 심리학』. 서울 : 법문사.

이형영(1992). 『정신의학(총론)』. 광주 : 전남대학교 출판부.

이훈구 역(1984). 『성격심리학』. 서울 : 법문사.

장인협(2005). 『사회사업실천방법론(下)』. 서울 : 서울대학교 출판부.

정우식 역(1986). 『인간』. 서울 : 집문당.

최경화 · 김재열 · 유인애 · 석재은 · 황성식 · 안성의 · 이형진(2010). 『사회복지실천기술론』. 서울 : 도서출판 신정.

Bandura, A.(1977). *Social-Learning Theory*. NJ : Prentice-Hall.

Corey, G.(1991). *Theory and practice of Counseling and psychotherapy*. pacific Grove, CA : Books/cole.

Cournoyer, B. R.(1996). *The social Work Skills Workbooks*. Pacific Grove, CA : Brooks / Cole.

Ellis, A.(1962). *Reason and emotion in psychotherapy*. New York : Stuart.

Gambrill, E.(1997). *Social work practice : A critical thinker's Guide*. New York : Columbia University Press.

Hamilton, G.(1940). *Theory and practice of casework*. New York : Colombia University Press.

Howard, H. S.(1980). *The Psychotherapy Handbook*. edited by Richie Herink, The New American Library, Inc., 508-509.

Huber, J. & Millman, H.(1972). *Goals and Behavior in Psychotherapy and Counselling*. Ohio : Merrill.

Lantz, J. E.(1996). Cognitive theory and social work treatment. In F. J. Turner(Ed.), *Social Work Treatment*(4th ed.). New York : Press.

Thyer, B. A. & Myers, L.(1997). Behavior and Cognitive Theories. In Brandell, J. R.(Eds.), *Theory and Practice in Clinical Social Work*. NY : Free.

Turner, F. J.(1996). *Social Work Treatment : Interlocking Theoretical Approaches*(3rd ed.). NY : Free Press.

Wolpe, J.(1969). *The Practice of Behavior Therapy*. NY : Pergamon Press.

Wood, M. E. & Robinson, H.(1996). Psychosocial Theory and social work Treatment. In F. Terner(Eds.), *Social Work Treatment*. NY : The Free Press.

Chapter 03

사회복지실천모델과 개입기술(Ⅱ)

01 임파워먼트모델

02 과제중심모델

03 위기개입모델

04 사례관리모델

1. 임파워먼트모델

1) 임파워먼트의 개념과 의의

임파워먼트(empowerment)는 클라이언트로 하여금 자기 삶에 대한 결정과 행위에 있어서 힘(power)을 가질 수 있도록 돕는 것을 말하며, 자신이 가지고 있는 능력을 발휘하지 못하게 하는 사회적 · 개인적 장애물을 제거하고 자신의 기능과 능력을 육성하도록 하여 자신에게 주어진 권한을 획득해 가는 적극적인 활동을 말한다.

Solomon(1925: 26)은 임파워먼트란 스티그마 십단의 구성원이라는 사실에 기초하여 얻게 된 부정적인 평가와 이로 인해 발생한 무력상태를 줄이기 위해 클라이언트 또는 클라이언트체계에 대응하는 일련의 활동에 사회복지사가 개입하는 과정이라고 정의하고 있다. 즉 사회복지사나 다른 원조전문가가 스티그마에 노출된 집단에 소속된 관계로 자신의 능력과 관계없이 차별을 받거나 기회를 얻지 못해 생기는 무력상태를 감소시키기 위해 클라이언트와 일련의 활동을 하는 과정이라고 정의하면서 4개 항목의 구체적 목표를 설정하고 있다.

- 사회복지사는 클라이언트로 하여금 자신이 문제해결을 위한 주체자임을 인식하도록 한다.
- 사회복지사가 소유하고 있는 지식과 기술은 클라이언트의 권한 획득을 위해 노력하고 지원하며 활용될 수 있는 것임을 알게 한다.
- 사회복지사는 문제해결에 있어서 클라이언트의 동료와 협력자 또는 파트너라는 것을 인정할 수 있도록 한다.
- 사회복지사는 억압적 사회제도(학교 · 복지사무소 · 재판소)의 부정적인 영향을 감소시키기 위해 활동하는 사람이라고 인정할 수 있도록 한다.

Cox와 Parsons(1994: 40)는 임파워먼트 실천모델은 가장 중심이 되는 가치를 가지고 있다고 하였는데, 그 가치들은 인간의 욕구충족, 사회정의 증진, 평등한 자원의 분배, 환경보호에 대한 관심, 인종 · 성 · 연령 차별의 배제, 자기결정의 존중, 자기실현 등의 가치를 가지고 있다고 말하였다. 또한 임파워먼트모델은 사회적 승인을 뒷받침하여 이루어져야 하는데, 사회적 승인이란 법률과 집단의 가치 및 개인의 가치·욕구 등에 따라 좌우되며, 사회적 승인기반이 약할수록 실천적 뒷받침이 미약하다고 하였다.

임파워먼트의 의의는 클라이언트를 독특한 존재로서 다양성을 인정하고 존중하면서 클라이언트의 결점보다는 강점에 초점을 두고, 가능한 한 모든 자원을 활용하여 역량을 강화해 나가도록 돕고자 하는 데 의의가 있다.

2) 임파워먼트모델의 실천원칙과 관점

임파워먼트모델에서의 사회복지사와 클라이언트와의 관계는 전통적인 개입방법과 다르다. 즉 전문가와 비전문가라는 관계가 아니라 상호 책임적 관계이며, 클라이언트는 자기 파워를 가지고 있음을 인식해야 한다. 임파워먼트모델의 실천원칙과 방법은 다음과 같다(Parsons, 1991).

- 원조관계의 기초는 협력 · 신뢰 · 파워의 공유를 삼는다.
- 집단행동을 활용한다.
- 클라이언트가 정의한 문제를 수용한다.
- 클라이언트의 강점을 확인하며 그것을 활용한다.
- 계급과 파워에 관한 이슈에 관하여 클라이언트의 의식을 고양시킨다.
- 변화과정에 클라이언트를 관여시킨다.
- 특정한 기술을 가르친다.
- 상호 지지나 자조의 네트워크나 그룹을 활용한다.
- 개인이 가지고 있는 파워를 느끼게 한다.
- 클라이언트를 위해 자원을 동원하거나 그의 권리를 옹호해 준다.

임파워먼트모델에서 클라이언트는 자신의 생활이나 경험에 관한 한 누구보다 잘 아는 전문가이고, 인간 서비스나 정치면에 있어 자기주장권을 가지며, 자신에게 주어진 권한을 누릴 권한을 가지고 있는 시민이고, 주장자라는 전제에 선다(Somon, 1994). 임파워먼트모델에서는 클라이언트가 직면하고 있는 문제를 부정적인 낙인을 찍은 결과로서의 문제로 다루려는 것이 아니라 적극적인 결과를 낳을 수 있는 기회와 도전으로 시도하는 등 용어의 전환을 시도해 오고 있다(Miley, O'Melia, & Dubois, 1995). 이렇게 본다면 클라이언트는 자신의 문제를 해결하는 주체적인 존재이며, 문제를 해결하는 과정을 통해 자신의 잠재력을 발휘할 수 있는 존재로 인식되어야 한다.

3) 사회복지사가 임파워먼트모델에서 실천하는 주요 특성

① 도전을 강조

문제에 초점을 둘 때 클라이언트에게 부끄러움, 비난, 죄의식을 느끼게 하고 문제를 과다하게 강조하는 사회복지사들은 클라이언트가 문제를 극복하는 데 있어 많은 어려움을 증가시킬 수 있다.

도전의 초점은 말만 들어도 기분이 상쾌해지고 그러한 목표를 성취하려고 노력하고, 클라이언트의 자원과 강점을 통합하려고 노력하게 될 것이다.

② 강점에 초점

표 3-1 병리적 관점과 임파워먼트의 차이

구분	병리적 관점	임파워먼트 관점
개인	개인을 진단에 따라 증상을 가진 "사례(case)"로 규정	개인을 독특한 존재, 즉 강점을 가진 기질, 재능, 자원을 가진 유일한 존재로 규정
치료의 초점	치료는 클라이언트의 문제에 초점	해결가능성에 초점
클라이언트의 진술	전문가에 의해 재해석되어 진단에 활용	그 사람을 알고 올바르게 인식할 수 있는 방법
사회복지사의 태도	클라이언트에게 회의적	클라이언트의 본성을 안다.
외상경험	아동기의 외상은 성인기의 병리를 예측할 수 있는 전조	아동기의 외상은 개인을 약하게 할 수도 있고 강하게 할 수도 있다.
주된 치료활동	전문가의 치료계획	개인, 가족, 지역사회의 열망
전문가	사회복지사	개인, 가족, 지역사회가 클라이언트 인생의 전문가

구분	병리적 관점	임파워먼트 관점
개인적 발전	병리에 의해 제한	항상 가능성 있다.
변화를 위한 자원	전문가의 지식과 기술	개인, 가족, 지역사회의 강점, 능력, 적응기술
원조목적	부정적인 행동, 감정, 사고, 관계의 개인적이고 사회적인 결과와 증상의 영향을 감소	클라이언트의 삶을 인정하고 가치를 개발하고 확인하도록 하는 것

③ 미래지향적

의료모델에 기초한 중재과정은 언제, 왜, 어떻게 클라이언 체계가 나쁘게 되었는지 발견하기 위해 과거를 조사하지만, 강점 지향적 사회복지사는 현재 클라이언트가 미래에 이용할 수 있는 자원을 발견하도록 현재를 탐색한다.

4) 임파워먼트 역사

임파워먼트 개념은 사회복지가 아닌 사회이론가의 연구를 통해 의미가 부각되고 정형화되어 왔다. 임파워먼트 개념은 브라질의 Paulo Freire의 이론에 의해 영향을 받았는데 각 학문분야에 적용되고 있다. 이렇게 임파워먼트 개념 자체가 사회복지의 맥락에서 발전한 것은 아니지만, 사회복지의 초창기부터 사회복지적 접근 안에 내재된 것을 발견할 수 있다. 실제로 임파워먼트 관점은 사회복지의 맥락 안에 존재하고 있었으나, 그 용어와 실천적 적용이 자리 잡지 않았기 때문에 늦게 빛을 보게 되었다.

사회복지에서 임파워먼트는 Gutierrez(1990)에 의해 정의되었는데 사회복지분야에서 개념에 대한 합의된 정의는 찾아보기 어려운 실정이고 여러 용어들이 사용되고 있다.

(1) 역사적 기원

① 인보관 운동(SHM)

Jane Addams는 원인을 규명하여 기능을 향상시키는 직접적 실천방법을 사회복지실천 방법의 하나로 보았으며, 사회적 평등, 사회정의, 사회개혁에 대한 열정, 상이함에 대한 존중, 다양한 문화들에 대한 수용, 의식 고취 및 책임에 관한 세계관 등은 사회복지에서 임파워먼트 전통을 이루었다. 따라서 임파워먼트모델 개념은 사회복지가 시작된 이래로 계속되어 왔으며, 1970년대 생태체계이론과 체계이론의 영향으로 인한 환경 속의 인간이라는 시각이 강조되면서 재부각된 관점임을 알 수 있다.

② 미국 흑인 여성단체들

20세기 들어설 무렵, 흑인들은 분리된 불평등한 서비스체계에 포함되어 있었다. 예를 들어, COS는 주로 백인가족들을 대상으로 했다. 대부분의 인보관은 그들이 대상으로 하는 지역사회에 따라 분리되어 있었다.

다수의 흑인여성 행동가들이 사회개혁을 추진함에 있어 디딤돌이 되었고, 집회에서, 정치이벤트에서 그리고 언론을 통해 목소리를 높였다. 흑인여성들은 이웃모임, 여성모임, 노인의 집, 아동의 집 등과 같은 지역 내 조직체들을 설립했다. 여성모임들은 인보관 프로그램과 유사한 서비스들을 제공했다.

③ Bertha C. Reynolds의 활동

Reynolds는 클라이언트와 지역사회의 중간에서 중재자의 역할을 자청한 사회복지사로서 사회경제적 현안에 대해 사회복지실천을 결부하여 최대한도의 시민참여와 자원분배의 평등을 지향하여 이상주의적 · 사회주의적 경향을 보였다. 또한 환경적 변화들을 일으키면서 클라이언트의 강점을 최대한 살리는 데 주안점을 두었다.

④ 기타 영향들

정치학, 심리학, 사회학, 경제학, 해방신학 등이 현재까지도 사회복지실천과 임파워먼트이론의 통합에 기여하고 있다. 개인적 힘과 정치적 힘은 서로 분리될 수 없다는 전제하에 사회의 여러 운동 및 인간에 관한 이론들을 하나의 흐름으로 합류시키는 데 주력한다. 즉 임파워먼트는 개인적이면서 정치적 함의를 가진 복잡한 개념으로 임상적 사고와 정치적 사고를 실천방법으로 하는 것이 임파워먼트 접근이라고 할 수 있다.

(2) 연대별 발달과정(Simon, 1994)

① **초창기**(1893~1917) : 사회복지 전문직의 출현

임파워먼트 비전의 본질이 사회복지사에 의해 형성되었다. 가난하고 힘 없는 사람으로 낙인 찍힌 사람들의 능력을 증진시키기 위해 그리고 사회정의와 자원의 보다 정당한 배분을 얻기 위해 고안된 사회복지실천의 네 가지 차원에서 임파워먼트 비전의 본질을 찾을 수 있다. 이 네 가지 차원은 임파워먼트 실천의 발아를 위한 중요한 의미를 제공하였다.

네 가지 차원이란 다음과 같다.

첫째, 구체적이고 사회적인 지지의 제공

둘째, 일상의 도시생활에서 필요한 기술을 가르치는 것

셋째, 참여자로서 클라이언트를 사회복지실천에 직접 관련시키는 것

넷째, 기관의 자료를 일반 대중도 활용 가능하도록 만드는 것

② **임파워먼트 실천도전기**(1917~1970)

이 기간이 긴 이유는 사회복지 문헌에 임파워먼트의 개념이 재등장한 시기가 1970년대이기 때문이다. 사회는 전쟁(세계대전)과 경제적 황폐(대공황)로 난민과 파산자 계층이 생기는 등 정치적, 경제적 그리고 사회적 혼란이 가중된 상태였다. 이 상황과 더불어 Freud의 이론(인간의 성격발달과 문제행동을 체계적으로 설명)은 임파워먼트 실천에 의해 도전을 받게 되었다.

임파워먼트 관점을 지닌 사회복지사들은 전후의 기간 동안 다양한 방식으로 클라이언트와 지역사회구성원의 자기결정과 관심을 촉진시켰다. 이때 사회복지사는 다음의 네 가지 방식 중 하나로 그들 자신을 개념화시켰다. 양육자, 촉진자, 동원자, 사회개혁가인데 임파워먼트에 대한 그들의 특징적인 접근을 형성하는 데 도움을 주었다.

③ **임파워먼트 개념의 재부각기**(1971~1989)

1970년대 이후 여러 나라에서 임파워먼트 실천모델이 소개되었다. 소개된 과정은 다음과 같다. 소외되고 억압된 사람들이 그들의 삶에 영향을 미치는 의사결정에 참여하도록 하는 것을 강조하는 배경 안에서 생태체계이론이 나오게 되었는데 이 이론은 강점지향,

해결 중심 접근의 중요성을 낳게 하는 준거 틀이 되었고 임파워먼트모델로서 새롭게 나타났다.

관심이 재부각된 것은 1976년 Solomon의 저서에 임파워먼트 개념이 등장한 것을 시작으로 여러 문헌에 나온 것을 미루어 알 수 있다.

④ 임파워먼트 개념의 실천적 접근기 및 발전기(1990~현재)

1970년대는 실천지침과 구체적인 실천지식이 뒤떨어져 있었기 때문에 클라이언트의 임파워먼트에 대한 새로운 관심은 실제적인 실천 측면에서 충분히 인식되지 못했다. 1990년 이후 우리나라에서도 임파워먼트 개념이 권한부여, 역량강화의 의미로서 소개되었고, 실천적 개입모델을 개발하기 위한 노력이 활발하게 나타나기 시작했다. 이에 따라 임파워먼트는 사회복지실천현장에서 광범위하게 사용되는 개념이 되었다. 그러나 구체성과 체계성은 연구의 등한시와 틀이 없는 상태에서 개입을 시도함으로써 결여된 점이 있는 한계가 있다.

5) 임파워먼트 방법론

임파워먼트의 여섯 가지 방법은 다음과 같다.

(1) 의식화(Consciousness raising dialogue)

억압받는 자들이 힘의 부족으로부터 나타나는 문제를 깨달을 수 있도록 하며, 그들의 개인적인 상태를 변화시키는 것보다 문제의 원인에 중점을 두도록 한다.

억압받는 상황에 대한 비판적인 의식을 바탕으로 사회적 상황과 자신을 변화시키고자 하는 책임감을 기르는 것이 필요하다.

(2) 억압받는 사람에 대한 경청(listening to the oppressed)

사회복지사가 클라이언트의 의견(문제에 대한 정의와 상황 파악)을 받아들이는 것을 뜻한다.

(3) 자원, 협력자로서의 사회복지사(social worker serves as resource, cooperators)

영향력을 빼앗긴 당사자들이 전문가로서 가지지 못한 지식을 더 많이 가지고 있음을 깨달아야 하고 그것은 임파워먼트 중심의 실천이 동료관계를 발전시킨다.

(4) 연대의 확립과 상호지원

정서적이고 굳건한 지지를 주는 사람들에 의해 형성된다.

클라이언트가 자신들의 문제를 다른 사람들과 고유할 때 집단의식은 향상되고 원하는 자원을 얻을 수 있다.

(5) 권력분석

임파워먼트 실천을 위한 결정적인 요소이다.

첫 번째 단계 : 무능력의 상태가 클라이언트의 상황에 어떻게 영향을 미치는가를 분석하는 것

두 번째 단계 : 클라이언트의 상황 속에서 감추어졌던 기술, 개인의 능력, 과거에 사회적 지원망이나 지역사회기관에서의 활동 등과 같은 잠재력의 근원을 파악하는 것

(6) 개인의 자존감과 자기효능감의 향상

자기효능감은 일을 수행하고 조정할 수 있는 능력이 자신에게 있다는 믿음이다. 더 유능하고 훌륭한 개인만큼이나 자신을 재정의함으로써 나타나며 개인의 힘과 능력을 경험할 수 있도록 한다.

6) 실천과정

임파워먼트 모델의 실천과정은 '사람은 누구나 잠재능력을 가지고 있다'는 가치를 전제로 이루어진다. 따라서 임파워먼트 실천영역은 개인적 · 대인관계적 · 제도적 낙인을 포함

하며, 개인의 파워형성은 물론이고, 타인에게 영향을 줄 수 있는 능력 및 사회제도를 변화시키기 위해 타인과 함께 활동할 수 있는 능력을 개발시키는 영역까지 포함되고 있다.

임파워먼트모델의 실천은 클라이언트와의 라포 수립, 실천가로서의 전문적 기술의 확립, 클라이언트의 강점에 대한 올바른 사정·평가, 클라이언트를 자신의 문제해결주체자로 인식하기 등과 같은 활동과정을 중시한다.

개입과정에서 선행되어야 할 과제는 클라이언트의 무력감 해소이다. 클라이언트의 무력감을 경감시킬 목적으로 전제하는 여러 활동은 클라이언트를 불행한 희생자라기보다 자신의 문제를 해결하고 스티그마를 없앨 수 있는 주체자로 인식하도록 돕는 과정이 매우 중요하다.

이를 위해 다음의 개입기술이 필요하다.

- 개인적 차원에서는 클라이언트 자신이 가지고 있는 문제해결 능력에 대한 의식과 인식을 하도록 지원한다.
- 대인관계 차원에서는 해결을 촉진하는 타자경험을 활용한다.
- 정치 · 지역사회 측면에서는 자조집단의 촉진과 사회제도의 개선 등을 노력할 수 있도록 도와야 한다.

특히 클라이언트들이 무기력이나 절망감에서 벗어나도록 지원하기 위한 적극적인 노력으로 개인에게 자기효능감, 집단의식, 우리의식, 변화에 대한 자기책임의식 등을 높여주는 것을 목표로 개입하여야 한다.

자기효능감이란 클라이언트들이 자신의 생활 속에서 구체적인 일을 창조해내거나 통제할 수 있는 능력을 가지고 있다는 신념을 말하며, 집단의식이란 개인이나 집단의 경험이 정치나 사회구조에 의해 얼마나 영향을 받고 있는가를 인식하게 하고 사회에 대해 비판적 관점을 형성해 주는 것이다. 또한 우리의식 및 공감대 형성은 개인과 집단 및 지역사회구성원들이 서로 운명을 공유하고 있다는 감정을 강화하도록 하며, 변화에 대한 자기책임의식을 갖도록 하는 것은 문제에 대한 자기비난을 줄이고, 클라이언트는 변화에 무력한 객체가 아니라 적극적으로 변화를 창출하고 이를 위한 활동에 참가하는 주체라는 것을 인식시키는 것을 말한다.

7) 임파워먼트의 접근활용성

① 자기효능감을 향상시킨다. 자기생활에서 실질적으로 할 수 있는 일을 창출하거나 통제할 수 있는 능력이 자신에게 있다는 신념을 강화시킨다.

② 집단의식을 발달시킨다. 정치적 구조가 개인이나 집단의 체험에 어떻게 영향을 끼치는가를 깨닫게 하며 사회에 대한 비판적 시각을 가지게 하며 개인, 집단, 지역사회의 구성원들이 운명을 공유하고 있다는 감정들을 강화시킨다.

③ 자기비난을 감소시킨다. 자신에게 상황을 변화시킬 수 있는 힘이 있다는 소신을 보다 강화시킬 수 있다.

④ 변화에 대한 자기책임을 받아들이게 한다. 자신의 문제에 대해 책임을 느끼지 못하는 클라이언트는 무력한 객체가 아니라 적극적으로 참가하는 주체가 되어야 한다는 것이다. 그리고 위에서와 같은 여러 가지 변화들은 동시적으로 서로 강화해 가면서 진전되는 것이다.

8) 클라이언트의 파워를 증가시키는 사회복지사의 역할 (Lee, 1994)

① 클라이언트의 사고를 촉진시키는 기능

인간과 환경의 상호작용에 대한 사고와 문제해결을 촉진시킨다.

② 동기화를 지지하는 기능

클라이언트로 하여금 자신의 문제와 생활에 대해 말로서 표현할 수 있도록 격려하며 또한 그의 경험에 다리를 놓아 변화의 희망을 제공하기 위해 억압상황에 대처하는 적절한 자기폭로의 기능을 활용한다.

③ 정신적 안정과 자존감을 유지시키는 기능

클라이언트로 하여금 억압받는 그룹의 일원으로서 자기비난을 오히려 줄이며 자기를 자랑스러워할 수 있도록 억압의 원천을 객관화한다. 그가 자기비난을 하지 않도록 하기 위해 같은 억압을 경험하는 사람들의 그룹(자조집단)을 활용한다.

④ 문제해결을 너그럽게 하면서 자기지향을 촉진시키는 기능

개인적인 문제의 해결뿐만 아니라 개인 차원과 정치적 차원에서의 상호 연관된 억압의 문제해결에 대해 생각하며 협동할 수 있도록 클라이언트를 돕는다. 여기에는 비판적 교육, 의식화가 중요하다. 사회적 · 정치적 · 경제적 모순들을 인식하며 억압적인 요소에 대해 행동을 취할 것을 배운다. 나아가 클라이언트가 자신의 현실파악을 자신의 말로써 확인하며 그것을 새구성하도록 격려를 받는다.

⑤ 사회변화를 촉진시키는 기능

지역사회가 힘을 얻도록 더욱이 개인적인 문제가 정치적인 문제라는 통합적 시각에서 사회변화를 촉진시키는 기능이 요구된다. 사회복지사는 클라이언트를 위해 구체적인 자원이나 정보를 수집하여 필요에 따라서는 클라이언트의 권리옹호에 관련된다.

9) 한계

임파워먼트의 관점은 사회변화에 대한 책임을 클라이언트에게 두고 클라이언트가 자신에게 주어진 당연한 권한을 찾을 수 있도록 강력히 촉진하는 것을 목표로 한다. 그러나 클라이언트가 안고 있는 곤란한 사회적 상황이나 구조를 변화시키는 데까지는 직접적으로 관여하지 않는다(Payne, 1991). 따라서 사회복지사의 책임과 역할의 한계가 모호할 수 있다. 또한 임파워먼트모델은 자신의 잠재력을 발휘하고 문제를 해결해 갈 수 없는 상황에 놓인 사람들과 무력한 사람들에 대한 언급이 없으므로 사회복지사들은 대상에 따른 일괄적 적용이 용이하지 않을 수 있다. 그리고 사람들마다 자신의 역량과 이해관계가 다르기 때문에 임파워먼트 운동은 소득 없는 정치적 힘겨루기 상황으로 전락할 수 있으며, 억압과 차별의 결과가 아닌 상호반복의 결과로 나올 수 있다.

10) 사례

(1) 사례 개요

A씨 부인은 초기접수 당시 매우 절망적인 상태로 무력감을 호소하였다. A씨 부인의 남편 A씨는 6개월 전에 발생한 산재로 뇌손상을 입었고 현재 회복 중이다. 그러나 A씨의 회복이 너무나 느려서 A씨 부인은 모든 것이 엉망이라고 생각하며 상황에 압도당하고 있었다. 거기에 최근 의사의 A씨가 영구적인 장애를 가질 수 있다는 말에 A씨 부인은 완전히 소진하여 모든 희망이 사라진 상태이다. 이 부부는 두 명의 자녀가 있으며, A씨는 은퇴를 3년 앞두고 있는 상태에서 사고를 당하였다. A씨 부인은 시간제 교사로 일해 왔으나, 현재는 부부가 모두 실직한 상태이다(클라이언트 : A씨 부부).

(2) 임파워먼트 과정

〈1단계〉 대화단계 : 대화를 통한 관계형성

사회복지사는 현재 A씨 부인의 상황이 매우 스트레스를 받을 수 있는 환경임을 인정하고, 일단 A씨 부인을 지지하고 정서적으로 감정이입하였다. 그러나 사회복지사는 이러한 상황이 역설적으로 클라이언트가 이전에 가지고 있다고 생각하지 못했던 잠재능력을 드러낼 수 있는 하나의 도전으로 보았다(임파워먼트 접근에서 문제는 하나의 도전으로 인식된다). A씨 부인은 이러한 매우 외상적 상황을 6개월 동안이나 거의 도움 없이 잘 견뎌왔다. 이것은 A씨 부인의 강점이다. 또한 A씨가 영구적 장애가 될 가능성이 있으나, 아직 장애로 확정된 것은 아니므로 무엇인가 A씨가 할 수 있는 것이 남아 있다(모든 클라이언트들은 강점을 가지고 있다).

사회복지사가 A씨 부인의 집에 도착했을 때, A씨 부인은 문 밖에서 사회복지사를 기다리고 있었다. 이는 A씨 부인이 변화에 대한 강한 동기를 가지고 있음을 보여주는 것이다. 일단 A씨 부인과 편안한 자리가 마련되자, 사회복지사는 A씨 부인이 자신의 상황에 대해 충분히, 자유롭게 이야기하도록 했다. 이러한 과정을 통하여 사회복지사는 A씨 부인과 A씨가 어떠한 상황에 있는지를 잘 알 수가 있었다. 단지 6개월 전만 해도 그들은 여유로운 삶을 살고 있었다(2명의 자녀와 안정된 직장). A씨는 퇴직을 3년 앞두고 여행과 퇴직 이후의 삶을 계획하고 있었고, A씨 부인은 시간제 교사로서 일하고 있었다.

그러다가 예기치 않은 일이 발생하였다. A씨가 사고를 당하였다는 전화를 받았고, 뇌손상으로 인하여 많은 문제들이 치료 후에도 남게 되었다. A씨는 일생생활의 많은 문제들에서 A씨 부인의 지속적인 보호가 필요하게 되었고, 이동에 제한을 받았으며 기억력도 일부분 손상되었다.

이러한 대화과정을 통하여, 사회복지사는 A씨 부인이 얼마나 스트레스 상황에 있었는지 알 수 있었다. A씨 부인은 남편을 사랑으로 돌보았지만, 남편은 계속 불평하기 시작하였고 무력감을 호소하였으며, 모든 상황과 자신에 대해 분노하기만 하였다. A씨 부인은 일자리로 복귀할 수 없었고 수입은 감소하였으며, A씨는 점점 우울증과 무력감을 호소하였다. 이런 상황이 지속되자 예전의 관계로 회복하지 못할 것 같은 불길한 예감이 이들을 더욱 불안하게 했다.

A씨 부인과 A씨가 이야기를 다 마치자, 사회복지사는 '정말 놀라운 회복력(resiliency)을 가지고 있군요. 어떻게 그 상황에서 그렇게 잘 이겨낼 수 있었지요?'라고 반응하였다. 처음에 사회복지사의 이러한 반응에 A씨 부인과 A씨는 매우 머뭇거리는 어색한 태도를 보여주었다. 그러다가 이들 각각은 지난 몇 달 동안 그들이 얻고 혹은 새롭게 알게 된 가족애 등을 이야기하기 시작하였다. 자녀들로부터의 정서적 지지, 교회 친구들의 도움, A씨의 A씨 부인에 대한 신뢰 등. 그리고 그들은 때때로 좋은 일도 있었다고 이야기하였다.

그러고 난 후 사회복지사가 '제가 어떠한 것을 도와드릴까요?'라고 물었을 때, A씨 부인은 이전과는 이미 다른 태도를 가지고 있었다. A씨 부인은 가능한 이전 상태로 복귀하기를 원했다. 사회복지사가 더 구체적으로 설명하기를 원하자, A씨 부인은 '다시 자신만의 무엇인가를 하고 싶다', '좀 더 재정적 안정을 위한 지원을 받고 싶다', 그리고 '가능하면 일을 하고 싶다'고 하였다. A씨는 A씨 부인이 자신의 일을 할 수 있도록 스스로 좀 더 자신을 잘 돌볼 수 있기를 기대했다. 사회복지사는 이러한 것을 개입의 목적으로 설정하기로 하고 이를 클라이언트와 협의하여 '함께' 해나가기로 하였다.

〈2단계〉 발견단계 : 가능성 발견

목적이 설정된 후 사회복지사는 이 부부가 가지고 있는 자원을 탐색하기 시작했다. 첫 단계는 '초점체계를 구체화'해야 하는데, 사회복지사는 A씨 부인과 A씨를 함께 초점체계로 선정하고, '부부내부체계에서 어떠한 일이 발생하는가'를 보기 위하여 부가적인 정보를 수집하기 시작하였다.

이전에 이들은 함께 시간을 즐기기도 하였고, 또한 개별적인 관심사를 가지고 혼자만의 시간을 갖기도 하였다. 그러나 지금, 이들은 A씨의 건강보호라는 명분 때문에 24시간 같이 있어야만 했다. 이러한 상황은 독특한 개별적인 인간으로서 그들의 경계를 혼란스럽게 했다. 결국 이들 부부 각각은 정체성 독립의 손상으로 인하여 고통을 당한 것이다. 그 결과로 이전 이들 부부의 결혼 특징이었던 평등과 파트너십이 손상받았다. A씨는 A씨 부인에게 의존적이라고 느꼈고, A씨 부인은 A씨 때문에 아무것도 할 수 없다고 느꼈다.

사회복지사는 이들 부부의 우울과 갈등이 무기력감에서 비롯된다고 보고, 그러나 이러한 어려움에도 불구하고 이들은 서로에 대해 진정한 관심과 보호를 해왔음을 인정하였다.

'체계외부에서는 어떠한 일이 일어났는가' 또한 이 부부의 경험에 영향을 준다. 우선 이 부부의 가족과 친구들이 지지를 보여 주었다. 그러나 시간이 지남에 따라 그들의 관심은 시들해졌다. 자녀들은 여전히 관심을 가지고 있었으나, 멀리 떨어져 살고 있는 상태였고, 친구들의 관심은 중단되었다. 지금은 단지 한 명의 친구만이 도움을 주고 있었다. 사회복지사는 자연적인 지지체계의 잠재력이 존재하지만, 현재 완전히 활성화되어 있지는 못하다고 적었다. 따라서 사회복지사는 지지 프로그램, 즉 건강보호 서비스, 재활서비스와 연결시켜주었다. 또한 재정적인 무능력에 대한 부분도 A씨의 회사와 연결하여 보험을 처리하는 등의 개입을 통하여 지원하였다.

'내외부의 체계를 어떻게 연결시킬 것인가' 사회복지사는 A씨의 사고가 사건의 시발점으로서, 이 부부를 개방체계로부터 환경의 자원들에서의 고립으로 이동시켰다고 보았다. A씨의 부상은 외부세계와의 단절을 가져왔지만, 아직 A씨 부부에게는 외부와의 재연결을 시도할 수 있는 잠재적인 힘이 있다고 보았다. A씨가 수집한 정보에 의하면, 과거에 이 부부는 삶의 예기된 변화에 잘 협상하고 적응해왔다. 사회복지사는 이러한 적응능력을 아직 발견되지 않은 이 부부의 중요한 강점으로 보았다.

사회복지사와 A씨 부부는 '함께' 수집한 정보를 분석했다. 그들은 A씨의 건강이 부부에게 매우 중요한 요소임을 인정했다. 또한 A씨 부인이 일할 기회가 부족하여 재정적 어려움을 겪으며, 해결되지 않는 보험의 문제도 인정했다. 또한 가족과 친구의 지지가 그들 관계에 영향을 미치는 요소임을 인정하고, 이들이 돕는 사회적 서비스에 접근이 부족함을 인정했다. 이러한 모든 동의된 사항은 변화를 위한 전략으로서 초점이 맞추어졌다.

이러한 분석에 따라 사회복지사는 A씨 부인과 A씨가 함께 일할 수 있도록 안내하는 구체적인 목표를 세울 수 있도록 도왔다. 또한 A씨 부인이 일에 복귀하고 보험문제를 해결함으로써 재정문제를 안정화시키도록 했다. 그리고 A씨 부인이 스스로에 대한 시간을 더 갖고 친구들과 사귈 수 있도록 A씨 부인의 책임감을 경감시키는 지역사회서비스와 연결시켰다. 마침내 그들은 A씨의 심리학적 기능을 향상시킬 수 있는 건강 관련 서비스망을 조정하기로 하였다. 이러한 전 과정에서 사회복지사는 A씨 , A씨 부인과 함께 일함으로써 목적달성을 위한 활동을 하고, 구체적인 목표를 만들어 나갔다.

〈3단계〉 개발 단계 : 자원과 기회 개발

A씨 부부는 상호 협력하는 파트너로서 함께 행동했다. 우선 사회복지사는 이용 가능한 자원에 대한 정보를 제공하였고, 이 부부는 그들이 선택한 서비스를 접촉하고 조직화할 책임을 가졌다. 그들은 가정원조서비스를 받았고, 1주일에 2번 물리치료사가 A씨의 자기관리능력의 향상을 위하여 왔다. 단기보호 사회복지사는 A씨 부인이 하루 종일 자신의 시간을 갖을 수 있도록 1주일에 하루를 A씨와 함께 지냈다. A씨 부인은 이 시간에 뇌손상 환자 보호를 위한 병원의 교육에 참여하였다. 그녀는 다른 사람들과 유사한 경험을 나누었고, 사람들이 뇌손상으로부터 회복될 수 있는 것을 배웠다. 또한 A씨 부인은 친구들과 시간을 함께 보냈다 : 이는 A씨 부인의 에너지를 새롭게 하였으며, A씨에 대한 인내심을 향상시켰다. A씨 부인이 점점 더 나아졌다고 느끼자, A씨도 기분이 좋아졌다. A씨도 더 이상 고착되어 있지 않았다. 그는 재활활동에 참여하였고, 뇌손상 환자 지지집단에 참여하였다. 그는 통제감을 회복하여 자기관리를 잘할 수 있는 새로운 기술을 개발함으로써,

A씨 부인의 보호 의무를 감소시켰다.

사회복지사는 또한 재정적인 안정의 목적을 달성하기 위하여 클라이언트의 법적 문제, 권익을 옹호하는 지역사회의 다른 조직과 연결하였다. 그 과정에서 사회복지사가 가장 어려움을 느낀 부분은 A씨 부인의 직업으로의 복귀였는데, A씨의 단기보호 서비스가 1주일에 하루뿐이었기 때문에 더욱 어려웠다. 따라서 사회복지사는 지역사회의 사회복지관에 A씨 부인의 이러한 상황을 의뢰하여 A씨 부인을 위하여 단기보호 서비스를 확대할 수 있도록 하였다.

계획이 시행되는 동안 사회복지사와 A씨 부부는 그들이 함께 만들어낸 '진전'을 점검했다. 그들의 지속적인 평가는 무엇이 일어났으며, 지속되어야만 하는지, 그리고 변화되지 않은 것은 무엇인지를 알 수 있도록 했다. 이러한 평가를 통하여 사회복지사는 A씨 부부가 경험하는 성공을 인정했다. 그들은 다시 평화를 찾았고, 사회복지사와의 만남에서 원조를 요청하기보다는 진전사항을 보고했다. 사회복지사는 A씨 부부가 과거에 잃어버렸던 것을 찾기보다는 미래를 계획하고 있음을 발견했다. 그들의 삶이 변화되는 과정을 겪는 동안 그들은 많은 장애물을 극복하였고, 그들 자신을 유지할 수 있는 힘을 갖게 되었다. 이제 사회복지사가 떠날 시간이었다. A씨 부인, A씨가 함께 긍정적인 변화를 보여 종결하게 되었고, 서로 '함께' 해낸 성취를 축하했다.

2. 과제중심모델

과제중심모델(task-contered model)은 클라이언트가 자신에게 주어진 행동적 과업을 통하여 스스로 문제를 해결할 수 있도록 도와주는 사회복지의 대표적인 실천방법으로, 1970년대 미국 시카고대학교 Reid와 Epstein 등에 의해 개발된 단기치료의 한 형태이다.

과제중심모델은 클라이언트의 동의에 의해 클라이언트가 스스로 행동함으로써 경감할 수 있는 특정 문제가 결정되면, 사회복지사와 클라이언트는 문제해결과정 또는 클라이언트가 행할 수 있는 과제를 정한다. 과제는 '학교 과제 완수하기', '직업 구하기' 등과 같은 일반적 용어로 정의된다. 사회복지사의 노력은 대부분 클라이언트가 과제를 달성하도록 돕는 방향으로 기울어진다. 이를 위해 사회복지사는 전통적 케이스워크 기법, 즉 문제 조사와 조언, 격려, 클라이언트가 자신의 행동과 사회적 상황에 대한 이해를 증진시키도록 돕는 것, 그리고 환경적 개입 등의 기법을 사용한다. 서비스의 기간은 2~4개월 내에 8~12회 정도의 면접으로 제한된 구조화된 단기간의 개입이다(Reid & Epstein, 1977).

과제중심모델은 한정된 이론이 아닌 체계적 절차를 지닌 실천모델로서 문제 사정이나 과정에서 인간행동과 실천에 관한 다양한 여러 이론을 융통성 있게 사용할 수 있다.

1) 등장배경

과제중심모델은 1960년대 본격적으로 시작된 단기치료의 영향을 받아 형성된 모델이다. 이 모델이 발표될 당시는 심리치료분야에서 장기간의 치료에 대한 회의와 비판이 확대되면서 현재의 문제 상황에 개입의 초점을 두는 단기치료 방식에 대해 관심이 커지던 시기였다.

이러한 시대적 요구에 따라 시카고대학교에서는 첫째, 효율적으로 학습할 수 있는 전문 원조 기술을 개발하고, 둘째, 직접적 실천의 효과성을 증진시키며, 셋째, 실천결과를 평가하는 능력을 증진할 수 있는 전문 원조 기술을 개발하고자 프로젝트에 착수하였다. 약 3년간 모델을 설계하였고, 그 설계가 모델을 사회복지기관에서 실제 사례에 적용하고 평가하는 검증 작업을 거쳤다. 그 결과 다양한 대인 간의 문제와 사회적 관계의 어려움, 역할 수행의 어려움, 정서적 고통 등 생활상의 문제들을 다룰 수 있는 실천적 틀로서 과제중심모델을 제시하였다.

과제중심모델은 어떤 특정한 이론이나 개입방법을 고집하지 않고, 일반체계이론, 의사소통이론, 인지이론, 학습이론의 기본 원칙들을 통합하는 절충주의적 접근을 시도한다. 과제중심모델은 초창기 단기 케이스워크(Reid & Shyne, 1969)의 시간 제한적이고 구조적인 특성을 따르고 있으며, Perlman(1957)의 문제해결 접근의 요소, 클라이언트 과제에 대한 견해[1]를 받아들여 클라이언트가 자신의 문제를 완화하기 위한 과제나 활동을 고안하고 수행하되, 시간 제한을 두는 구조를 이용하고 있다.

과제중심모델의 핵심은 클라이언트가 인정, 이해하고 있으며 관심을 가지고 있는 구체적인 표적문제를 완화시키려는 기술이라고 볼 수 있다. 따라서 개입의 내용도 클라이언트가 변화를 원하는 구체적이며 한정적인 문제를 탐구하고 구조화하여, 문제를 해결할 수 있도록 클라이언트의 인식을 강화하고, 문제를 해결하기 위한 과제를 구체화해 주는 것이다.

과제중심모델의 특징은 첫째, 시간 제한적인 단기치료이며, 둘째, 클라이언트와 사회복지사가 표면적으로 계약한 구체적인 문제들을 해결하는 데 개입의 초점을 두고, 셋째, 클라이언트의 문제해결활동은 그가 동의한 과제를 중심으로 이루어지며, 넷째, 이론보다는 조사에 근거한 경험적 자료를 중심으로 진행된다(장인협, 1998). 또한 과제 선정에 있어서 클라이언트의 자기결정권의 존중, 환경에 대한 개입, 그리고 개입의 책무성이 강조되는 모델이다(김혜란 외, 1996).

2) 정의 및 주요 개념

(1) 표적문제

이 모델은 클라이언트가 직면하고 있는 문제 중 당장 해결해야 할 표적이 되는 문제를 확인하는 데서부터 출발한다. 표적문제(target problem)란 클라이언트가 자신의 문제로 인식하고 이를 경감 혹은 해결하기를 원하며, 사회복지사도 전문적 판단에 의해 인정한 문제를 말한다(Epstein, 1992). 표적문제를 설정하는 과정에서 사회복지사는 클라이언트의 견해를 최대한 반영하여야 하며, 설정한 표적문제가 무엇인지 사회복지사와 클라이언트 모두가 분명하게 이해하고 있어야 한다.

클라이언트와의 초기면접에서 문제에 대한 정보를 획득하여 클라이언트와의 협조하에

1) 서비스의 초점을 클라이언트의 과제에 두어야 한다.

표적문제를 잠정적으로 결정하며, 클라이언트의 욕구를 근거로 우선순위를 매겨, 지속적 탐구를 통해 표적문제를 상술한다.

(2) 과제

과제중심모델에서 말하는 과제(task)는 목표를 달성하기 위해 클라이언트와 사회복지사가 해야 하는 활동으로서, 클라이언트와 사회복지사가 함께 계획하고 동의한 후 수행하는 문제해결활동이다(Epstein, 1992). 과제는 사회복지사가 클라이언트에게 일방적으로 부과하는 숙제와는 차이가 있으며, 클라이언트뿐만 아니라 사회복지사도 이를 수행하는 경우가 일반적이다. 클라이언트 과제는 표적문제를 감소시키기 위해 클라이언트가 수행하는 활동을 말하며, 사회복지사의 과제는 같은 문제를 감소시키기 위해 클라이언트가 수행하는 활동을 말하며, 사회복지사의 과제는 같은 문제를 감소시키기 위해 면접 진행 동안 클라이언트의 입장에서 사회복지사가 수행하는 활동을 말한다.

과제의 기본적 유형에는 일반적 과제와 조작적 과제가 있으며(Reid & Epstein, 1972; Epstein, 1992), 그 외에 다양한 유형의 부수적 과제[2]가 있다. 이러한 분류는 어떻게 활동해 갈 것인지를 계획하는 데 필요한 것일 뿐 어떤 특별한 효과나 목적을 갖는 것은 아니다(양옥경 외, 2003).

① 일반적 과제

일반적 과제는 행동의 방향을 대략적으로 기술하는 과제이기 때문에 각 단계마다 무엇

2) 그 밖의 다른 유형의 과제
① 유일과제와 반복과제 : 유일과제는 한 번의 수행을 위해 계획된 과제이고, 반복과제는 반복적 활동을 위해 계획된 것이다.
② 단일과제와 복수과제 : 단일과제는 하나의 표적문제에 하나의 과제를 부과하는 경우이며, 복수과제는 매우 밀접하게 관련된 둘 또는 그 이상의 구분된 활동을 말한다.
③ 공동과제와 상호과제 : 공동과제는 두 사람이 같은 목표를 성취하기 위해 함께 수행하는 과제이고, 상호과제는 두 사람이 상호 관련된 과제를 나누어서 수행하게 하는 것이다.
④ 인지적 과제 : 사고 및 감정 활동과 관련된 과제를 말한다. 인지적 과제는 과제 수행의 어려움이 클라이언트의 인지적 문제와 관련이 있을 때 유용하게 활용된다.

을 해야 하는지에 대해 정확하게 언급하지는 않는다. 일반적 과제는 항상 클라이언트의 목표를 내포하기 때문에, 보통 클라이언트의 과제와 클라이언트의 목표는 같게 된다. 일반적 과제가 무엇이 행해져야 하는지를 말한다면, 목표는 과제가 행해졌을 때 달성되어야 하는 상태를 말한다.

일반적 과제의 예는 적응훈련센터에 등록해야 한다거나, 센터 근처에 생활 터전을 마련하고 그곳에서 생활해야 한다는 것과 같은 것이다.

② 조작적 과제

조작적 과제는 클라이언트가 수행해야 하는 구체적 활동을 말한다. 일반적 과제는 목표 달성과 관련된 상위 과제이고 조작적 과제는 상위 과제에 도달하기 위한 구체적인 하위 과제이기 때문에, 대개 조작적 과제는 일반적 과제로부터 나온다.

조작적 과제의 예는 다음과 같다.

- 적응훈련센터에 지원서를 작성하여 제출하기
- 센터 방문하기
- 심리검사 예약하기

3) 주요 가정

과제중심모델은 클라이언트와 환경이 문제해결 노력에 관련될 수만 있다면 변화가 일어날 수 있다고 전제한다. 그러므로 서비스 초점은 클라이언트가 자신의 문제를 인식하고, 문제를 해결하기 위한 능력을 가질 수 있도록 돕는 것이다.

과제중심모델의 구체적인 기본 가정은 다음과 같다.

첫째, 단기치료가 장기치료와 같은 효과를 낼 수 있도록 전제하기 때문에, 시간 제한적 단기치료로서 약 2~3개월 동안 8회기에서 12회기 전후로 서비스가 이루어진다.

둘째, 과제중심모델의 가치 전제와 관련된 것으로, 클라이언트의 자기결정권을 강조한다. 이 모델에서는 사회복지사가 클라이언트의 문제에 대한 최선의 해결책을 알고 있다고 가정하지 않는다. 오히려 클라이언트가 자신의 문제라고 인정하고 함께 해결하고자 요청한 문제에 제한하여 접근한다. 개입활동을 할 때에도 클라이언트와 사회복지사가 계약함으로써 개입과정을 클라이언트에게 명확하게 제시하고, 클라이언트는 과제를 설정하고 실행, 평가하는 주체자의 역할을 수행한다.

셋째, 모델을 개발하기 위한 목적 자체가 실천의 책무성을 증진하기 위한 것이므로 개입의 책무성을 강조한다. 따라서 개입의 과정을 객관적으로 기록하고, 진척 상황을 회기마다 모니터링하며, 개입과정과 사회복지사의 실천에 대한 클라이언트와 사회복지사 자신의 평가 등을 중요하게 여긴다.

넷째, 과제중심모델은 구체적 과제를 통해 클라이언트의 문제를 해결할 수 있다고 가정한다. 클라이언트가 작은 단계의 과제들을 연속적으로 수행함으로써 특정한 상황에 필요한 행동기술을 습득할 수 있다.

4) 주요 적용 영역 및 한계

과제중심모델은 학습이론, 행동주의 기법, 인지이론, 구조적 가족치료 등의 원칙과 기술을 받아들여 사회복지실천의 특정 기능과 요구를 수용하면서 발달하였다. 현재 아동복지, 공공복지서비스, 학교사회복지, 교정복지, 의료사회복지, 산업복지, 노인복지, 가족에 대한 서비스 및 정신건강 등의 다양한 사회복지실천현장에 구체적으로 적용하고 있다. 과제중심모델은 대부분의 사회복지실천현장에서 사용될 수 있지만, 클라이언트가 문제해결의 책임을 지고 개입이 진행되는 것이므로 동기화가 잘되어 있는 클라이언트와 일할 때 더욱 효과적이다.

과제중심모델은 다양한 문제와 다양한 클라이언트에게 성공적으로 적용되고 있지만, 어떤 사례에 적용하는 것이 좋은지 또는 무엇이 단기적 특성인지에 대한 의문이 여전히 제기되고 있다. 이 모델은 문제가 지역사회 내의 반사회적 행동이나 부모-자녀 간의 갈등 혹은 부부간의 갈등일 경우 적용하기가 어렵다. 또한 과제가 변화를 가져오는 도구가 된다는 증거가 상당히 있기는 하지만, 어떤 문제와 클라이언트에게 어떤 과제가 가장 좋은지에 대해서는 아직 더 연구가 필요하다(신성자 외, 2000).

5) 개입과정과 사례 적용

(1) 개입과정

과제중심모델은 두 가지 중요한 목적을 가지는데, 하나는 클라이언트가 관심을 가지고 있는 문제를 해결하도록 클라이언트를 돕는 것이고, 다른 하나는 클라이언트가 자신의 문제를 훌륭하게 해결한 경험을 통하여 향후에 부딪치는 어려움들을 극복할 수 있는 능력을 향상시키고자 하는 것이다(Payne, 1991).

표 3-2 과제중심모델의 실천과정

시작	• 클라이언트의 자발적 참여 또는 다른 기관으로부터 클라이언트 의뢰
문제 규명	• 클라이언트의 표적문제 확인 및 설정 • 신속한 초기 사정
계약하기	• 계약 체결(목표, 표적문제, 치료 기간, 치료 일정, 참가자 등)
실행단계	• 사정하기 • 과제의 개발과 수립 • 과제의 수행 • 점검 및 모니터링
종결단계	• 표적문제와 전체 문제 상황에 대한 검토 • 성공적 문제해결 전략 규명 • 남아 있는 문제에 대한 논의

과제중심모델에서 제시하는 실천의 틀은 다섯 단계로 이루어져 있는데, 시작하기, 표적문제의 규명, 계약하기, 실행, 종결의 단계들이다(Epstein, 1992). 이 단계들은 서로 겹치거나 필요에 따라 이전 단계로 돌아가는 등 유연하게 활용할 수 있으나 좋은 결과를 가져오기 위해서는 개입과정이 체계적일 필요가 있다.

① 시작하기(starting up)

사회복지사와 클라이언트가 처음으로 만나게 되는 것은 클라이언트가 자발적으로 찾아오는 경우와 비자발적으로 다른 기관에 의해 의뢰되는 경우가 있다. 클라이언트가 자발적으로 찾아온 경우에는 바로 과제중심모델의 실천단계에서 제1단계인 문제 규명 단계로 넘어간다. 그러나 비자발적으로 참여하게 된 경우에는 의뢰기관에서 클라이언트를 의뢰하는 이유는 무엇인지, 의뢰기관이 제시하는 클라이언트의 문제와 목표는 무엇인지에 관해 탐색한다. 또한 이 문제와 목표는 클라이언트가 제시하는 문제와 목표가 일치하지 않는다면, 사회복지사는 이에 대해 협상하고 조정한다. 의뢰기관에서 제공할 수 있는 자원으로 정서적 지지와 관심뿐만 아니라 실제적·물질적 자원 등이 있는지 알아보고 이를 활용한다.

② 문제 확인(problem identification)

가. 문제 규명

과제중심모델은 클라이언트가 문제로 인식하고 있고, 사회복지사가 전문적 판단에 의해 인정한 문제를 규정하는 데 주의를 집중하게 된다. 문제는 클라이언트의 이익에 합치되어야 하며, 클라이언트 자신의 말로 표현하는 것이 좋다. 그 이유는 과제중심모델이 클라이언트의 독립성, 자기결정권, 그리고 자신의 삶에 대한 스스로의 통제권을 존중한다는 윤리적 토대 위에 서 있기 때문이다. 클라이언트가 말하는 문제는 사회복지사의 전문 지식과 경험에 의해 확인되는 과정을 거쳐야 한다. 과제중심모델의 전체 과정에서 문제의 규정은 가장 핵심적 작업이다(엄명용 외, 2006).

Epstein(1988)은 과제중심모델에서 다룰 수 있는 문제를 다음과 같이 분류하였다.

- 대인관계의 갈등 : 개인의 욕구나 성격 그리고 역할 기대 요인이 다른 사람과 상호작용할 때 문제를 일으키는 경우를 말한다.
- 사회적 관계에 대한 불만 : 대인관계에서 자신이 부족하거나 지나치다고 생각하거나 자기의 상호작용방법에 불만이 있는 경우를 말한다.
- 조직체에서의 문제 : 직장, 학교 등에서 잘 적응하지 못하는 문제이다.
- 역할 수행의 어려움 : 사회적 역할 수행상의 문제로서 귀속적 역할(딸, 어머니)보다 획득적 역할(회사의 과장)과 관련된 어려움이 많은 경우를 말한다.
- 사회적 변천에 따르는 문제 : 생의 주기마다 경험하는 위기를 말한다.
- 자원의 부족 : 집, 금전, 직업 등 구체적 자원을 결여한 경우를 말한다.

나. 표적문제 설정

클라이언트가 제시한 문제들을 개입한 후에 개입의 초점이 되는 표적문제를 설정한다. 표적문제를 설정할 때에는 사회복지사의 판단이 아닌 클라이언트의 의견을 최대한 반영하여야 하며, 클라이언트와 사회복지사가 모두 표적문제를 이해하고 동의해야 한다. 표적문제는 구체적으로 설정해야 하고, 제한된 시간 동안 표적문제를 다룰 수 있도록 하기 위해서 표적문제는 우선순위에 따라 최대한 세 가지로 제한한다.

표적문제를 확인하고 분석하는 과정은 다음과 같이 진행된다.

㉠ 클라이언트가 현재 관심을 보이는 여러 문제들을 이끌어 낸다.

㉡ 각각의 문제들을 분명하고 구체적 행동 용어로 규정한다.

㉢ 클라이언트가 중요시하는 순으로 우선순위를 정한다.

㉣ 클라이언트와 협의하에 임시로 표적문제를 결정한다.

㉤ 사회복지사가 표적문제를 분류하여 세분화한다.

㉥ 표적문제에 대한 탐색을 계속하여 더욱 명확화한다.

다. 신속한 초기 사정

표적문제를 설정한 후에 클라이언트와 계약을 하기 위한 예비 사정을 하게 된다. 이는 개입 초기에 수행하는 평가로 치료과정을 신속하게 이행하기 위한 과정이다. 문제 규정 과정은 사정의 준비 작업이다. 문제 규정을 통해 문제, 클라이언트의 특성, 사회적 상황 그리고 과거에 문제를 해결해 온 방법 등에 대한 정보를 얻을 수 있기 때문이다.

사정은 신속히 이루어지는 것이 좋다. 왜냐하면 고통받는 클라이언트에게 가능하면 빨리 고통을 덜어 줄 수 있는 행동을 취하는 것이 인간적이기 때문이고, 또한 기관이나 지역사회도 가능하면 일들이 신속히 이루어지기를 요구하는 것이 현실이기 때문이다(엄명용 외, 2006).

③ 계약하기(contacting)

과제가 선택되면 클라이언트와 사회복지사 사이에 표적문제, 서비스 목표, 클라이언트의 과제, 사회복지사의 과제, 개입 기간과 일정, 면접 일정, 클라이언트와 사회복지사와의 참가자 등에 대해 합의하고 계약을 하게 된다. 계약은 문제해결 방향에 대한 클라이언트와 사회복지사의 동의로서, 서면 혹은 구두로 이루어진다.

일반적으로 하나의 표적문제에 대해 하나의 목표를 설정하며, 표적문제와 목표는 클라이언트의 입장에서 구체적으로 서술한다.3)

비자발적 클라이언트는 계약을 체결하는 과정에서 쉽게 충격을 받거나 별 생각 없이 계약에 동의하는 등의 문제를 보이기도 하기 때문에 비자발적 클라이언트와 계약을 체결하는 경우에는 이들의 이해와 동의를 구하기 위한 특별한 노력이 요청된다.

계약서에 포함되어야 될 내용은 다음과 같다.

- 표적문제(우선순위에 따라 최대한 3가지)
- 사회복지사가 수용한 클라이언트의 구체적 목표
- 클라이언트의 과제
- 사회복지사의 과제
- 개입 계획(시간제한)
- 면접 일정
- 개입 일정
- 개입에 참여할 다른 사람

④ 실행단계(implementation)

실행단계는 과제 수행을 통해 문제가 감소되고 해결되는 과정이기 때문에, 전체 8회로 계획한 개입과정에서 2~7회 정도의 회기가 이 단계에 해당될 정도로 중심적 단계이다. 이 단계는 문제를 집중적으로 사정하고, 대안들을 모색하고 결정하며, 문제를 해결하기

3) 표적문제와 목표를 규정하는 데 있어서 바람직한 것과 바람직하지 못한 경우의 예를 보면 다음과 같다(김혜란 외, 2006).
- 바람직하지 않은 표적문제 : 사회기술 부족
  바람직하지 않은 목표 : 사회기술 향상
- 바람직한 표적문제 : A는 학급에서 친구와 이야기하는 것이 어렵다.
  바람직한 목적 : A는 학급에서 친구와 이야기한다.

위한 과제들을 개발, 수립하고 수행하며, 과제 수행의 정도를 점검하고 모니터링하는 등이 중요한 과정이 된다.

가. 사정

실행단계에서의 사정은 초기단계에서의 사정보다 정교화하는 과정으로, 기초선을 설정하고, 사회적 맥락과 인지정서적 상황에 대한 사정이 이루어진다. 과제중심모델에서의 사정은 정신분석학 이론에서 중요하게 생각하는 클라이언트의 정서적 반응이나 과거력을 조사하는 것이 아니라 활동을 위한 요구사항, 활동하는 데 예견되는 장애물 등을 확인하고자 하는 것이다(Payne, 1991).

사회적 맥락은 클라이언트의 물리적 환경, 사회적 관계망, 사회경제적 조건, 문화, 지역사회 등을 말한다. 클라이언트의 문제해결에 영향을 주는 사회적 맥락을 규명하고 이해하게 되면, 클라이언트의 조건을 향상시키기 위해 변화를 가져올 수 있는 영역을 명확하게 이해할 수 있을 것이다.

또한 효과적 개입을 위해서는 클라이언트의 인지적·정서적 상황에 대한 사정을 통해 클라이언트의 성격, 특질, 생활방식, 대인관계 양상, 문제해결 능력, 인지 능력 등 클라이언트의 장점과 한계를 이해할 수 있다.

나. 과제 개발과 수립

사정 자료에 근거하여 표적문제를 해결하기 위한 과제를 개발하고 수립해야 한다. 과제는 실제 상황에서 클라이언트가 수행해야 하는 행동이기 때문에 측정 가능하며 현실적 상황을 구체적으로 설정하여야 한다.

과제 계획은 개방적이고 융통성 있게 진행하는 것이 바람직하다. 클라이언트가 과제의 성격과 합리성을 이해하고, 이를 수행하려는 의지를 가져야 한다. 따라서 사회복지사는 클라이언트가 과제에 대해 회의적일 때 일방적 지시를 내리지 않도록 해야 한다. 과제를 개발하고 수립하는 과정은 다음과 같다.

㉠ 가능한 과제의 제시 : 과제를 계획하는 첫 단계는 가능한 과제에 관한 아이디어들을 생성해 내는 것이다. 이러한 아이디어는 클라이언트와 사회복지사로부터 나오는데,

클라이언트가 문제해결을 위해 어떤 노력을 해 왔는지를 검토하여 아이디어가 생각나도록 할 수도 있고, 사회복지사가 아이디어를 제시할 수도 있다.

㉡ 동기 형성 : 과제 달성을 위한 필수 자원은 적절한 동기이다. 동기화의 필수 요건은 클라이언트가 노력을 기울일 수 있는 과제를 설정하는 것이다. 그리고 클라이언트의 노력이 가치 있는 것이 것이며, 또한 노력을 통해서 문제가 경감될 수 있다는 사실을 믿어야 과제 수행을 위한 노력을 지속할 수 있다.

㉢ 과제 수행의 계획 : 대부분의 과제들은 어떤 구체화된 계획을 필요로 한다. 이러한 계획은 사회복지사가 클라이언트에게 어떤 방식으로 과제를 달성할 것인지를 질문하면서 이끌어 낼 수 있다.

㉣ 예견되는 장애물의 규명과 해결 : 과제 달성을 위한 활동에서 예견되는 장애물을 규명하고 이러한 장애물을 극복하기 위한 대안들을 탐색하여야 한다. 이는 과제 계획과 수행단계에서 모두 이루어져야 하며, 계획단계에서는 잠재적 장애물을 예견하기 위한 노력이 필요하다. 사회복지사는 클라이언트로 하여금 무엇이 과제 수행을 방해할 수 있는지를 생각하도록 질문할 수 있다. 과제 수행의 실제적 장애물로는 클라이언트의 기술 부족, 다른 사람들의 협력과 지지 부족, 자원 부족 등이 있다.

㉤ 모의실험, 예행연습 : 어떠한 계획이든지 사전에 시도해 볼 수 있다면 성공적으로 수행할 가능성이 높아진다. 대부분의 과제 계획은 과제 수행 행동을 가상해 보기 위해 역할극을 사용하여 세션 내에서 리허설을 해볼 수 있다.

㉥ 과제 동의 : 사회복지사는 과제를 부여하기 전에 클라이언트의 동의를 얻어야 한다. 클라이언트의 명백한 동의 없이 클라이언트가 반대되는 의견을 표현하지 않은 것을 동의한 것으로 가정하고 과제를 제시하는 것은 많은 문제를 내포할 수 있다. 명백한 동의는 클라이언트가 과제의 시도를 인정한다는 의미에서 계약을 완성시킨다.

㉦ 과제 계획의 요약 : 회기를 끝내기 전에 사회복지사는 클라이언트에게 과제 계획에 대한 요점을 숙지시켜야 한다. 이 단계는 과제 계획이 복잡하거나, 여러 과제가 주어진 경우나 과제 수행자가 아동인 경우 특히 중요하다.

다. 과제 수행

클라이언트와 함께 과제를 수립한 다음에는 어떤 과제를 수행할 것인지에 대한 세부사항을 클라이언트와 명시적으로 합의하게 된다. 일단 과제에 대한 동의가 이루어지면 사회복지사는 클라이언트가 과제를 수행할 수 있도록 원조하는 데 모든 기술을 집중시킨다. 대부분 클라이언트 스스로 과제를 수행하지만, 혼란에 빠져 있거나 당황스러운 상황에서 서비스를 요청한 클라이언트의 경우에는 사회복지사가 지지해 주거나 지시하기도 하며, 중재자 또는 대변인으로서 활동할 수 있다. 클라이언트가 어려워하거나 저항하는 과제인 경우에는 모델링이나 연습 등을 통해 도움을 줄 수 있어야 한다.

라. 점검 · 모니터링

사회복지사는 회기마다 과제 수행을 확인하고 문제의 상태와 변화를 점검하며, 구조화된 표기법, 차트, 그래프, 간결한 이야기체 기록 등을 사용하여 과제 수행과정을 모니터링한다. 사회복지사는 매 회기마다 클라이언트가 수행한 과제를 점검하여, 과제 수행과정에서 나타나는 장애물이나 예견치 못한 상황에 따라 과제를 수정하고 보완해야 한다.

⑤ 종결단계(termination)

과제중심모델은 계획적 단기치료이므로 초기단계의 계약에서 명시한 종결 시기에 따라 종결이 이루어진다. 이 단계는 치료 목표의 달성 정도와 클라이언트가 수행한 그동안의 과업을 평가하면서 종결 이후의 계획을 세우는 것이 중요하다. 종결단계에서 다음의 활동이 이루어져야 한다.

가. 표적문제와 전체 문제 상황에 관한 검토

종결할 때에는 표적문제로 선정한 문제들과 목표에 대하여 검토하고 완수된 목표를 점검할 뿐 아니라 문제 상황 전체에 관하여 검토한다. 목표를 달성하고 표적문제를 해결했을 때에는 개입을 종결한다.

나. 클라이언트가 사용한 성공적 문제해결 전략의 규명

사회복지사는 완수된 목표를 강조하고, 목표 성취과정에서 새로이 습득된 클라이언트의 문제해결 기술을 점검하며, 새롭게 확인된 능력을 칭찬함으로써 클라이언트가 종결

후에도 스스로 문제를 해결할 수 있도록 돕는다.

다. 남아 있는 문제에 관한 토의

마지막 면접이나 바로 그 앞의 면접에서는 클라이언트가 달성한 것을 확인하고 앞으로 클라이언트 혼자 수행해 나갈 수 있는 또 다른 과제를 계속하도록 돕는다. 또한 종결 시 해결되지 않은 문제들이 남은 경우 이를 어떻게 할 것인지에 대해 논의가 필요하다. 클라이언트가 종결 후에도 치료과정을 통해 획득한 문제해결 기술들을 활용하여 해결되지 않은 문제들은 어떻게 해결할 수 있을 것인지에 대한 논의가 있어야 한다. 필요한 경우에는 계약을 연장하거나 타 기관에 의뢰하기도 한다.

(2) 사례 적용

다음 사례를 바탕으로 하여 과제중심모델을 적용시켜 보자.

표 3-3 과제중심모델 계약서

기관 : ○○종합사회복지관
담당 사회복지사 : 이철수

계 약 서

- 표적문제 ① 정호의 가출과 잦은 외박
  ② 정호의 낮은 학교 성적
  ③ 할머니가 사촌과 비교하는 잔소리
- 목표 ① 정호가 가출하지 않고 전화하기
  ② 정호의 고교 진학에 대해 결정하기
  ③ 할머니가 다른 아이와 비교하지 말고 믿어 주기
- 클라이언트의 과제
  - 정호 : ① 매일 집에 들어오기
    ② 늦을 경우에는 전화하기
    ③ 학교에 나가 수업일수 채우기
    ④ 실업계 고교 진학 상담하기

- **할머니** : ① 이모에게 당분간 정호 양육은 혼자 하겠다고 말하기
  ② 이모 아들과 비교 안 하기
  ③ 늦는다고 전화하면 알았다고 이해해 주기

- **사회복지사의 과제** ① 정호가 갈 수 있는 실업계 고교 알아봐 주기
  ② 담임 선생님과 정호의 졸업 가능성 상담하기
  ③ 할머니에게 매일 저녁 전화하여 격려해 주기
  ④ 할머니가 참석할 수 있는 복지관 부모 모임 소개하기
  ⑤ 정호에게 big brother 알선해 주기

- **개입 계획** ① 1999년 10월 1일부터 11월 31일까지 8주간
  ② 주 1회 정호와 할머니 개별 면담함
  ③ 격주로 할머니와 정호 함께 면담함

위 과제는 사정에 따라 수정 변경될 수 있음.

- 면담 장소 : ㅇㅇ종합사회복지관 상담실
- 일 시 : 매주 토요일 오후 3:00 ~ 4:00

위와 같은 사항에 합의하며 합의 사항을 준수하기로 약속합니다.

2002. 10. 1.

클라이언트 서명
사회복지사 서명

출처: Epstein(1988); 엄명용 외(2006) 재인용.

정호는 어머니가 정신요양원에 수용되어 있고 아버지는 사망하여 외조부모와 함께 살고 있는 중학교 3학년 남학생이다. 정호의 할머니는 정호가 밤늦도록 돌아오지 않으면서 전화도 하지 않고, 외박이 잦으며, 학교에 무단결석을 하는 등 반항적 행동이 늘어난 것과 이로 인해 학업성적이 떨어져 인문계 고등학교 진학이 어려울 것 같아 몹시 걱정하고 있다. 할아버지는 정호의 교육과 양육에 별로 참여를 하지 않는 편이어서 할머니는 주로 또래의 아들을 키우고 있는 딸(정호의 이모)에게 모든 것을 의논하고 있고, 정호의 이모는 정호에게 간섭이 많다. 정호는 자기 문제를 무단결석하는 것, 외박하는 것, 그리고 학업성적이라고 하였다.

사회복지사는 면접을 통해 이 사례의 본질을 인간 발달단계적 측면에서 반항기에 들어선 청소년의 정상적 반항 행동에 대해 할머니가 이해하지 못하고 지나치게 간섭하고 다른 손자와 비교하는 데서 악화된 행동이라고 보았다. 그래서 클라이언트를 정호와 할머니 두 사람으로 보았으며, 표적문제는 정호의 가출과 연락 두절, 진학문제, 할머니의 이해 부족과 부정적 양육태도로 보았다.

〈표 3-3〉은 정호와 할머니, 사회복지사가 함께 작성한 계약서다. 문제 규정에 따라 개입의 목표를 정호가 더 이상 가출하지 않고, 늦으면 전화하기, 진로 결정하기로 하고, 할머니는 다른 아이와 비교하지 않고 간섭하지 않기로 정하였다.

표적문제와 표적문제에 따른 목표, 목표를 달성하기 위한 클라이언트와 사회복지사의 과제 등을 구체적으로 제시하고 있는 〈표 3-3〉의 계약서를 통해 과제중심모델의 특성을 파악할 수 있다.

3. 위기개입모델

인간은 성장 발달과정 중에 직면하게 되는 새로운 상황과 그가 처한 주위 환경에 적응해 나가야만 한다는 사실을 하나의 위협적 사건으로 받아들이게 됨으로서 위기에 처하게 된다. 위기가 발생하면 사람들은 부적응 상태에 처하게 되고, 스스로 문제해결이 어려워 전문가의 도움이 필요한 위기 상태를 경험하게 된다. 이러한 위기 상태에 처해 있는 개인, 가족, 집단을 돕기 위하여 그들의 생활 상황 속에서 문제를 해결하도록 돕는 것이 위기중재 또는 위기개입이다.

위기개입이란 위기로 인한 불균형 상태를 회복하기 위하여 일정한 원조 수단을 개인, 가족, 집단 그리고 지역사회 등에 적용하는 과정을 말한다(김기태, 1998 : 19). 즉, 위기개입모델은 위기 상황에 즉각적으로 단기 전문 원조를 제공하기 위한 모델로, 높은 스트레스 상황에 있는 클라이언트를 대상으로 한 개입에 매우 효과적이고 유용한 모델이다. 위기

개입모델은 기존 지식과 임상적 측면이 결합되어 있다는 점에서 다분히 절충적이며, 전통적 개별사회복지실천보다는 실재적 기법으로 평가되고 있다(신성자 외, 2000).

1) 등장배경

위기개입모델은 현장 실무자나 조사자 그리고 이론가들이 공동으로 만들어 낸 결과이다. 위기에 관한 지식들은 스트레스 및 대처이론, 병리적 위기 및 역기능적 결과들에 관한 임상조사 등의 영향을 받아 형성되었으며, 보건 및 인간서비스 영역에 종사하던 실무자들이 위기를 예방하고 심리적 병리나 가족해체 등을 미연에 방지하고자 하는 노력을 통해 이 모델이 형성되었다.

위기개입모델은 제2차 세계대전 이후에 전쟁으로 인한 후유증과 이별이나 사별에 따른 심리적 문제 등에 대한 신속하고 숙련된 전문서비스가 요구됨에 따라 연구에 탄력을 받기 시작하였다. 위기개입모델은 사회복지이론은 물론 심리학, 사회학, 정신분석학 등에 그 뿌리를 두고 있다. 그중에서도 긴장이론과 Lindemann(1994)의 사별에 따른 슬픔 반응에 관한 연구, Caplan(1964) 등의 지역사회 수준에서의 예방정신의학 연구 등이 위기개입이론의 토대를 형성하면서 1950~1960년대에 급격하게 성장했다(이문국 외 역, 1998).

위기개입모델의 초기라고 할 수 있는 이 단계에서는 위기에 처한 개인이나 가족을 중심으로 하는 임상적 접근법을 강조하였다. 1950년대 이래, 사회사업이 정신보건 부문에 적극적으로 개입하게 되면서 위기개입모델을 적극 활용하게 되었으며, 1960년대에 Caplan이 위기를 해결하고 난 뒤 적응과정에서 환경 자원, 특히 지역사회서비스체계의 중요성을 주장하게 됨에 따라 개인의 심리적 문제뿐만 아니라 환경에 대한 접근을 중시하게 되었다. 인간의 위기가 사회구조적 측면과 사회체계적 측면에 의해 제기된다는 인식이 확산되면서 심리 중심의 위기개입과 함께 생태학적 측면의 환경 중심 접근이 강조되었다(이문국 외 역, 1998).

사회복지실천의 역사는 위기개입의 역사라고도 할 수 있을 것이다. 왜냐하면 잠재적으로 위험 가능성이 있는 인생 사건에 노출되어 있거나 현재 위기를 겪고 있는 클라이언트들을 대상으로 사회복지실천이 이루어지기 때문이다. 그러므로 사회복지실천에서 사회복지방법의 이론들이 갖고 있는 개입 목표와 위기이론의 개입 목표는 매우 유사하다(김만두, 1985).

2) 정의 및 주요 개념

① 위기의 정의 및 분류

위기(crisis)란 개인의 현재 자원과 대처기제로는 감당하기 어려운 사건이나 상황을 지각하거나 경험하는 것을 말한다(한인영 외 역, 2001). Caplan(1964)은 위기를 균형 상태의 혼란으로 보고, 위기는 사건 자체보다는 사건에 대한 개인의 주관적 생각이나 행동이라고 정의했다. 이는 같은 상황에서도 어떤 사람은 위기를 느끼는 반면, 다른 사람은 위기를 느끼지 않기 때문이다.

위기는 스트레스를 유발하는 뚜렷한 생활상의 사건이 선행되면서 발생하여 신체적, 인지적, 그리고 관계상에서의 고통과 증상으로 드러난다. 이러한 측면에서 보면 위기는 분명 위험이라고 할 수 있다. 그러나 위기로 인한 고통을 극복하려고 노력한다는 측면에서 보면 변화와 성장을 위한 기회라고 할 수 있다. 따라서 위기를 위험이 아닌 기회로 삼기 위해서는 위기에 적절히 대처하고 관리하는 적극적 노력이 필요하다.

위기는 위기 상태를 촉발시키는 특성에 따라 여러 가지 유형으로 분류될 수 있는데, Richard와 Burl은 Brammer(1985)의 세 가지 위기 범주에 생태체계이론의 시각에서 환경적 위기의 개념을 추가하여 네 가지 위기의 영역을 설명하였다(한인영 외 역, 2002 재인용).

가. 발달적 위기

인간이 성장하고 발달해 나가는 가운데 자연스럽게 발생하는 사건으로, 이 사건으로 인하여 비정상적 반응을 일으키는 경우이다. 예를 들어 청소년의 정체성 위기, 중년의 위기, 노년의 위기 등 개인의 생애주기에 따른 위기와 결혼, 자녀의 출생 등으로 인한 가족의 생애주기에 따른 위기를 포함한다.

나. 상황적 위기

상황적 위기는 사람이 예견하거나 통제할 수 없는 드물고도 극히 이례적인 사건이 발생할 때 나타난다. 예를 들어 자동차 사고나 갑작스러운 질병, 사별, 이혼, 실업, 자살 등과 같은 사건에서 발생한다.

다. 실존적 위기

실존적 위기는 목적이나 책임감, 독립성, 자유, 헌신 등 중요한 인간적 이슈에 동반되는 갈등이나 불안과 관련된 위기이다. 실존적 위기는 어떤 사람이 40세에 자신이 어떤 특정 전문직이나 조직에 중요한 영향력이 없음을 깨달으면서 경험하게 되는 위기일 수도 있다.

라. 환경적 위기

개인이나 집단에 자연이나 인간이 일으킨 재해가 갑자기 덮쳤을 때 발생한다. 이러한 위기는 태풍이나 홍수, 지진, 폭풍, 눈보라, 산불과 같은 자연재해일 수도 있으며, 전염병이나 기름 유출과 같은 생물학적으로 파생된 위기일 수도 있다.

② 위기의 구성 요소

위기는 다섯 가지 요소로 구성되어 있는데 위험 사건, 취약 상태, 촉발 요인, 실제 위기 상태, 재통합이 그것이다(Golan, 1978). 이러한 구성 요소는 위기의 발달 및 진행과정과 맥을 같이한다고 볼 수 있다.

가. 위험 사건

위기는 위험 사건(hazardous event)이 발생하면서 대개 시작되는데, 위험 사건은 외부적인 사건일 수도 있고 내부적 압력일 수도 있다. 또한 하나의 재앙 사건일 수도 있고, 연속적으로 축적된 사건일 수도 있다. 이러한 위험 사건의 예로는 배우자와의 사별, 이혼, 장애, 해고, 이민, 지속적 스트레스 사건에의 노출 등이 있을 수 있다.

나. 취약 상태

취약 상태(vulnerable state)란 위험 사건으로 개인의 항상성에 불균형이 초래된 상태를 말한다. 취약 상태에서는 위험 사건에 대처하기 위하여 평소에 사용하던 문제해결기제를 시도하며, 이에 성공하지 못하면 새로운 방법을 강구하게 된다.

다. 촉발 요인

촉발 요인(precipitating factor)이란 긴장과 불안을 한층 고조시켜 취약 상태를 불균형 상태로 만드는 요인이다. 어떤 경우에는 위험 사건이 워낙 압도적이어서 위험 사건인 동시에 촉발 요인이 되지만, 어떤 경우에는 촉발 요인은 위험 사건과 직접적 관련이 없을 수도 있다.

라. 실제 위기 상태

실제 위기 상태(active crisis)는 혼돈, 불안, 염려, 절망, 분노와 같은 감정을 등반하는 격심한 정서적 혼란 상태를 말한다. 위기에 처한 개인은 심리적 취약성, 방어기제의 위축, 문제해결 및 대처 능력의 와해를 경험한다.

마. 재통합

재통합(reintegration) 단계에서는 위기에 대해서 인지하고, 위기와 관련된 감정을 표현하며, 변화를 수용하고, 새로운 대처 능력을 개발한다. 또한 위기 상황을 성공적으로 극복함으로써 자기효능감과 자아존중감이 증진되기도 하고, 새롭게 학습한 적응기제는 앞으로 있을 수 있는 문제에 대처하는 데 적용될 수 있다. 그러나 부적절한 대처기제를 학습한 경우에는 앞으로의 상황에 적절히 대처하는 능력에 손상을 입어 위기 상황 이전보다 전반적 기능이 떨어질 수 있다.

3) 주요 가정

Gilliland와 James(1997)는 위기개입 시 고려해야 할 기본 가정을 다음과 같이 제시하였다. 첫째, 인간이 처한 다양한 상황에서 초래되는 직접적 스트레스와 위험한 사건에 직면했을 때 겪는 격심한 정서적 불균형과 사회적 해체 현상은 정상적인 것이다. 둘째, 위기 상황으로 인해 겪는 격심한 고통은 정상적인 삶의 경험으로 일시적 혼란이라 할 수 있으며, 누구나 일생을 통해 겪을 수 있는 현상이다. 셋째, 정서적 불균형을 경험하는 사람은 본능적으로 정서적 균형을 찾으려는 경향이 있다. 넷째, 사람들은 정서적 균형을 회복하려고 노력하는 과정에서 일시적이고 격심한 심리적 유약성을 경험할 수 있다. 다섯째, 심리적으로 현저히 약해져 있을 때, 일반적으로 사람들은 심리적 치료서비스를 수용하는 태도를 갖게 된다. 여섯째, 위기는 부정적 결과를 가져올 수도 있지만 한편으로는 성장과 발전의 기회가 되기도 한다.

4) 위기개입의 목표와 원칙

(1) 목표

위기개입은 매우 초점화된 단기개입으로, 위기 상황과 관련된 구체적 문제해결에 초점을 두기 때문에 목표가 제한적이다. Rapoport(1970)는 위기개입의 목표를 여섯 가지로 제시하고, 처음의 네 가지는 반드시 달성해야 할 목표이지만 마지막 두 가지는 상황이나 클라이언트의 특성 등이 허락하는 경우에 달성할 수 있는 목표라 했다.

- 위기로 인한 증상을 제거한다.
- 위기 이전의 기능수준으로 회복한다.
- 불균형 상태를 가져온 촉발 사건에 대해 어느 정도 이해한다.
- 클라이언트나 가족이 이용할 수 있는 지역사회의 자원이나 치료기제를 규명한다.
- 새로운 인식, 사고, 정서를 개발하고, 위기 상황 이후에도 사용할 수 있는 새로운 적응적 대처기제를 개발한다.

요약하면 위기개입모델의 목표는 위기로 인한 정서적 문제를 해소하고, 위기 이전의 기능수준까지 회복시키며, 더 나아가 위기 이전의 수준을 능가하는 기능을 수행하도록 하는 데 있다.

(2) 원칙

위기개입에는 많은 이론적 준거 틀이 있으나 이들을 종합해 보면 다음과 같은 유사한 실천원칙들을 발견할 수 있다.

첫째, 위기개입은 즉시 이루어져야 하는데, 일반적으로 위기 상태에 들어간 때부터 6주

내에 어떤 형태로는 해결이 되어야 한다.

둘째, 위기개입은 위기와 그 위기에 대한 클라이언트의 행동에 초점을 둔다. 그러므로 위기개입은 클라이언트의 과거를 탐색하는 데 비중을 두지 않는다.

셋째, 위기개입의 목표는 직접적으로 위기 상황과 관련된 구체적 문제에 초점을 두고 설정되어야 한다. 따라서 목표는 너무 장황하지 않고 간결해야 한다.

넷째, 위기 개입 사회복지사는 다른 어떤 실천접근에서보다 적극적이고 직접적인 역할을 수행한다.

다섯째, 위기에 처해 절망하고 있는 클라이언트에게 무엇보다 희망을 고취하는 것이 중요하다. 그리고 클라이언트에게 실제적 정보를 제공하거나 정서적으로 지지하며, 사회적 지지체계를 개발하고 형성하도록 해야 한다.

여섯째, 대부분의 클라이언트는 자기 자신을 실패자로 인식한다. 사회복지사는 클라이언트의 자기상을 사정하고 이해해야 한다. 사회복지사는 클라이언트와 신뢰관계를 조성하여 클라이언트의 자기상(self-image)을 보호해 주고, 더 나아가 건전한 자기상을 확립하도록 원조한다.

5) 주요 적용 영역 및 한계

위기개입모델은 높은 스트레스 상황에 있는 개인 및 가족들과 일할 때 사회복지사들이 전통적으로 사용해 오던 접근 방법들과 많이 부합하기 때문에 다양한 사회복지분야에서 적용되고 있다. 위기개입모델은 스트레스로 인한 개인의 심리적 문제, 특정한 행동적 문제, 사회체계의 문제 등에 개입할 수 있는 틀을 제공한다. 위기개입 실천가들은 지속적으로 확장하는 위기의 범주에 대응하기 위해 많은 노력을 기울여 왔으며, 동시에 적극적이고 예방적인 개입을 발달시키기 위해 노력해 왔다.

사회복지실천에서의 위기개입이론은 주로 지역사회 정신보건 프로그램, 자살방지센터, 가족서비스센터, 의료체계 등에 있던 사회복지사에 의해 초기 발달이 이루어졌고, 근래에는 아동복지체계, 학교, 성폭력상담센터, 가정폭력상담센터, 재난구조체계 등의 장으로 위기개입의 활용 영역이 확대되어 사회복지실천현장에서 광범위하게 활용되고 있다.

최근에는 위기개입모델을 활용한 다양한 프로그램들이 개발되고 있는데, 단기간에 최대의 안정과 통제를 제공하는 위기안정화 프로그램, 지역사회의 사건 현장에 사회복지사가 투입되는 아웃리치 프로그램과 위기대응 팀 구성, 아웃리치 현장에서 다학문적 접근의 필요성이 대두됨에 따라 다학문적 접근에 대한 모색이 이루어지고 있다.

이러한 많은 유용성에도 불구하고 위기개입모델은 효과성 검증에 대한 실증적 자료가 부족하고, 이론적 체계가 미흡하다는 비판이 대두되고 있으며, 위기개입 실천을 위한 구체적 기술이 개발되지 못한 한계성이 있다.

6) 개입과정과 사례 적용

(1) 개입과정

위기개입의 개입과정을 Golan(1978)은 초기, 중기, 말기로 나누어 설명하고 있으며, Mckee는 개시, 사례의 취급, 사례의 종결, 사후처리 4단계로 설명하고 있다. Gilliland (1982)는 사정하기, 경청하기, 행동하기의 단계에 따라 세부적 6단계 모델을 제시하였다.

한편 Aguilera와 Messick의 문제해결모델에 근거하여 사정, 계획, 개입, 위기 대비 계획 등의 4단계 위기개입 과정을 제시하였다(양옥경 외, 2003 재인용). Aguilera와 Messick이 제시한 개입단계는 사회복지사에게 익숙한 문제해결모델을 위기개입모델에 적용한 것이기 때문에 사회복지현장에서 유용하게 적용될 수 있을 것이다.

① 사정단계

사회복지사는 사정단계에서 클라이언트의 정서적 고통을 완화하거나 경감시키는 것과 동시에 개인과 문제에 대한 사정을 수행하게 된다. 사회복지사는 사건 및 위기에 대한 정확한 사정을 위해 초점화 기술을 적극적으로 활용하여야 한다. 사정의 목적은 ㉠ 위기 상태의 특성과 수준, ㉡ 위기가 클라이언트에게 주는 의미와 영향, ㉢ 위기 상황을 초래한 사건과 요소, ㉣ 클라이언트의 대처 능력, ㉤ 위기 상황을 완화시킬 수 있는 자원 등을 결정하는 것이다.

Aguilera와 Messick은 좋은 사정을 위해서 고려해야 할 다섯 가지 세부 영역들을 제시하였다.

가. 위기와 선행 사건에 관한 파악

클라이언트가 왜 오늘 도움을 받으러 왔는지를 파악하는 것으로, 이는 무슨 일이 있었는지를 이해하기 위한 것이다. 클라이언트에게 "무슨 일로 여기에 오셨나요?"라거나 "무슨 일로 그렇게 화가 나셨나요?"라는 질문으로 위기 상황을 체크할 수 있다.

나. 현재의 위기와 선행 사건에 관한 클라이언트의 인식

클라이언트에게 "이 사건에 대해 어떻게 느끼십니까?" 혹은 "이 사건이 앞으로 당신에게 어떤 영향을 줄 것 같습니까?" 등의 질문을 통해 클라이언트가 위기와 선행 사건을 어떻게 인식할 수 있는지 파악할 수 있다.

다. 자원에 대한 고려

클라이언트에게 도움을 줄 만한 지지적 자원을 파악하고 자원의 지지수준이나 질을 고려해 보아야 한다. 이를 위해 사회복지사가 할 수 있는 질문은 "주변에 이 일에 관해서 이야기를 나눌 수 있는 사람이 있습니까?" 혹은 "이야기를 나누기 가장 편한 사람은 누구입니까?" 등이다.

라. 과거의 문제 경험과 대처 기술

클라이언트가 과거에 비슷한 문제를 겪은 적이 있는지, 있다면 어떻게 해결했는지 고려하여 클라이언트의 대처 기술을 탐색한다. 이는 기존의 대처 기술이 현재의 위기극복에 도움이 될 수 있는지 탐색하기 위한 것으로, 이를 위해 "전에도 이와 비슷한 일을 겪은 적이 있습니까? 있었다면 그때는 어떻게 해결하셨습니까?" 등의 질문을 할 수 있다.

마. 클라이언트의 자해 또는 타해의 위험 정도

클라이언트가 자해나 타해의 위험이 있는지 그 심각성 정도를 사정하여야 하고, 자해의 위험성이 있다고 판단되면 입원치료 의뢰와 같은 절차를 즉시 연결해야 한다. 자살의 위험을 파악하기 위해서는 자살에 대한 구체적 계획을 가지고 있는지, 그 방법이 어느 정도 치명적인지, 그리고 일상생활의 변화가 어느 정도인지 등을 본인과 가족을 통해 자세히 알아보아야 한다. 또한 타해의 위험을 파악하기 위해서는 클라이언트의 폭력적 표현이나 약물남용 등에 대해 조사해야 하고, 구체적 대상에 대한 적개심을 보이거나 해칠 가능성이 있는 경우에는 당사자에게 알려 주는 것이 중요하다.

② 계획단계

촉발 사건과 위기에 대한 정확한 사정이 이루어지면, 위기로 인해 나타난 증상들을 감소시키기 위해 가능한 개입활동을 하게 된다. 사정을 통해 확보한 정보와 자료들을 근거로 대안적 대처 방안을 강구하게 된다.

계획단계에서는 먼저 위기로 인한 클라이언트의 기능 손상 정도와 회복 가능성, 주변 자원들의 반응과 도움을 줄 수 있는지 등에 대한 평가가 이루어져야 한다. 그리고 가능한 잠재적 대안들을 고려하고, 이들의 장단점을 평가하고 무엇을 추구할 것인지에 대한 행동을 계획한다.

개입활동을 위한 계획단계에서는 여러 가지 개입 기술이 필요한데, 클라이언트가 위기를 이해하고 자신의 감정을 인정하고 토로하도록 원조하는 기술, 클라이언트의 대처기제를 찾을 수 있도록 원조하는 기술, 사회적 지지망을 활용하는 기술, 현실적 목표를 세울 수 있는 기술 등이 요구된다.

③ 개입단계

사정에 근거하여 설정한 목적과 목표를 달성하기 위하여 구체적으로 개입함으로써 행동 변화를 초래하고자 한다. Aguilera와 Messick은 다음과 같은 개입의 3단계를 제시하였다.

가. 클라이언트가 표현하기 힘든 감정을 드러내도록 한다.

스트레스는 종종 불안과 불편함, 강한 부정적 감정을 불러일으키지만 사람들은 이러한 감정을 드러내기보다는 다루려고 노력하며, 통제하여 내면에 담아 둔다. 이처럼 감정을 억압하는 것은 사람을 움직이지 못하도록 하는 원인이 된다. 이러한 감정을 다루기 위해서는 클라이언트가 먼저 이러한 감정을 인정해야 하기 때문에 사회복지사는 이러한 감정을 표현하도록 돕는 것이다.

나. 대처기제를 탐색한다.

이 단계에서는 클라이언트가 변화하도록 돕는 것이 목표이므로 클라이언트가 새로운 대안을 확인하고 접근할 수 있도록 도와주거나, 사회복지사가 직접 해결을 위해 무엇을 해야 할지 방향을 제시해 줄 수 있다. 위기개입은 다른 개입보다도 직접적이고 단기적인 개입이기 때문에 사회복지사의 적극적 역할이 요구되는 것이다.

다. 사회적 활동 재개를 돕는다.

이는 클라이언트가 사회적 지지체계를 유지하거나 새로운 지지체계를 재형성할 수 있도록 돕는 것이다. 위기에 많은 사람들은 가능한 한 많은 사회적 지지와 자원을 필요로 한다. 따라서 이미 존재하는 지지 자원을 확인하고 이용하도록 하며, 기존의 자원이 존재하지 않거나 부적절한 경우에는 새로운 자원을 개발하여 새로운 관계를 형성할 수 있도록 도울 수 있다.

④ 위기 대비 계획 단계

위기 대비 계획(anticipatory planning)은 클라이언트가 미래의 다른 위기를 준비하도록 돕는 것을 의미한다. 이 단계는 클라이언트가 위기를 다루는 과정에서 무엇을 배웠는지 정리하는 단계다. 사회복지사의 과제는 클라이언트가 대처 행동을 명확화하고 구체적으로 이해할 수 있도록 돕고, 이를 통해 클라이언트가 미래에 위기를 맞았을 때 학습한 대처 기술을 활용할 수 있도록 돕는 것이다.

이때 클라이언트가 모든 문제를 미래에 혼자 해결해야만 한다는 메시지는 전달하지 않는 것이 좋다. 미래에 도움이 필요할 때 언제든지 도움을 받을 수 있으며, 사후지도도 이루어질 것이라는 것을 설명해 주어야 한다.

이 단계에서는 평가와 사후관리도 함께 이루어진다. 평가의 초점은 효과적 대처기제를 중심으로 이루어져야 한다. 그리고 위기개입의 경우 타 기관에 의뢰해야 하는 경우가 많기 때문에 의뢰하고 난 후의 사후관리가 필요하다.

(2) 사례 적용

다음의 사례는 Agulera와 Messick이 제시한 위기개입 4단계를 토대로 진행된 사례를 Karen Hust(1993)가 제시한 것이다(양옥경 외, 2003 재인용).

① 사례 개요

클라이언트 김은정(35세)은 남편 이영택(39세)과 17년 전에 결혼하여 자녀 둘(각각 17세, 14세의 아들)을 두었다. 두 사람의 결혼생활은 약간의 기복은 있었으나 비교적 행복했다. 남편이 주로 일을 하였고, 부인은 가끔씩 시간제 일을 하여 가계를 도왔다. 사회경제적인 면을 보면, 자신의 집을 소유하고 있으며 약간의 저축도 하고 있는 중산층이다. 이러한 생활을 유지하던 중 2주 전에 남편이 교통사고를 당하여 갑자기 사망하였다. 김은정은 이 사건 이후 비탄에 빠졌으며, 자녀의 장래가 염려되고 불안하여 지금까지의 가정생활을 유지하기 힘들 정도로 우울해지고 불안이 심해졌다. 이로 인해 누구에게도 도움을 구하지 못하고 집 밖에 나오지 못할 정도가 되었다. 이러한 문제는 그려는 전화 상담기관에 전화를 하여 지역 내의 정신보건센터를 소개받고 전화로 도움을 요청하여 사회복지사를 만나게 되었다.

② 사례 개입과정

표 3-4 사례 개입과정

1. 사정단계	
① 클라이언트가 인식하는 위기 사건	• 남편의 죽음과 자녀 양육문제
② 위기 사건에 대한 인식	• 위기 사건을 남편 없이 생활하는 것에 대한 막막함과 두려움, 외로움, 미래에 대한 염려로 인식
③ 유용한 자원	• 집 근처에 살고 있는 언니와 친한 친구 자녀들이 어머니를 염려하고 있어 정서적 지지가 됨
④ 과거 경험과 대처 기제	• 5년 전 어머니와의 사별, 사별 후 가슴이 답답하고 우울, 언니와 친구의 지지로 극복
⑤ 자살 위험성	• 자살에 대해 생각한 적이 없고 과거에도 자살을 시도해 본 적이 없으므로 자살 위험성은 없음.

2. 계획단계	
① 일상생활수행기능 손상 정도와 회복 가능을 고려한 개입 계획	• 남편의 죽음으로 인해 우울감에 압도되어 무력감을 호소 • 최소한의 가사생활은 수행하지만 외부와의 교류는 거의 이루어지지 않고 있음 • 자녀양육에 대한 염려로 무력감을 호소 • 현재 일상생활수행기능 손상은 배우자와의 사별에 따르는 전형적 반응 → 따라서 사별한 사람들을 위한 자조집단인 애도자 모임에 참석을 권유할 예정
② 대안 탐색과 대처 전략 세우기	• 배우자와의 사별 전부터 시간제 임시직을 가지고 있음 → 전일제 직장을 구할 수 있도록 직업훈련 프로그램을 연계할 계획 • 재정문제에 대한 염려가 커서 재정 설계를 도와줄(교통사고 보상금, 산업재해 보상금 등의 문제를 도와줄) 자원이 필요 → 기관 내 전문사회복지사의 원조와 재정 설계 담당은 은행원인 자원봉사자와 연계 • 자녀양육에 대한 염려와 정서적 외로움 호소 → 지녀외의 면담 결과 자녀들은 대체로 예측되는 문제가 없다는 점을 상기시킴, 그리고 언니와 친구의 정서적 지지를 받도록 할 계획
3. 개입단계	
① 위기 사건에 대한 이해 돕기	• 남편과의 사별 후 자신의 삶에 대해 객관적으로 이해하도록 도와줌
② 감정 표현 돕기	• 남편과의 사별로 인한 슬픔, 두려움, 분노 등의 감정을 표현하도록 도와줌
③ 대처 전략의 효과성 점검	• 재정 설계 전문가와의 만남 → 재정 운용에 도움을 받고 막연한 두려움을 극복 • 언니, 친구와의 접촉과 자조집단의 참여 → 심리적 안정감을 회복하고 자녀에 대한 염려 완화
④ 사회적 활동 재개 격려와 점검	• 교회 참석 재개 · 목회자와 교우들의 정서적 지지 • 시간제 임시직을 재기하고 전임직으로의 전환을 신청하였으며 이를 위해 직업훈련 프로그램에 신청 → 희망 고취 • 자녀들의 학교행사에 참석 → 자녀에 대한 긍지 • 언니와 친구뿐만 아니라 사고 이후 참여하지 않았던 친구 모임에 참석 → 정서적 지지
4. 위기 대비 계획 단계	
① 진전을 검토	• 재정적 위기에 대한 구체적 도움, 자조집단을 통한 정서적 지지, 직장 유지, 언니와 친구를 통한 지원관계 유지, 교회 출석과 목회자 및 교우들의 지원의 유용성 확인
② 향우 있을 위기에 대비한 계획 수립	• 앞으로 어떤 위기를 만나더라도 이 과정을 통해 획득한 전략을 계속 사용하기로 함

4. 사례관리모델

사례관리(case management)는 다양하고 복합적 문제를 가진 클라이언트가 자신의 문제를 스스로 해결하기 위한 자원을 지니고 있지 않거나, 가지고 있는 자원을 활용할 능력이 부족한 경우 클라이언트의 문제와 욕구를 해결할 서비스를 발굴, 연계, 조정하여 클라이언트에게 지속적이고 포괄적인 도움을 제공하는 실천방법이다. 사례관리는 전통적 사회복지방법과 전혀 다른 형태의 방법론이 아니라 개별적·직접적 실천과 지역사회실천을 통합한 형태라고 할 수 있다.

1) 등장 배경

최근 20여 년 동안 대인서비스 전문 영역 중에서도 사례관리는 사회복지실천에서 주요 전략으로 급격하게 부상하고 있다(Miley et al., 1995). 그 이유는 지역사회에서 다양하고 복합적인 욕구를 가진 클라이언트가 증가하고, 기존의 서비스들이 복잡하고 분산되어 있어 클라이언트의 욕구에 적절히 대응하지 못하며, 서비스의 효과성 및 책임성에 대한 사회적 요구가 증가되었기 때문이다. 특히 사례관리는 클라이언트와 그를 둘러싼 환경, 그리고 클라이언트와 환경 간의 상호작용을 중시하는 사회복지실천의 특성과 일치되므로 사례관리자로서 사회복지사의 역할이 중요해지고 있다.

사회복지에 있어서 사례관리는 1863년에 설립된 미국 메사추세츠 주의 자선위원회에서의 활동을 최초 선례로 보고 있다(Weil & Karls, 1985). 19세기 후반부터 발달되기 시작한 미국의 사례관리는 주로 정신보건, 발달장애, 재활, 아동복지, 재가복지 및 노인복지 등의 대인서비스 영역에서 서비스 조정과 책임성을 강조하기 위한 한 과정으로서 이용되어 왔다(김기태 외, 2002). 미국의 경우 1960년대와 1970년대를 거치면서 대인서비스의 증가로 수많은 전문화된 사회복지실천 프로그램이 등장하고 서비스가 분화됨에 따라 클라이언트들이 복잡한 서비스 체계 속에서 적절한 서비스를 찾기가 점차 어려워졌다. 또한 복합적 욕구와 문제를 가진 사람들이 단편적 프로그램에 의해 그들의 욕구와 문제의 한

정된 측면만을 해결하는 결과를 가져오고 있다는 인식이 나타나게 되었다(Ruin, 1992).

이러한 시대적 상황에서 클라이언트를 위한 서비스 및 보호를 조정, 통합하고자 하는 시도가 나타나면서 사례관리라는 용어가 부각되었다. 1976년 전미사회복지사협회는 사회복지실천의 관심이 치료(cure)에서 보호(care)로 변화되고 있으며, 사례관리는 클라이언트 보호를 위한 실천의 새로운 출발점을 나타내는 개념이라고 제안하였다(오혜경 외, 2003).

그 후 1990년 사회사업백과사전(Encyclopedia of socal work)의 제18판(보충판)에 종래의 케이스워크라는 항복이 사라지고 그 대신 사례관리 항목이 새롭게 등장한 것은 사례관리가 조정 기능의 간접실천뿐 아니라 클라이언트에 대한 직접실천 모두를 포괄하는 통합적 모델임을 제시해 주고, 또한 미국의 사회복지실천에서 사례관리가 그 중요성이 커지고 있음을 보여준다고 할 수 있다(양옥경, 외, 2000).

최근 우리나라에서도 사회복지의 방향이 시설복지에서 지역사회복지로 이행되는 탈시설화 현상이 나타나고 있으며, 사회복지서비스의 지방분권화가 이루어지면서 지역사회에 기반을 둔 서비스가 필요하게 되었다. 또한 인구 구성의 변화, 각종 사고와 재해, 가족해체 등으로 인하여 사회적 기능상의 심각한 문제를 지닌 취약 계층이 증가하며, 취약 계층의 욕구도 다양화, 복잡화, 장기화되고 있다. 그들에게 원조를 제공하는 서비스공급 주체는 다양하고 복잡해지는 반면, 서비스 제공이 단편적으로 제공되고, 다양한 서비스들이 통합, 조정되지 못하여 클라이언트에게 적절하고 효과적으로 제공되지 못하고 있다. 따라서 클라이언트를 위한 각종 서비스들이 포괄적이고 장기적으로 제공되며, 다양하고 복합한 서비스를 통합하고 조정할 새로운 서비스 전달 방식이 필요하게 되었다(이근홍, 1999).

또한 가족의 비공식적 보호를 중심으로 하는 사회적 지원체계와 지원망의 중요성을 강조한다든지, 사회복지서비스를 본격적으로 시작하기도 전에 비용 억제의 필요성을 강조하는 경향 또한 농후하게 나타나고 있다(김만두, 1993). 이러한 역사적 배경 속에서 발전된 사례관리는 '상황 속의 인간'이라는 체계적 관점을 통해 클라이언트와 그들을 둘러싸고 있는 환경, 그리고 그들 간의 상호작용을 강조하는 사회복지실천의 특성에 매우 적합한 방법이라고 할 수 있다.

사례관리가 등장하게 된 역사적 배경에서 살펴본 바와 같이 사례관리가 1980년대 이후

사회복지실천방법에서 보다 진보된 방법론을 부각되게 된 주요 요인으로 ① 탈시설화, ② 서비스의 비중앙화, ③ 복합적 욕구를 가진 서비스 인구의 증가, ④ 서비스의 단편성, ⑤ 사회적 지지체계와 지원망의 중요성에 대한 인식 증가, ⑥ 서비스 비용 억제 등을 들 수 있다(Moxley, 1989; 오혜경 외, 2003).

2) 정의 및 주요 개념

① 사례관리의 정의 및 특성

사례관리는 전통적 사회복지실천방법의 모든 측면을 통합한 것으로서, 다양하고 복합적인 욕구를 가진 클라이언트를 대상으로 그들의 욕구를 충족시키고 사회적 기능을 향상시키기 위하여 고안된 사회복지실천의 새로운 접근법이다. 이것은 사례관리자와 클라이언트의 협력을 통하여 개발한 보호계획을 바탕으로 클라이언트의 장기보호 욕구를 충족시키고, 클라이언트 지원망의 기능적 능력을 향상시키거나 극대화시키며, 연속적이고 포괄적인 서비스의 제공과 서비스 조정을 통하여 효과적이고 효율적인 서비스 전달을 촉진하고 보장하는 사례관리자와 클라이언트 사이의 전문적 관계에 기초한 대인관계의 한 과정이다(이근홍, 1999).

사례관리에 대해서는 역사적으로 다양한 정의가 있어 왔다. 전미사회복지사협회(NASW, 1984)는 "사례관리는 서비스 전달체계 속의 요소들을 조정하고 연결하는 것으로 개인의 욕구를 충족시키는 포괄적 프로그램이 확실히 이루어지게 하는 하나의 기제(mechanism)"라고 하였다. Moxley(1989)에 의하면, 사례관리란 사례관리자, 혹은 사례관리 팀이 다양하고 복합적 욕구를 가진 클라이언트를 대상으로 공식적·비공식적 지원망과 클라이언트의 기능과 복지를 최대화하기 위해 고안된 활동을 조직하고, 조정하며, 유지하는 것이다. 이것은 첫째, 클라이언트가 서비스와 지원들을 더 잘 이용하고 접근하도록 클라이언트 자신의 기술을 증진시키며, 둘째, 클라이언트의 복지와 기능화를 증진시키기 위해 사회적 망과 관련된 대인복지서비스 제공자들의 능력을 발전시키고, 셋째, 가능한 한 가장 효과적인 방법으로 전달되는 서비스 및 지원이 되어 서비스의 효과성을 증진시키는 데 목표를 두고 있다.

Rothman은 사례관리를 실천행동과 행정구조의 두 가지 기능을 모두 가지고 있는 것으로 본다. 즉 지역사회에서 클라이언트에게 개별화된 충고, 상담, 치료를 제공하는 것과 클라이언트를 위한 지역사회 서비스기관 간의 협력의 기능을 합한 것으로 보고 있다.

이러한 내용을 바탕으로 사례관리의 특성을 살펴보면 다음과 같다. 첫째, 다양하고 복합적인 욕구를 가진 클라이언트를 대상으로 한다. 둘째, 클라이언트의 문제해결과 치료보다는 욕구 충족과 보호에 더 중점을 둔다. 셋째, 클라이언트의 사회적 기능과 독립을 극대화하기 위해서 보호의 연속성과 책임성을 보장한다. 넷째, 서비스의 효과성과 효율성을 높이기 위해 포괄적 서비스를 제공하고 서비스의 조정과 점검을 실시한다. 다섯째, 클라이언트와 그들의 사회환경과의 상호작용에 관심을 집중시키며, 다양한 지원체계의 광범위한 서비스를 활용한다. 여섯째, 아웃리치, 안내와 의뢰 등과 같은 클라이언트와의 적극적 접근을 강조한다. 일곱째, 클라이언트 수준에서 클라이언트 각자의 욕구를 개별화하며, 개입과정에서 클라이언트의 참여와 자기결정을 촉진시킨다. 여덟째, 개별적 실천기술과 지역사회실천기술을 통합한 형태이다(이근홍, 1999).

② 사례관리의 기본원칙

위와 같은 특성을 가진 사례관리의 목적을 달성하기 위한 사례관리의 기본원칙을 정리하면 다음과 같다(Kirst-Ahsman & Hull, 1999; Gerhart, 1990).

가. 서비스의 개별성

클라이언트의 독특한 신체적 · 정서적 · 사회적 상황에 따라 각 클라이언트의 확인된 욕구에 맞게 각기 구체적으로 개발되거나 고안된 서비스가 제공되어야 한다.

나. 서비스의 포괄성

클라이언트 생활의 모든 부분, 즉 주거, 여가 선용, 고용, 정신보건, 사회적 · 경제적 · 의료적 보호 등을 모두 포함하는 것으로서 충족되지 않은 욕구가 없도록 원조함에 중점을 두어야 한다. 또한 다양한 욕구를 충족시키기 위해서 지역사회에서 기능하는 데 필요한 광범위한 지지를 연결하고 조정 · 점검하는 것이다.

다. 규모 있는 서비스

서비스의 중복을 피함으로써 서비스 비용의 낭비를 방지해야 한다. 잘 조정되지 못한 서비스들은 특정 욕구에 대해 중복되기도 하며 이로 인해 충족되어야 할 다른 욕구들이 충족되지 못하는 경우를 초래하기도 한다.

라. 클라이언트의 자율성 증대

클라이언트의 자기결정을 최대화하고 지나친 보호를 하지 않도록 하여 클라이언트가 최대한 자조하고 자신을 스스로 돌볼 수 있도록 하는 것을 의미한다.

마. 서비스의 지속성

클라이언트의 욕구에 대한 지속적 점검을 통해 1회의 단편적 서비스 제공이 아니라 욕구 변화에 따른 지속적 서비스를 제공하여야 한다.

바. 서비스의 연계성

복잡하고 분리되어 있는 서비스 전달체계를 연결시킨다는 것을 의미한다. 예를 들어 클라이언트에게 필요한 서비스가 여러 기관에 분산되어 있을 때, 적절한 서비스나 기관으로 클라이언트를 의뢰하여 서비스를 수혜받도록 하여 서비스가 분산되지 않도록 한다.

③ 사례관리의 기능

사례관리의 기능은 사례관리 표적 연구 집단의 유형, 사례관리자를 고용하는 기관의 유형, 담당 사례관리 대상자의 규모, 환경의 구속 정도, 서비스 전달체계의 본질, 사례관리자의 역할과 지위, 프로그램의 특성, 서비스제공분야 등에 따라 다양하게 나타난다(오혜경, 2003). 여러 학자들에 의해 정리된 사례관리의 기능은 다음과 같다.

가. 클라이언트와 필요한 서비스와 연결 기능

클라이언트와 서비스의 연결은 클라이언트의 욕구를 충족시키기 위해서 필요하고, 유용한 서비스와 권리를 클라이언트에게 위임하고 양도하는 것이다(Vourlekis & Greene, 1992). 이러한 기능을 수행하기 위하여 사례관리자는 클라이언트에게 유용한 지원이 무엇인지를 인식하고 클라이언트와 서비스의 효과적 연결을 위해서 클라이언트를 옹호해야 한다. 사례관리자는 공식적 체계와 비공식적 체계를 동시에 활용해야 한다(이근홍, 1999).

나. 비공식 지원체계와 클라이언트의 상호작용 촉진 기능

비공식적 지원체계를 통하여 클라이언트는 경제적 · 사회적 안정, 신체적 · 정신적 건강, 정서적 지지, 안내, 지역사회생활의 향상 등에서 결정적 도움을 받고 있으며, 이것은 다른 지원체계보다도 훨씬 더 클라이언트에게 실질적 지원을 제공할 수 있다. 클라이언트를 돕는 비공식 지원체계는 가족, 친척, 친구, 이웃, 자원봉사자, 종교단체, 자조집단 등이 있다(Quinn, 1993).

다. 사례관리기관 상호간의 조정 기능

기관 상호간의 조정은 공식적 정책이나 비공식적 기관 상호간의 협정을 통하여 기관 사이의 연계를 촉진함으로써 사례관리의 효과성을 높이는 기능이다. 기관 상호간의 조정에서 공식적 정책은 국가의 정책적 차원에서 이루어지며, 비공식적 협정은 기관의 행정적 차원에서 이루어지거나 사례관리자에 의해서 프로그램 차원에서 이뤄지기도 한다. 기관 상호간의 협정은 서비스의 유형, 클라이언트의 수, 재정적 여건 등과 밀접하게 관련되어 있으며, 프로그램이 진행되기 전이나 진행 중에도 언제나 이루어질 수 있다(Rothman, 1991).

라. 상담 기능

상담은 사례관리과정에서 클라이언트에게 유용한 서비스에 접근할 수 있도록 필요한 정보를 제공하며, 그들 자신의 욕구와 문제에 대한 이해를 증진시키고, 가족에게 그들에 대한 이해를 촉구하며, 서비스 제공기관과의 접촉을 향상시키는 기능을 수행한다(Fiene & Taylor, 1991). 상담은 클라이언트에게 정서적 지지를 제공하며, 고립감과 문제에 대한 압박감을 감소시키고, 클라이언트로 하여금 문제를 스스로 해결할 수 있도록 동기를 부여하는 기능을 수행한다(Brindis, Barth, & Loomis, 1987).

마. 문제해결 기능

문제해결은 사례관리과정에서 클라이언트의 생활에서 발생할 수 있는 성격상의 문제, 위기 상황 또는 실직, 부부갈등과 같은 일상생활상의 문제 등을 잘 극복할 수 있도록 도움을 제공하는 기능이다. 사례관리자는 클라이언트의 문제해결을 위해서 클라이언트에게 격려, 지지, 안도감 등을 제공하며 자신의 문제를 해결하려는 동기를 부여하며, 문제해결에 필요한 기회와 자원에 접근할 수 있도록 돕는다. 또한 사례관리자는 클라이언트의 문제에 대한 지각 능력 및 대처 능력을 극대화할 수 있도록 돕는다(Perlman, 1970).

바. 옹호 기능

옹호는 클라이언트와 클라이언트 집단의 사회적 기능을 향상시키기 위해서 그들의 무기력과 무능력을 제거하는 것이며, 명확한 욕구를 가지고 있는 개인 또는 집단에게 힘과 자원을 적절하게 분배하려는 목적을 둔 활동을 포함한다. 옹호는 자원 획득이 불리한 조건에 처한 클라이언트가 서비스 또는 자원을 획득할 수 있도록 하거나, 클라이언트에게 불리하게 작용하는 현재의 정책, 절차, 관례를 수정하기 위해서나, 혹은 필요한 자원이나 서비스를 제공할 수 있도록 하는 새로운 입법이나 정책을 조장하기 위해서, 클라이언트와 함께 또는 클라이언트를 위해서 일하는 과정이다(Hepworth, 1993). 때로는 클라이언트 개인이나 집단에게 서비스의 공정성을 보장하기 위한 노력이며(Johnson & Rubin, 1983), 클라이언트를 대신하여 주장, 논쟁, 교섭, 협상, 환경 조성 등의 역할이 포함된다(Compton & Galaway, 1984).

3) 주요 가정

첫째, 클라이언트를 학습하고 성장하며 변화할 수 있는 존재인 동시에 각자의 장점, 능력, 관심사 등을 지닌 원조과정의 주체로 가정한다(Miley et al., 1995). 따라서 사례관리의 과정에서 클라이언트의 문제보다 강점을 찾아 강화시키며, 클라이언트의 참여를 중시한다.

둘째, 인간은 자신의 욕구를 스스로 인식하고 욕구 충족을 위한 자원 접촉을 스스로 결정하여 행할 수 있다. 따라서 사례관리과정 중 클라이언트의 자기결정을 통해 자신의 삶을 스스로 통제할 수 있도록 한다.

셋째, 지역사회는 클라이언트를 위한 잠재적 자원을 보유한 중요한 환경이다. 따라서 사회복지사는 지역사회자원에 대한 지식을 높이고, 자원을 발굴, 연결, 조정하여 클라이언트와 지역사회와의 상호작용을 증대시킨다.

넷째, 개입과정은 클라이언트의 문제해결과 치료보다 욕구 충족과 보호에 초점을 둔다. 사례관리의 대상이 되는 클라이언트들은 대부분 복합적이고 장기적이며, 다양한 욕구를 가지고 있으므로 개별적 문제해결과 치료보다는 지속적이고 포괄적으로 욕구를 충족시키고 보호하는 과정이 필요하다.

4) 사례관리 실천과정에 따른 사례관리

사례관리 실천과정에 따른 사례관리는 다음 〈표 3-5〉와 같다.

표 3-5 사례관리 실천과정에 따른 사례관리

기능	치료자모형	중개자모형	팀 접근모형	강점모형
특징	기존의 치료에 사례관리를 첨가	서비스 체계가 잘 조정되어 있지 않으므로 클라이언트가 서비스를 잘 받도록 중개	클라이언트가 다양한 서비스 체계와 관련되어 있을 경우 타 분야의 전문가팀이 조정하는 기능	클라이언트의 개별적 강점과 그의 체계가 가지는 강점에 주목
사정	DSM-V에 의거	기능적 사정에 의거하여 서비스 욕구를 결정(DMS에서 확장)하고 재정 지원을 목적으로 프로그램 자격 조건을 사정	각각의 전문가에 의한 사정 후 팀이 만나 함께 종합적이고 임상적 사정을 실시	클라이언트와 가족의 능력과 자원, 강점을 사정
계획	사회복지기관의 치료 계획	사례관리자가 클라이언트의 욕구에 부합하는 서비스를 찾고 이를 주선	서비스에 대한 팀 계획과 주선	클라이언트와 가족이 필요한 자원과 기술을 획득하도록(더 이상 사례관리자에 의존하지 않도록) 계획
옹호	클라이언트와 가족을 위해 필요할 것으로 보이는 다른 서비스를 얻을 수 있도록 초점을 두고 옹호	서비스 자격 조건의 유동성을 얻기 위해 다른 서비스 제공자에게 초점	모든 기관의 서비스 제공자가 서비스 제공에 동의하고 있으므로 옹호 노력이 필요 없음	클라이언트와 가족이 자원을 획득하는 방법을 배울 수 있도록 하고 기관의 변화를 위한 노력도 기울임

기능	치료자모형	중개자모형	팀 접근모형	강점모형
모니터링	클라이언트의 피드백을 통해 계획의 진행 정도가 모니터링됨	위기상황이 다가오면 계획은 수정됨. 주기적 점검. 타 기관 워커가 모니터링하기도 함	정기적으로 팀이 모니터링	클라이언트와 가족의 지속적인 모니터링
연계	부가적 서비스를 위해 지역사회 내의 다른 시관에 수동적으로 연계(예: 근무시간 내 전화 접촉)	특정한 서비스에 대한 가족의 인지부터 재정적 보증을 포함한 능동적 의뢰	한 리더 사례관리자가 연계에 대한 책임을 지기도 하고, 팀원으로 구성된 사례관리자가 각각의 기관서비스와 연계, 가족이 초기 사례관리자의 역할을 하기도 함	클라이언트와 가족이 효과적 자원의 소비자가 되도록 하며, 연계에 대한 책임은 사례관리자, 클라이언트, 가족이 지게 됨. 공식적 자원이 없을 경우에는 비공식적 자원을 창출(예 : 이웃의 도움)

출처 : Friesen & Poertner(1995).

5) 주요 적용 영역 및 한계

사례관리의 대상이 되는 클라이언트는 다양하고 복합적인 욕구를 가지고 있으면서도 사회적 기능상의 심각한 문제로 인하여 스스로 욕구를 충족시키지 못하는 사람들이다. 이러한 클라이언트의 일반적인 특성은 첫째, 복합적 욕구를 충족시킬 수 있는 사회자원의 존재를 모르거나, 사회자원과의 연결에 어려움을 갖고 있거나, 사회자원의 이용방법을 알지 못한다. 둘째, 만성질환을 가지고 있으며, 신체적·정신적으로 심하게 손상되어 있다. 셋째, 보호할 가족이 없거나, 가족이 있어도 그들을 적절히 보호하지 못하고 있다. 넷째, 공적 서비스뿐만 아니라 비공식 지원체계의 보호를 필요로 하고 있다. 다섯째, 자기보호 능력이 상실되어 있으며, 개별적 옹호가 필요하다 등이다(이근홍, 1999).

사회복지실천에서 사례관리의 주 대상이 되는 분야는 다음과 같다(엄명용 외, 2003). 첫째, 의학의 발달로 평균수명이 연장되었으나, 노인을 돌보아야 하는 가족의 책임감 감소로 지속적이고 전문적인 보호서비스가 필요한 노인복지분야, 둘째, 지역사회 중심 재활서비스에 관한 관심의 증가로 시설에서 벗어나 지역사회에서 생활하고 있는 신체·정신장애인, 셋째, 가족해체와 아동학대를 포함한 가정폭력의 증가로 지속적 관심과 보호를 필요로 하는 아동복지분야 등에서 사례관리에 대한 욕구가 증가하고 있다.

사례관리는 클라이언트의 다양한 문제와 욕구를 해결해 주는 효과적 사회복지실천방법으로 널리 인식되고 있지만 사회복지의 확고한 실천모델로 정착된 것은 아니라고 할 수 있다. 우리나라는 포괄적이고 지속적으로 클라이언트의 욕구를 충족할 수 있는 다양한 지역사회자원과 재정, 네트워크의 구축이 아직 미흡한 실정이다.

6) 개입과정과 사례 적용

(1) 개입과정

사회복지실천에서 사례관리모델이 적용될 때 일련의 단계들로 구성되는 과정이 필요하다. 사례관리의 과정은 학자와 기관에 따라 조금씩 다르지만 공통적으로 언급된 사례관리의 과정은 대개 ① 사례 발견과 사전 적격 심사를 실시하는 접수, ② 클라이언트의 욕구와 자원에 관한 자료를 수집하고 분석하는 사정, ③ 목표를 설정하고 보호계획을 수립하는 기획, ④ 보호계획을 수행하고 보호를 통합하는 조정, ⑤ 보호를 점검하고 재사정하는 점검 및 옹호, ⑥ 결과평가와 종결을 실시하는 평가 등으로 나누어 볼 수 있다(이근홍, 1999).

(2) 사례 적용

철수는 16세의 소년소녀가장으로 중학교 1학년의 남동생과 함께 영구임대아파트에서 거주하고 있다. 아버지는 자살하고, 어머니는 뇌출혈로 사망하여 두 형제만 살고 있다. 가장인 철수는 비행청소년으로 보호관찰을 받고 있고, 중학교 3학년을 중퇴하고 중국집 배달 일을 하며 생활하고 있다. 최근 철수가 살고 있는 영구임대아파트 주민들이 철수 집에서 밤마다 여자 아이들과 남자 아이들이 몰려다니며 혼숙하고 술 마시고 담배를 피우며 복도에서 소변을 보는 등 주변 환경을 해친다고 연대 서약을 해서라도 내쫓으려 준비 중이며, 사회복지사에게 민원이 들어와 개입하게 되었다[이 사례는 장정은의 사례(김통원 외, 1998)를 요약 발췌하였다].

표 3-6 사례관리 실천과정과 사례적용

구분	실천과정	사례적용
사례 개발 및 접수	• 클라이언트 혹은 가족에 의한 기관 방문, 타 기관으로부터 의뢰, 사례관리자가 지역사회로 클라이언트를 찾아나서는 출장 원조(아웃리치)를 통한 사례의 개발 및 접촉 • 개략적인 클라이언트의 욕구 파악과 서비스 제공의 적합성을 결정하는 사전 적격 심사를 통해 클라이언트로 확정, 서비스를 제공할 것을 약속 · 계약 과정	• 지역사회 주민의 민원으로 사회복지사가 가정 방문을 통해 클라이언트를 처음 접촉 • 초기 면접을 통해 미성년인 철수 형제만 생활하고 있는 집의 거주 상태와 클라이언트의 상태, 경제적 상황, 지지망으로서의 가족과 친척, 친구에 대한 정보를 수집하고, 지역주민과 클라이언트의 욕구 파악
사정	• 사례관리서비스를 제공하기로 결정한 클라이언트를 대상으로 그들의 복합적 욕구, 현재의 기능, 장점과 잠재 능력, 공식 · 비공식 지원체계에 대한 보호 능력 등에 관한 전반적인 자료 수집 및 종합적 분석 과정 • 클라이언트의 가치와 이익에 가장 부합되는 해결 방안과 클라이언트와 관련 체계와의 관계에 관한 사항들을 검토하고, 사례관리과정에서 사례관리자의 서비스에 대한 관여의 수준과 본질, 서비스 전달의 양과 질을 결정하는 과정	• 가정 방문을 통해 클라이언트의 일상생활 및 학교생활, 경제적 상태, 대인관계, 가족과 친척의 보호 능력, 클라이언트의 장점과 잠재 능력, 생활 변화를 가로막는 장애 요인 등 분석
기획	• 클라이언트에 대한 장단기의 목표를 설정하고, 목표 달성을 위한 가장 적절한 해결 방안 모색을 위해 클라이언트에 대한 개별적 보호 계획 수립 과정 • 클라이언트를 위해 제공되는 서비스에 대한 청사진을 작성하는 것으로, 서비스 제공을 위한 세부 목표와 우선순위를 설정하고 이러한 목표에 상응하는 활동과 서비스를 개발하고 계획화하는 지적 과정	• 민원의 해소 – 친구들과의 관계 재설정 • 경제적 문제 해결 – 취업, 후원 • 가사문제 해결 – 가사도우미 원조 • 가족 및 친척과의 관계 재정립 – 긴밀한 관계 유지 • 학력에 대한 문제 – 복학, 검정고시 등 • 직업에 대한 문제 – 직업훈련을 통한 기술 습득, 직장 알선 등
개입 및 조정	• 개입은 사례관리자가 클라이언트, 클라이언트를 둘러싸고 있는 환경, 그리고 클라이언트와 환경같이 상호작용을 변화시키기 위해 직 · 간접적 서비스를 제공하는 과정 • 조정은 클라이언트와 그가 필요로 하는 서비스를 연결하고, 개입을 통해 서비스의 획득과 활용에서의 장애를 극복하며, 적절하게 서비스를 배치하고 정리하는 과정	• 주위 민원의 해소 – 클라이언트의 집에 놀러오는 아이들의 귀가 시간, 혼숙 금지 등 한계 상황 설정, 주민과 통장에게 문제 발생 시 사회복지사에게 연락할 것을 부탁 • 경제적 문제 – 후원자 연결, 클라이언트의 월급 관리, 소비 습관 변화, 클라이언트와 함께 저축을 통한 미래 계획 세우기 • 가사문제 – 정서 및 가사 후원을 위한 후원자 연결

구분	실천과정	사례적용
		• 가족 및 친척관계 재정립 – 클라이언트의 가족 내 폭력 금지, 클라이언트의 친척 연락, 정기적 방문 • 학력문제 – 클라이언트의 복학 거부로 검정고시 학원 모색, 사회복지관 내 검정고시 프로그램 등록, 직업훈련 시작 • 직업문제 – 중국 음식점 배달, 주유원 등의 일을 하다가 기술을 배우겠다고 클라이언트가 희망하여 직업훈련으로 요리를 배워 음식점 주방장으로 취업
점검 및 옹호	• 점검은 보호 계획이 적절하게 실행되고 있는가, 클라이언트가 기대하는 서비스를 제공받고 있는가, 클라이언트에게 제동되는 서비스가 필요하고 적절한가, 그리고 클라이언트의 지원체계가 서비스 제공과 지지의 역할을 제대로 수행하고 있는가를 클라이언트와의 전화통화, 가정방문, 서비스 담당자와의 통화 및 화합을 통해 추적하고 감독하는 과정 • 옹호는 점검을 통한 클라이언트가 공평하게 서비스에 접근하지 못하거나, 부당하게 적절한 서비스를 받지 못하는 클라이언트를 발견할 경우 사례관리자는 클라이언트의 이익을 주장하고 적절한 서비스를 받을 수 있도록 보호	• 사례관리자는 철수 형제와의 지속적 만남과 전화 통화를 통해 이들의 욕구와 문제를 해결하기 위한 서비스가 제공되고 있는지를 점검함. 또한 철수 형제가 살고 있는 아파트의 이웃 주민, 통장, 관리사무소 직원과의 통화를 통해, 이들의 생활상의 문제에 대해 점검함 • 민원 해소 – 클라이언트에 대한 지속적 방문과 설득, 지역주민에게 이해를 구하여 더 이상의 민원은 발생하지 않음 • 경제적 문제 – 저축 생활과 소비 성향에 대해 사회복지사가 클라이언트와 함께 관리 • 가사문제 – 후원자의 가사 지원이 있으나, 클라이언트의 가사활동에 대한 습관은 미해결 • 가족 및 친척과의 관계 – 호전을 보임. 중요 친척들과 지속적 만남 • 학력문제 – 중학교 졸업 자격 획득, 고등학교 과정 검정고시 준비 중 • 직업문제 – 직업훈련에서 요리 기술을 배워 음식점 주방장 취업
평가	• 평가는 클라이언트에게 제공된 서비스, 클라이언트의 진척 사항, 보호계획, 서비스활동 및 서비스체계의 효과성과 효율성을 종합적으로 판단하며, 사례관리의 전문적 판단에 근거하여 클라이언트에게 서비스가 더 이상 필요하지 않을 때 사례관리의 과정을 종결하는 단계. 이것은 사례관리의 효과성과 효율성 분석을 통하여 환류를 제공하고 보호계획, 프로그램 및 서비스 체계 수정의 중요한 수단이 됨	• 소년소녀가정세대에 대한 개입으로서 사례관리자가 미성년인 클라이언트의 보호자의 역할을 수행하면서 동시에 클라이언트의 자기결정을 존중하고 사회복지사에 대한 의존심을 조장하지 않도록 유도하는 데 어려움이 있었다. 곧 성인이 될 클라이언트가 사례관리자에게 의존적이지 않도록 주의하며 스스로 판단하고 결정하며 행동하게 하여 미성년자에서 성년자로 자리를 옮기도록 돕고 있음

참고문헌

김기태 외(2006). 『사회복지실천론』. 경기: 양서원.

김동배 · 권중돈(2000). 『인간행동과 사회복지실천』. 서울: 학지사.

김만두 역(1993). 『사례관리실천론』. 서울: 홍익재.

김통원 · 김용득(1998). 『사회복지실천사례관리』. 서울: 도서출판 지샘.

김혜란 · 홍선미 · 공계순(2006). 『사회복지실천기술론(2판)』. 경기: 나남출판.

김혜란 외(2003). 『사회복지실천기술론』. 경기: 나남출판.

김현호 · 어홍선 · 이용환 · 전대성 · 현영렬(2017). 『사회복지실천기술론』. 경기: 정민사.

신성자 · 홍금자 · 라동석 · 김진이(2000). 『사회복지실천론』. 서울: 고헌출판부.

신성자 외(2000). 치료견 보조프로그램이 정신분열병 환자의 사회기능수준 향상에 미치는 영향, 『정신보건과 사회사업』, 10, 85-110.

양옥경(2000). 한국 가족개념에 관한 질적 연구. 『한국가족복지학』, 6.

양옥경 · 김정진 · 서미경 · 김미옥 · 김소희(2003). 『사회복지실천론』. 경기: 나남출판.

엄명용 · 김성천 · 오혜경 · 윤혜미(2006). 『사회복지실천의 이해』. 서울: 학지사.

엄명용 · 노충래 · 김용석(2005). 『사회복지실천기술의 이해』. 서울: 학지사.

원요한(2007). 『사회복지실천기술론』. 경기: 학현사.

이근홍(1999). 『케이스 매니지먼트』. 서울: 나눔의 집.

이문국 외 역(1998). 『사회복지대백과사전』. 서울: 나눔의 집

이정균(1990). 『정신의학』. 서울: 일조각.

이현수 역(1985). 『이상행동의 심리학』. 서울: 법문사.

이형영(1992). 『정신의학(총론)』. 광주: 전남대학교 출판부.

이훈구 역(1984). 『성격심리학』. 서울: 법문사.

장인협(1995). 『지방화시대의 지역복지실천방법론』. 서울: 서울대학교 출판부.

장인협(2005). 『사회사업실천방법론(下)』. 서울: 서울대학교 출판부.

정우식 역(1986). 『인간』. 서울: 집문당.

한인영 외 역(2002). 『위기개입』. 서울: 나눔의 집.

Bandura, A.(1977). *Social-Learning Theory*. NJ: Prentice-Hall.

Brenner, C.(1975). *An Elementary Textbook of Psyshoanalysis*. NY: Doubleday Anchor Books.

Compton, B. R. & Galaway, B.(1984). *Social Work Processes*(3rd ed.). Homewood, IL : The Dorsey Press. p. 433.

Corey, G.(1981). *Theory and practice for group counseling*. Belmont, CA : Wadsworth.

Cournoyer, B. R.(1996). *The social Work Skills Workbooks*. Pacific Grove, CA : Brooks / Cole.

Epstein, G.(2002). *The Skilled Helper : A Problem–Management and Opportunity–Development Approach to Helping*. Brooks/Cole.

Fiene, J. I. & Taylor, P. A.(1991). Service Rural Families of Developementally Disabled Children: A Case Management Model. *Social Work, 36*(4). NASW.

Friesen, B. J. & Poertner, J.(1995). From the case management to service coordination. NJ : Prentice-Hall.

Howard, H. S.(1980). *The Psychotherapy Handbook*, edited by Richie Herink, The New American Library, Inc., 508-509.

Huber, J. & Millman, H.(1972). *Goals and Behavior in Psychotherapy and Counselling*. Ohio : Merrill.

Jehu, D.(1967). *Learning Theory & Social work*. London : Routledge.

Johnson, P. J. & Rubin, A.(1983). Case Management in Mental Health : A Social work Domain? *Social Work, 28*(1), 50.

Miley, K. K., M. O'Melia, & B. L. Dubois(1995). *Genaralist Social Work Practice : An Empowering approach*. Boston, MA : Allyn & Bacon.

Moxley, D. P.(1989). *The Practice of Case Management*. Newbury Park : Sage Pub.

Payne, M. S.(1991). *Modern Social Work Theory : A Critical Introduction*. London: Macmillan.

Perlman, H. H.(1970). The Problem Solving Model in Social Casework. In Robert, W. & Nee, R. H.(Ed), *The Theories of Social Casework*. Chicago : The University of Chicago Press. Ltd.

Quinn, J.(1993). *Successful Case Management in Long–Term Care*. New York : Springer Publishing Company, Inc.

Rapoport, L.(1970). Crisis intervention as a mode of brief treatment. In Roberts, R. W. & Nee, R. G.(Eds.), *Theories of Social Casework*. Chicago : University of Chicago Press.

Reid, W. & Epstein, L.(1972). *Task–centered Casework*. New York : Colombia university Press.

Rothman, J.(1991). A Model of Case Management: Toward Empirically Based Practice. *Social Work, 36*(6). Silver spring, MD: NASW.

Rubin, A.(1992). Case Management. In Rose. Stephen M.(Ed.), *Case Management and Social Work practice*. New York: Longman Publishing Group.

Thyer, B. A. & Myers, L.(1997). Behavior and Cognitive Theories. In Brandell, J. R.(Eds.), *Theory and Practice in Clinical Social Work*. NY: Free.

Turner, F. J.(1996). *Social Work Treatment: Interlocking Theoretical Appreaches*(3rd ed.). NY: Free Press.

Weil, M. & Karls, J. M.(1985). *Case Management in Health Service Practice*. San Francisco, CA: Jossey-Base, Inc, Publishers.

Chapter 04

가족대상의 사회복지실천

01 가족의 정의
02 가족의 주요 개념
03 가족문제
04 가족생활주기
05 가족사정

가족복지실천이란 가족을 단위로 한 사회복지실천 활동을 의미한다. 가족 단위의 문제가 주요 실천대상이 되며, 경우에 따라서 개인의 문제를 해결하기 위해 가족 단위의 개입이 이루어지기도 한다.

1. 가족의 정의

가족이란 다음과 같이 여러 학자에 의해 정의되고 있다. Murdock은 부부와 그들의 자녀로 구성되고, 주거와 경제적인 협력을 같이 하며 자녀의 출산을 특징으로 하는 집단이라고 정의하였다. 반면, Levi-Strauss는 결혼으로 시작되며 부부와 그들 사이에서 출생한 자녀로 구성되지만 이들 외에 가까운 친척이 포함될 수 있고, 가족구성원은 법적 유대 및 경제적 · 종교적인 것 등의 권리와 의무, 성적 권리와 금기, 애정, 존경 등 다양한 심리적 정감으로 결합되어 있다고 하였다(백은령, 2006). 김두헌(2006)은 가족이란 일반적으로 영속적인 결합에 의한 부부와 거기서 생긴 자녀로 구성된 생활공동체라고 하였으며, 이광규(1997)는 가족구성원이란 동거동재의 생활공동체이며, 가옥 · 가격(家格) · 가풍(家風)을 포함하는 폭넓은 개념으로서의 문화집단을 강조하였다.

즉, 이러한 정의에 의하여 가족을 재정리해 보면 가족은 부부와 그들의 자녀로 구성된 기본적인 사회집단으로서 이들의 이익관계를 떠난 애정적인 혈연집단이며, 같은 장소에서 기거하고 취사하는 동거동재 집단이고, 그 가족구성원의 자질이나 성격, 특성, 가족이 지향하는 목표나 긴장의 속성이 만들어 낸 그들만의 고유한 가풍을 갖는 문화집단이라 할 수 있다.

가족을 바라보는 관점에 따라 공간적 관점과 시간적 관점으로 나눌 수 있다. 공간적 관점은 가족을 하나의 사회체계로 이해하는 것이며, 시간적 관점은 생애주기에 따라 변화하는 것으로 이해하는 관점이자, 세대 간으로 문화와 가치, 관계 유형이 전승된다는 관점을 의미한다. 이와 같이 가족을 하나의 체계로 보는 관점은 가족구성원들 간의 상호작용뿐 아니라 가족과 주변 환경과의 상호작용까지 모두 관찰하고 개입할 수 있다는 점에서 사회복지실천에 있어 매우 유용한 관점을 제시한다. 부분들 간의 상호작용과 교류에 영향을 미치는 요소에는 대상과 속성, 관계, 환경 등이 있다.

2. 가족의 주요 개념

1) 가족체계

가족은 주변 사회환경과 끊임없이 상호작용하며, 사회환경과의 상호작용을 통해 가족의 기본 욕구를 충족하기 위한 필수자원과 지지를 확보한다. 체계로서의 가족은 구조와 기능에 균형을 유지하려는 속성을 가지는 것으로, 역동적인 균형상태를 유지하기 위한 체계의 경향성을 가진다(구혜영, 2009).

가족은 가족구성원들이 서로 영향을 주고받으며 하나의 체계로 움직이는 것으로, 가족구성원들의 상호작용과 움직임에는 가족구성원들의 경계, 가족신화, 위장(가면, 신비화), 희생양, 의사소통, 상호작용 방식, 문제해결방법, 역할분담의 등의 요소가 포함된다.

2) 가족항상성

가족항상성(homeostasis)은 가족 내에서 일어나는 내적이고 지속적인 관계를 유지시켜주는 상호작용적 과정을 뜻하며 내적인 균형을 보장해 준다. 가족 간에 존재하는 균형적 상태가 위협을 받으면, 마치 온도에 따라 자동 조절되는 난방장치처럼 예전의 평온한 상태로 돌아가려고 한다. 가족의 항상성은 그들의 가족규칙을 활성화함으로써 지속적인 관계를 유지하도록 한다. 즉, 모든 가족구성원들은 칭찬하거나 야단치는 것과 같이 상대방의 행동을 강화하는 피드백을 통하여 가족의 균형을 유지하는 경향이 있다.

3) 가족규칙

모든 가족은 일상생활을 영위하기 위하여 가정 안에서 누가 어떤 일을 할 것인가의 규칙을 갖게 되며 가족구성원은 그것에 따라 행동하게 된다. 가족 내에는 암묵적인 규칙이 존재하며, 가족구성원은 규칙의 지배를 받는다. 가족원의 반복되는 상호작용을 통해 규칙은 조직화되어 은연중에 불문율이 만들어진다. 그러므로 이러한 규칙들을 알게 되면, 가족들이 어떻게 서로 간의 관계를 규정짓고 있는지를 알게 된다. 가족치료에서는 가족의 성장과 성숙을 방해하는 가족의 역기능적인 규칙을 찾아내어 이를 수정시킴으로써 가족구성원의 자유로운 성장을 도울 수 있다.

가족의 항상성 유지를 위해 가족구성원들에게 특정한 방식으로 행동하는 것을 허용 또는 허용하지 않을 수 있으며 가족들 간에 지켜야 할 의무나 태도에 대한 구체화된 지침이다.

4) 가족경계선

가족의 경계는 명확하면서 융통성이 있는 것이 바람직하며 경계가 지나치게 경직되었거나 혼란한 경우는 가족 내 문제가 발생할 가능성이 높다. 체계가 더 복잡해질수록, 체계를 사정할 때 가족이 개방체계로서 기능할 수 있는 능력, 가족원의 계급질서, 역할이 분담되는 방법과 가족 내 행동기준들이 가족과 외부체계와의 경계를 규정짓는 규칙 등을 함께 고려해야 한다.

5) 가족 하위체계

가족은 복잡하게 얽혀 있는 가족구성원들 간의 관계망으로 이루어진 하나의 역동적 체계로서 부부체계, 부모체계, 부모자녀체계, 형제자매체계를 내포하고 있다. 가족구성원은 여러 하위체계에 동시에 소속되어 있기 때문에 어떤 하위체계에 소속되느냐에 따라 다른 상호작용을 일으키며 그 상황에 따라 다른 보완적 관계를 맺게 된다. 하위체계들은 위계질서를 가지고 있어서 하위체계와 상위체계로 구성된다. 문제발생은 가족체계의 다른 구성원의 행동에 영향을 주기도 하고 받기도 할 수 있다.

6) 순환적 인과성

가족 내에서 일어나는 문제는 원인과 결과가 순환적인 관계를 형성하고 있다, 가족 내 한 구성원의 변화는 다른 구성원을 반응하게 하는 자극이 되고 이 자극은 다른 가족에게 영향을 미치게 되어 전체에 영향을 주게 된다. 이 영향은 처음 변화를 유발한 구성원에게 다시 순환적으로 영향을 미친다. 그러므로 가족구성원의 행동은 단선적이 아니라 순환반응이기 때문에 가족구성원과 그들 사이에서 발생하는 사건들은 상호영향, 상호작용의 맥락 속에서 존재한다고 볼 수 있다(김은수, 2008).

결국 가족문제는 가족문제를 일으키는 특정 인물의 문제가 아닌 순환 중인 가족관계체계의 맥락 속에서 파악되고 이해될 수 있다. 문제가 있는 가족에는 문제를 일으키는 사람이 존재하기보다는 문제를 일으키는 상호작용 유형이 지속적으로 존재하기 때문이다.

7) 가족 삼각관계

가족구성원이 정서적 관계를 맺을 때 두 사람 사이에 수용하기 어려운 문제가 생기면 2인 체계는 긴장을 줄이려는 희망으로 세 번째 요소인 제삼자나 문제를 끌어들여 삼각관계를 형성한다. 삼각관계는 가족의 역기능을 일으킬 수도 있지만 때로는 보다 자유롭게 효과적으로 기능하도록 하는 대안이 될 수도 있다.

8) 가족체계의 역동성

가족구성원 모두는 가족 내에서 다른 가족원에게 일어나는 사건이나 행동에 영향을 받는다. 또한 가족을 둘러싼 다른 많은 환경체계의 영향도 받는다. 가족과 외부체계를 구분하는 경계는 엄격함과 침투성 정도에 따라 다양하고, 가족은 시간이 지나면서 반복되는 상호작용 패턴(적응과 균형)을 추구한다.

3. 가족문제

산업화, 정보화로 인한 급격한 사회변화 속에서 가족 안의 남성과 여성, 다양한 세대가 충돌하면서 많은 긴장과 갈등을 빚어내고 있다. 전통적으로 가족이 담당해 오던 기능이 상실된 자리에 우애적 가족으로의 전환 역시 미미한 수준에서 전개됨으로써 심각한 아노미를 경험하고 있다(김은수, 2008). 또한 가족 내 구성원들은 각자의 역할을 학습하고, 수행하는 역할체계가 있는데, 이 역할을 수행하는 과정에서 구성원 중의 역기능이 존재하게 된다.

특히 지속적인 경제위기와 구조조건 및 경쟁적인 사회분위기로 인해 각 가족원들의 생활이 긴장되고 불안해짐에 따라 가족 전체가 많은 영향을 받게 되었다. 한국 가족은 2세대 가족이 주류를 이루고 있는 가운데 3세대 이상의 가족이 급감하고 1세대 가족이 증가하는 구조상의 변화를 보이고 있으며 이혼율이나 재혼율도 과거에 비해 많이 증가하였다. 또 양성평등을 추구하며 상대적으로 여성의 지위를 인정하는 방향으로 변화되고 있다.

뿐만 아니라 이혼과정에서 경제적 · 사회적 · 정서적 위기를 겪는 가정이나 성폭력이나 가정폭력으로 가족원이 희생당하는 가정, 유해환경과 폭력에 노출되어 있는 청소년 자녀 양육에 어려움을 겪는 가정, 가족원의 질병이나 사망, 실직 등으로 인하여 고통받는 가정, 제2세계 이민 혹은 취업 입국이 많아지면서 다문화가정 등이 늘어나고 있다. 이와 같이 가족의 문제는 빈곤이나 자원의 결핍으로 인한 문제, 가족 내 인간관계의 문제, 피부양자의 보호문제, 사회경제적인 문제, 구조적인 가족문제 등으로 구분될 수 있다(전남련 외, 2007).

4. 가족생활주기

1) 가족생활주기의 개념

가족생활주기란 가족도 개인이 성장하는 것처럼 성장하는데, 이 성장의 과정을 생활주기하고 하며, 이 주기에는 가족이 수행해야 하는 기능이 있다. 그래서 가족은 각 가족의 생활주기에 따라 각 단계마다 요구되는 과업을 성공적으로 완수해야 한다. 대부분의 문제는 가족의 생활주기 가운데 어떤 단계의 중단 또는 위치 변화가 있을 때 발생한다. 가족을 사정할 때 가족이 생활주기를 어떻게 경험하였고, 현재 어느 생활주기에 처해 있으며 이에 대해 각 구성원들이 어떻게 반응하는지 등의 적응상태와 평가 등을 사정한다. 가족이 당면한 위기나 문제행동은 그 가족이 어떤 단계인지에 대한 발달적 맥락에서 이해하려고 할 때 보다 잘 사정할 수 있게 되기 때문이다(구혜영, 2009).

2) 가족생활주기의 단계

Duvall은 가족생활주기를 다음과 같이 구분하였다. 신혼부부(결혼생활 확립, 부모역할의 적응, 친족망과 조화) → 자녀임신가족(유아발달 적응, 격려, 부모와 유아가 만족하는 가정의 확립) → 취학 전 자녀가족(자녀 욕구충족과 관심, 성장증진, 에너지 고갈과 프라이버시 부족에 대처) → 학령기 자녀가 있는 가족(지역사회 조화, 자녀교육 성취에 대한 격려) → 십대자녀가 있는 가족(자유와 책임의 조화, 부모역할 마친 후의 관심과 진로 확립) → 성인 초기 자녀를 독립시키는 가족(적절한 의례와 지원으로 초기 성인 독립, 지지적 가정 기반의 유지) → 중년 부모(빈둥지 - 은퇴) → 노인 가족구성원(사별과 혼자 사는 것에 대한 대처, 노년에 대한 적응, 은퇴에 대한 적응)이다.

한국 가족의 생활주기는 형성기(부부의 결혼) → 자녀출산 및 양육기 → 자녀교육기 → 자녀성인기 → 자녀결혼기 → 노년기로 구분된다.

3) 단계별 발달과업

인간이 태어나 각 시기에 이루어야 할 발달과업이 있듯이 가족도 형성됨과 동시에 원만한 가정생활을 위하여 성취해야 할 단계별 발달과업이 있다. 이러한 과업은 가족생활주기에 따라서 단계적으로 적절히 수행되어야 가족들이 안정되고 충족감을 느끼며 살아갈 수 있다. 발달과업은 특정한 시기에 반드시 이루어져야 할 결정적인 때가 있기 때문에 가정생활의 각 단계에 따른 발달과업은 신중히 계획되어야 한다.

표 4-1 가족생활주기 단계에 따른 가정생활 과제

가족생활주기 단계		특징과 과제
형성기	신혼기	• 새로운 가정과 부부관계 기초 확립 • 부모가정과의 협력관계 • 가정의 장기 기본계획 수립(교육, 주택, 노후설계) • 가족계획(임신, 출산준비) • 주부의 가사노동 합리화 • 부부와 함께하는 여가생활계획 • 가계부 기록
	유아기	• 유아 중심의 생활설계 • 유치원, 놀이방 활용계획 • 조부모와의 협력관계 • 가사노동 능률화와 시간의 합리화 • 자녀의 성장에 대한 교육비와 주택 중심의 장기 가계계획 재검토 • 부부역할의 재조정
확대기	학교교육전기	• 가족여가를 위한 지출계획 • 자녀의 교육비와 부부의 교양비 설계 • 자녀 성장에 따른 용돈계획 • 자녀의 공부방 계획 • 자녀 성장에 따른 부부역할 재검토 • 단체 활동 참가
	학교교육후기	• 자녀의 진학과 교육비 계획 • 자녀의 학습 환경 설계 • 수험생 자녀를 위한 의식주 계획 • 주부의 의 · 식생활 재검토 • 자녀의 역할분담 • 성인교육 참가계획

가족생활주기 단계		특징과 과제
축소기	자녀독립기	• 부부관계 재조정 • 부인회 활동 및 단체 활동에 적극 참가 • 자녀 부부와의 역할 기대 관계 조정 • 노후를 위한 가계소득, 지출의 설계 • 유산분배 계획 • 자녀의 취직, 결혼 지도
	노부부기	• 노후생활 설계 • 건강과 취미를 위한 자주적 생활시간 설계 • 사회적 활동시간 • 성인병 예방, 건강증진 계획 • 취미, 문화그룹에 참가 • 노인학교, 노인그룹 참가

출처 : 최경석 외(2003).

5. 가족사정

가족사정이란, 가족을 하나의 단위로 보고 가족 내부요인 및 가족 외부요인 그리고 이들 양자 간의 상호작용을 파악하기 위해 자료를 수집, 분석하고 종합하여 그 가족에 대한 개입을 계획하는 일련의 과정으로 정의할 수 있다.

가족사정은 가족이 현재 겪고 있는 어려움은 어떤 것이며, 그 어려움을 지속시키고 있는 가족의 상호작용 양상은 무엇인가, 그리고 가족은 자신들의 상호작용 유형 중에서 어떤 점을 변화시키고자 하는가를 알아내고, 가족 스스로 이해하게 한 후에 가족이 원하는 변화를 위하여 필요한 새로운 행동양식을 가족과 함께 찾아내는 것이라 할 수 있다.

가족을 사정할 때에는 인터뷰와 가계도(genogram), 생태도(ecomap), 가족조각(family sculpture), 가족범주도식(family categories schema), 사회적 관계망 그리드(social network grid) 등의 도구를 활용하여야 한다.

여기에서는 가족의 기능과 구조의 사정, 즉 가족을 사정할 때 살펴보아야 할 항목과 내용(허남순·한인영·김용석 역, 2004)을 간단하게 살펴보았다.

1) 가족체계의 외부경계선

가족 외부와의 경계를 살펴보는 것이다. 가족은 외부환경과 다양한 상호작용을 하는데, 다른 체계에 대한 개방성의 정도와 유연성에 따라 명확한 경계, 경직된 경계, 혼돈된 경계로 구분된다. 유연성의 기준은 가족체계에 제삼자의 개입이 허용되고 환영받는 정도, 가족성원이 타인과 정서적 관계를 맺는 것을 허용하는 정도, 외부환경과 서로 정보와 자원을 교환하는 정도, 가족 외부체계와의 상호작용의 정도 등이다.

2) 내부경계선과 가족의 하위체계

가족 내의 하위체계 간의 경계를 살펴보는 것으로서 가족 내 각각의 하위체계들이 독립성과 자율성이 결여된 혼돈된 경계를 가지고 가족응집력이 지나치게 높아 획일적 감정과 생각을 요구하는 밀착된 가족인지, 상호간의 경계가 너무 경직되어 상호작용이 이루어지기 어렵고, 의사소통에 융통성이 없는 유리된 가족인지를 살펴보아야 한다.

3) 가족의 권력구조

가족권력은 한 가족성원이 다른 가족성원의 행동변화를 지시할 수 있는 힘을 말하며, 가진 자원이 많은 가족성원은 가족 내에서 더 많은 권력을 행사한다. 따라서 각 성원이 서로에게 행사하는 상대적 영향력의 크기와 의사결정과정에, 누가 어떤 방식으로 참여할 수 있는지를 살펴보아야 한다.

4) 가족목표

가족이 위기에 처했을 때 가족목표와 욕구가 더욱 명시적이 된다. 따라서 가족목표에 따라 성원이 어느 정도 조직화되어 있는지, 가족목표가 개별성원의 욕구와 집단의 안녕에 얼마나 기여하며 기능적인지, 가족목표의 우선순위에 대한 가족성원의 의견 일치 정도는 어떤지 등을 살펴보아야 한다.

5) 가족신화

가족 대다수가 공유하고 있는 가족 및 가족성원에 대한 잘못된 신념과 기대를 말하며, 주로 현실을 왜곡하거나 단순화, 무비판적으로 받아들인다. 그 예로서 성원 중 한 명을 골라 특이하고 일탈적이라고 믿게 희생양(scapegoat)이 되게 하는 것을 들 수 있다.

이러한 가족신화는 자신들의 잘못된 상호작용을 유지하고 정당화시키며, 가족 전체의 문제에 대한 이해를 왜곡시키는 결과를 초래하고, 결과적으로 희생양이 된 가족성원의 성장은 억눌리게 된다. 따라서 가족을 사정하기 위해서는 부정적이거나 역기능적인 가족신화의 형태와 영향을 살펴보아야 한다.

6) 가족의 강점

가족의 강점은 가족의 긍정적 정책을 창출하고, 가족성원 사이의 만족스럽고 풍부한 상호작용을 촉진하고, 가족과 가족성원의 잠재성 개발을 장려하고, 스트레스와 위기를 효과적으로 다루는 가족능력에 기여하는 관계유형, 대인관계의 기술과 능력, 심리사회적 특성을 언급하는 말이다(Dunst, Trivette, & Deal, 1988). 모든 가족은 개인과 집단의 선천적 강점을 가지고 있으므로 사정과정에서 이를 살펴보아야 한다.

7) 가족생활주기에 따른 발달과업

가족은 가족생활주기에 따라 각 단계에서 요구되는 과업을 성공적으로 완수해야 한다. 대부분의 가족문제는 가족생활주기 가운데 어떤 단계의 중단 또는 위치변화가 있을 때, 또는 해당 가족생활주기에서 요구되는 과업을 달성하지 못했을 때 발생한다. 따라서 가족을 사정하기 위해서는 가족생활주기와 그에 따른 과업의 달성여부를 검토하고 살펴보아야 한다.

8) 가족성원의 의사소통양식

건강한 가족, 기능적 가족은 다양한 방법으로 서로에게 활발하고 효율적인 의사소통을 한다. 가족에게 형성된 의사소통 패턴은 개개인의 성원, 의사소통 장소의 분위기, 본래 가족생활에서 다툼 상황에서의 협상과 화해하기 위한 가족성원의 매우 중요한 능력과 같은 기술이 포함된 많은 요소에 따라 달라진다. 따라서 가족을 사정하기 위해서는 의사소통의 양식을 살펴보아야 한다.

9) 가족의 의사결정과정

가족의 의사결정과정과 방식은 가족의 권력구조와 밀접한 관련이 있다. 효율적 의사결정은 가족성원 간의 개방적 피드백과 자기표현이 가능하며, 가족성원 모두가 신뢰할 수 있는 이성적이고 개인적인 의견을 표현할 수 있고, 가족성원들이 서로 대안을 비교 검토하는 능력이 있으며, 기존의 결정에 대해 재협상하고 수정하는 것을 허용하는 특성이 있다. 따라서 가족의 의사결정과정이 효율적인지를 살펴보아야 한다.

10) 가족의 정서와 감정표현의 범위

가족의 정서와 감정표현의 범위와 정도는 가족체계의 구조와 밀접한 관계가 있다. 즉, 완고하고 융통성 없는 경계선과 모호한 구조를 지닌 체계와 다양성이 부족한 체계를 가진 가족은 실망, 절망, 우울증, 근심, 적개심, 죄책감, 냉소, 무관심 등이 많이 나타나는 반면에 기능적 가족에서는 낙관주의, 공감, 포근함, 애정, 긍정적 감정의 어조 등이 많이 표현된다. 따라서 가족을 사정하기 위해서는 가족의 정서와 감정표현의 범위와 정도를 살펴보아야 한다.

11) 가족역할

가족성원의 많은 역할은 가족구조와 통합되며, 허용되거나 금지된 특정한 행동으로 나타난다. 따라서 가족역할은 얼마나 명확하게 규정되어 있는지, 변화하는 환경과 매일 겪는 압력에 대응하기 위한 역할 재조정에 있어 가족체계는 얼마나 유연한지, 부부가 배우자와 부모로서 주어진 역할을 얼마나 적절히 수행하고 있는지 등을 살펴보아야 한다.

12) 가족규범

성원의 행동에 대한 규정과 제한에 대한 가족적 합의의 결과로서, 가족의 경험이나 전통문화에 따라 매우 다양하며, 대부분 가족권력을 쥐고 있는 가족성원이 만들어 낸다. 중요한 것은 기존의 가족규범을 유지하거나 수정하여 새로운 가족규범을 만들어 내는 규칙인 가족의 메타룰이 어떠한가, 그리고 가족규범을 어겼을 때, 가족성원의 반응 등을 살펴보아야 한다.

참고문헌

구혜영(2009). 『인간행동과 사회환경』. 서울: 신정.

김은수(2008). 『사회복지실천기술론』. 서울: 홍익재.

전남련 외(2007). 『사회복지실천론』. 경기: 학현사.

최경석 외(2003). 『한국 가족복지의 이해(제2판)』. 서울: 인간과 복지.

허남순·한인영·김용석 역(2004). 『사회복지실천이론과 기술』. 서울: 나눔의 집.

Dunst, C. J., Trivette, C. M., & Deal, A. G.(1988). *Enabling and Empowering Families: Principles and Guidelines for Practices*. Cambridge, MA: Brookline books.

Chapter 05

가족개입의 과정과 기법

01 초기과정과 기법
02 중간과정과 기법
03 종결과정과 기법

가족을 대상으로 하는 사회복지실천, 즉 가족복지실천은 가족이나 가족성원을 대상으로 사회복지서비스를 제공하는 사회복지실천의 한 방법으로서 개인이나 집단을 대상으로 하는 사회복지실천과 같이 일련의 실천과정을 통하여 가족이 잘 기능할 수 있도록 원조하기 위하여, 가족과 가족문제의 특성에 맞는 실천기술이 요구된다.

사회복지실천의 관점에서 고려해야 할 일반적 가족개입에 따른 필수내용을 먼저 살펴보면 다음과 같다(신성자 외, 2007).

- 문제목록의 작성 및 문제해결의 우선순위 설정 : 우선순위를 정하기 위해 가족과 함께 협상하고 그 결과를 바탕으로 개입에 있어서의 우선순위목록을 작성한다. 우선순위 목록은 가장 먼저 해결해야 할 문제로서 상황에 우선초점을 맞춰나갈 수 있도록 하는 안내자의 역할을 한다. 만일 가족들이 우선적으로 개선되기를 바라는 문제가 있거나, 치료우선순위나 목표를 수정하기 원한다면 사회복지사는 가족과 재협상해야 한다.
- 초점 문제의 간단한 내력과 과거 및 현재 노력/치료내용의 검토 : 우선 개입해야 할 문제의 내용과 그 문제에 대한 간단한 내력을 검토한다. 이때는 가족들이 문제에 대해서 진술할 수 있도록 적절한 시간을 배려하는 것이 좋다.
- 이론적 틀에 입각한 초점문제의 개념화 : 사회복지사 각자의 이론적 틀에 따른 시각과 문제해결을 위해 동원되어야 할 개입방향이 다르기 때문에, 각자의 이론적 틀을 기준으로 문제가 어떻게 해서 발생하였고 유지되어 왔는지에 대한 잠정적 가설을 설정한다. 이때 설정된 가설과 이론은 수정할 수 있다.
- 개입목적과 목표의 설정 : 개입의 목적은 개입이 궁극적으로 추구할 활동의 방향이다. 그러나 개입의 목표는 어떤 구체적 문제행동의 감소와 같이 측정할 수 있고 명확한 형태로 기술되어야 한다. 또한 가족의 모든 성원이 바람직한 상태로 모두 기대하고, 희망하고, 동의하는 것이어야 한다. 가족과 사회복지사의 목적이 다른 경우나 개입의 목적이 여러 가지일 경우는 그것에 대해 함께 논의하고 그 중요도에 따라 조정하여 우선순위를 정한다.

- 개입방법의 선택 : 앞에서 설정한 개입목적과 목표를 성취하기에 가장 적절하다고 판단되는 이론적 관점을 선택한다. 몇몇 이론들은 혼합하여 선정하는 방법을 선택할 때에는 각 이론의 전체, 원리, 목표가 상이하므로 이러한 이론적 요소들을 잘 구별하여 혼합해서 사용해야 한다. 하나의 이론체계와 치료모델을 선택할 경우는 그 가족이 나타내는 문제해결에 가장 도움이 될 만한 이론체계와 모델을 선택하지만 사회복지사의 경험과 지향점, 가족의 경제적 제약, 개입의 지속시간, 가족성원의 참여 가능 여부에 따라 영향을 받는다.
- 개입기간과 횟수의 결정 : 개입활동에 대해 가족이 감당해야 할 비용과 시간적 제약 등과 같은 이유로 기간과 횟수를 미리 정하고 세션이 얼마나 자주 실시될 것인가에 대해서도 미리 정해 가족에게 동의를 구한다. 한 회기 내의 시간에 대해서도 가족에게 미리 알려준다.
- 외부 자원의 활용 및 의뢰 : 가족이 활용할 수 있는 지역사회의 다양한 자원들을 파악하고 필요에 따라서 정신과의사나 약물중독치료전문 사회복지사 등의 전문가에게 클라이언트와 가족을 의뢰할 수 있다. 의뢰할 경우에는 사회복지사가 클라이언트와 가족에게 의뢰를 해야 하는 이유를 잘 설명해주어 거부한다는 인상을 주지 않아야 한다.

1. 초기과정과 기법

초기과정이란 첫 상담을 위한 약속을 맺는 접수부터 3~4회의 상담을 통하여 자료수집과 다양한 사정 그리고 개입의 목표설정 및 계획수립이 이루어지기까지의 과정을 말한다. 첫 면접에서 사회복지사와 가족 간의 정기적 상담에 대한 계약을 맺어야 한다.

초기과정에서는 가족의 상호작용을 관찰하고 사회복지사의 이론적 틀에 따라 필요한 가족을 모두 참여시키려는 노력이 있어야 하며 다음 세션에 참석할 수 있도록 해야 한다.

또한 가족성원이 어떤 변화를 원하는지 구체적으로 진술하게 하여 목표를 명확히 함으로써, 과정평가와 치료효과를 증대시키도록 한다.

1) 초기과정

가족개입의 초기과정에서의 두 가지 과업은 사정과 계약이며, 다음의 4단계를 성공적으로 거쳐야 한다(Collins, Jordan, & Coleman, 1999).

(1) 1단계

가족성원과 신뢰를 바탕으로 관계형성을 해야 한다. 사회복지사가 자신의 지식과 교육배경, 경험뿐만 아니라 클라이언트의 욕구나 가족의 문제에 대해 진정한 관심을 가지고 이해하려고 애쓰는가를 보여줌으로써, 가족성원에게 신뢰를 얻고 긍정적 관계를 형성해야 한다.

(2) 2단계

문제를 정의할 때, 가족성원 모두가 그 문제를 어떻게 인식하고 있는지를 고려해야 한다. 가족문제에 대한 정의는 가족의 욕구나 과제를 구체화하는 것으로 전 개입과정에서 가장 중요한 작업이라고 볼 수 있다. 따라서 가능하면, 가족성원 모두와 면접을 하여 가족성원 개개인이 다른 가족의 간섭이나 방해 없이 가족의 문제를 자유롭게 표현할 수 있도록 해야 한다.

(3) 3단계

목표를 설정하고 개입과정을 명확히 해야 한다. 사회복지사와 가족은 공통의 목표를 설정하기 위해서 서로 협력하는 것이 필수적이고, 문제해결을 위해서 가족성원 모두가 참여하여 행동할 수 있는 공통의 목표를 설정한다. 일단 목표가 설정되면, 목표달성을 위한 과정, 역할, 책임을 져야 할 가족성원 등이 분명해져야 한다.

(4) 4단계

구체적 계약을 한다. 계약에는 개입의 모든 절차와 비밀보장 등을 기본적으로 포함하는 동의서의 내용을 포함하여 계약서와 같이 작성할 수도 있고, 보다 더 구체적인 내용을 포함, 서술하여 동의서와 계약서를 따로 작성할 수도 있다. 문서로 계약을 맺으면 내용이 명확하고 구체적이며, 앞으로의 모든 과정이 공식화되는 것이므로 클라이언트와 가족들이 개입과정에 진지하게 참여하게 되는 효과가 있다. 계약내용에는 시간, 장소, 비용 등의 실질적 내용과 구체적 일정, 변화가 필요한 각 가족성원의 행동 등을 서술하는 것도 포함된다.

2) 초기과정의 개입기법

가족개입의 초기과정에서는 가족이 표현한 의미들에 대해 신중하게 경청하기, 가족구성원의 언어적·비언어적 의사소통에 대한 민감한 대처, 문제해결과 관련한 가족의 어려움 인식하기, 효과적으로 가족을 다루는 데 필요한 지식·기술·태도 그리고 환경적 조건을 갖출 수 있도록 촉진하기 등의 기본적 기술이 필요하다.

가족개입의 초기과정에서 필요한 개입기법을 살펴보면 다음과 같다.

(1) 관계형성기법

사회복지사는 가족이 있는 곳에 '합류(joining)'할 필요가 있는데, 가족과 합류한다는 것은 가족을 수용하고 가족에게 적응함으로써 가족의 신뢰를 얻는 것을 의미하며, 가족과 합류하기 위해서는 무엇보다 가족성원들의 이야기를 경청하는 것이 중요하다.

(2) 가족사정

가족사정의 목적은 가족의 욕구와 문제를 파악하고 가족의 강점과 자원을 활용함으로써 가족의 목표를 달성하도록 지원하기 위해서이다.

가족사정은 다음 네 가지 차원에 의해 이루어진다.

첫째, 가족이 제시하는 문제에 대한 사정으로서 가족은 문제 혹은 욕구를 무엇으로 보는지, 가족문제 혹은 욕구에 대해 가족성원 사이에 차이가 있는지 등을 사정한다.

둘째, 생태학적 사정으로 가족의 기본적 욕구는 충족되고 있는지, 가족과 환경체계 간의 경계는 어떠한지, 개별성원과 환경체계의 관계는 어떠한지 등을 사정한다.

셋째, 세대 간 사정으로서 확대가족과 어떤 관계를 가지는지, 여러 세대에서 반복되는 가족의 유형, 관계, 문제 등은 무엇인지 등을 사정한다.

넷째, 가족 내부에 대한 사정으로서 가족의 구조와 기능, 의사소통, 가치, 신념체계 등을 사정한다.

(3) 가계도 작성과 분석

가계도(genogram)는 가족 내 역동을 이해하거나 가족이 여러 세대에 걸쳐 발전시켜 온 가족역할, 유형, 관계 등을 가족과 함께 비위협적이고 상호적인 방법으로 살펴보기 위한 도구로 사용된다. 생태도와 마찬가지로 가계도의 작성과 분석은 가족과 함께 이루어진다.

(4) 생태도 작성과 분석

생태도(ecomap)는 가족과 환경체계와의 관계를 이해하기 위한 도구로서 가족과 체계 간의 자원교환, 에너지의 흐름, 스트레스와 관련된 자료, 중재되어야 할 갈등, 좁혀야 할 가족구성원들의 거리감, 활성화되어야 할 자원 등을 시각적으로 나타낸다. 생태도는 가족 전체와 환경체계들과의 관계뿐 아니라 개별성원과 환경과의 관계도 나타낸다. 사회복지사는 가족과 함께 생태도를 작성하고 가족이 먼저 분석하도록 격려해야 한다. 사회복지사가 분석할 때에는 가족의 피드백을 구하고, 가족의 결핍, 문제보다는 강점을 먼저 강조할 필요가 있다.

2. 중간과정과 기법

가족개입 중간과정의 주요한 과업은 개입과 점검이며, 문제해결을 위한 주된 활동이 이루어지는 단계라고 볼 수 있다. 또한 클라이언트에게 몰려 있던 초기의 관심이 전체 가족으로 옮겨진다. 가족성원의 자율성이 증대되고, 가족 내에서의 역할에 융통성이 생겨나고, 기존의 숨겨진 경험을 서로 공유하고 인정하며, 가족성원들은 자기 행동에 대한 타인의 반응을 받아들이기 시작한다.

중간과정에서는 사회복지사의 개입에 대한 저항과 양가감정이 나타날 수 있는데, 가족성원이 사회복지사에게 직접 그 감정을 말할 수 있다면 그것은 가족이 그만큼 건강해졌다고 볼 수 있다. 사회복지사는 이러한 저항과 양가감정이 이미 변화가 시작되었다는 긍정적 의미이자 자연스러운 현상이라는 것을 알려 주어 가족들이 자신감을 갖게 해 주어야 한다.

1) 중간과정

사회복지사가 가족을 대상으로 개입을 할 때, 다양한 이유로 저항과 양가감정 등, 가족의 방해를 받을 수 있다. 따라서 효과적 가족개입을 위해서 사회복지사는 다음을 항상 염두에 두어야 한다(Collins, Jordan, & Coleman, 1999).

- 사회복지사의 욕구보다는 클라이언트와 가족의 욕구에 우선적으로 초점을 둔다.
- 자기 스스로 선택하고 결정할 수 있는 클라이언트의 자율성을 존중한다.
- 클라이언트의 의존심을 조장하는 것을 피하고, 독립심을 고취시켜야 한다.
- 클라이언트가 나타내 보이는 저항의 의미를 재사정한다.
- 사회복지사는 독립적이고 효과적인 가족이 되도록 돕기 위해서 클라이언트 가족과의 명확한 경계가 필요하며, 전문적 거리를 유지한다.
- 클라이언트와 가족이 스스로에 대해 능력이 있다고 느끼도록, 적당한 기대감을 갖도록 한다.

2) 중간과정의 개입기법

가족개입의 중간과정에서 사용될 수 있는 다양한 기법들을 살펴보면 다음과 같다.

(1) 가족과제

구조적 가족치료모델의 기법인 가족과제(family tasks)는 가족의 행동변화에 초점을 맞추어 다양한 과제를 부여한다. 과제를 부여할 때에는, 명확하게 구체적으로 지시해야 하며, 가족이 한 단위라는 것을 강조하기 위해 모든 가족성원을 참여시켜야 한다. 과제는 일상적인 일과 같이 구성하여 반복시켜야 하며, 지시하는 과제에 대해 동의를 얻고, 가족성원이 완전히 과제를 이해했는지 확인해 보아야 한다.

(2) 가족조각

가족성원이 가족에 대해 인식하고 있는지를 시각적으로 표현함으로써 가족에 대한 이해를 돕기 위한 기법인 가족조각(family sculpture)은 경험적 가족치료모델의 주요 기법이다. 가족성원 중에 한 사람이 조각자가 되어 자신이 지각하고 있는 특별한 감정과 상황을 각 성원이 표현하도록 각자의 위치와 신체적 표현을 정해 주며, 조각자가 표현하고 싶은 것이 모두 표현될 때까지 그 자세를 유지한다. 모든 가족이 조각자가 되어 가족조각을 해본 후에, 가족성원 전체가 경험한 것을 서로 이야기하도록 한다.

가족성원은 다른 성원들의 조각을 보는 과정에서 통찰력, 이해, 공감, 동감, 동정, 후회, 사과 등의 감정을 경험한다. 가족조각은 특히 말을 잘 하지 않거나, 대화가 서투른 가족에게 유용하다.

(3) 역설적 지시

역설적 지시(paradoxical directives)는 가족이 사회복지사의 지시에 따라 저항하도록 하여 변화를 일으키려는 독특한 기법으로서 전략적 가족치료모델의 주요 기법이다. 문제행동을 유지 혹은 강화하는 행동을 하라고 지시를 내리는 기법으로서, 역설적 지시에 따르면,

문제를 통제할 수 있다는 것을 인정하는 것이 되며, 따르지 않으면 문제해결을 포기하는 것이 된다. 그 예로서 우울증이 있는 클라이언트에게 일정기간을 정해 놓고 우울해지라고 지시하는 것이다.

역설적 지시에서는 클라이언트의 변화가 보일 때 사회복지사는 그 변화에 대해 염려하고 부정적 반응을 보인다. 그리하면 가족은 변화가 일시적인 것이 아님을 증명하기 위해 계속 변화를 지속할 것이다. 다른 한편으로 변화가 너무 빠르면 혼란에 빠지기 쉬우니 원상태로 퇴행하라고 요구한다. 그러면 그렇게 되지 않기 위해 가족은 저항을 보일 것이며 바로 이것이 역설적 지시의 목표이다.

(4) 합류하기

구조적 가족치료모델의 주요 기법인 합류하기는 그 가족의 특정한 정서적 분위기를 파악하여 그에 맞추어 행동하거나 감정을 표현하는 등 사회복지사가 클라이언트의 가족에 동조하는 것이다. 클라이언트의 가족과 사회복지사의 거리를 좁혀 주는 긍정적 효과과 있다. 모방(mimesis)도 합류의 하나로 치료자가 가족성원과 같이 같은 행동이나 내용을 약간 과장되게 표현하는 것이다.

(5) 실연

실연(enactmemt) 또는 시연은 가족이 경험하고 있는 문제를 사회복지사가 보다 정확하게 이해하기 위해서 가족들로 하여금 가족의 역기능적 상호작용을 사회복지사 앞에서 실제로 행동을 통해 연기하도록 하는 것으로서 구조적 가족치료모델의 기법이다. 가족성원은 직접 행동함으로써 자신의 상호작용을 경험하고 관찰해 볼 수 있기 때문에 개입의 방향에 대한 정보를 확인하는 도구이자 그 자체로서 가족의 변화를 위한 도구가 된다.

(6) 재명명

재규정(redefining), 재구성(reframing), 재구조화(restructuring)라고도 하며, 이미 벌어진 상황에 대하여 다른 언어를 사용하여 이에 대한 이해와 느낌, 생각이 바뀌도록 도와줌으로써 가족을 변화시키는 방법이 재명명(redefining)이다. 특히 문제나 증상의 긍정적 측면을 강조하는 것이 특징이다. 간섭을 관심과 배려로 표현하는 것이 그 대표적인 예이다.

(7) 가족그림

가족그림(family drawing)은 경험적 가족치료모델의 기법으로서 가족성원에게 자신이 느끼는 대로 자유롭게 가족에 관해 그림을 그리도록 하는 것이다. 지금까지 미처 생각하지 못했거나 대화하지 못했던 상황을 경험하도록 돕는 기법이다.

(8) 경계 만들기

구조적 가족치료모델의 기법으로서 가족 내 하위체계 간의 경계가 지나치게 유리되거나 밀착된 경우에 유리된 경계는 보다 가깝게 하며, 밀착된 경계는 어느 정도 거리는 두도록 만드는 것이다.

구체적 경계 만들기(boundary making) 기법의 절차는 다음과 같은 것들을 포함한다.

- 좌석배정을 다시 하여 부모는 부모끼리 자녀는 자녀끼리 앉도록 한다.
- 부모의 일과 자녀의 일의 차이를 강조하기 위하여 과제를 변화시킨다.
- 자녀양육문제를 처리하기 위한 실제 세션에서 부부가 협동하도록 한다.
- 자녀들과 어떤 일을 하려면 우선 부모의 허락을 얻는다.
- 프라이버시에 대한 욕구와 가정 내에서 문을 닫고 지낼 수 있도록 각 사람의 영역에 대해 강조한다. 그 각각의 영역은 어떤 것이 가족의 과제이며, 어떤 것이 개인적인 것이어서 누가 그 책임을 져야 하는지에 대해서 정확하게 동의하는 것이 포함된다.
- 그들 자신의 활동을 계속하기 위해 부부 혹은 자녀들만의 시간을 갖도록 한다.
- 자녀를 훈육하는 데 있어 부모의 비중을 강조한다.
- 부부문제가 있을 경우 자녀를 개입시키기보다는 자기 또래의 친구나 전문가와 상의할 것을 강조한다.
- 부모에게 자녀와 같이 아이들처럼 화를 내기보다는 어른처럼 행동하도록 격려한다.

- 부모는 자녀가 그 나이에 맞고 어린이다운 행동을 허락하도록 한다.
- 부모가 아동을 지나치게 간섭하지 않도록 하며, 자녀의 나이에 맞는 적절한 책임을 주도록 한다.

(9) 역할연습

경험적 가족치료모델의 기법으로서 역할연습(role playing)은 두 가지 방법으로 활용된다. 첫째, 사회복지사가 가족의 한 성원에게 다른 가족성원의 역할을 수행해 보도록 요청함으로써 다른 가족성원의 느낌과 행동을 다른 성원의 시각에서 경험하도록 돕는다. 두 성원들이 서로의 역할을 바꾸는 경우는 역할반전(role reversal)이라 한다. 둘째, 사회복지사가 성원에게 자신의 역할을 수행하지만 이전과는 다르게 행동해 보도록 요청함으로써 실제 상황에서 겪을 수 있는 위험에 대한 부담이 없는 상황에서 새로운 행동을 학습하도록 돕는다.

(10) 타임아웃

타임아웃(time-out)은 행동주의 가족치료모델의 기법으로서, 아동의 문제행동을 완화시키는 데 사용되는 필수기법이다. 처벌 대신 일정시간 아동의 문제행동을 중지시키는 방법으로서 아동을 자극적 환경에서 분리하여 자극이 없는 환경에 두는 것이다. 타임아웃을 실시하면서 아동이 진정되는 동안 부모도 평점을 되찾을 수 있었다. 이 기법을 사용할 때에는 아동에게 미리 경고를 해야 하며, 타임아웃을 오랜 시간 실시하면 아동은 그 의미를 잊어버리기 때문에 가능한 한 짧은 시간에 이루어져야 한다.

(11) 코칭

코칭(coaching)은 운동선수의 코치처럼 지도하는 기법으로서 사회복지사는 먼저, 주체적 변화에 대해 이론적 기반과 개념을 설명하고, 예를 들며, 도표로 제시하기도 하고, 질문하기도 하며, 대안도 제시한다. 의자에서 일어나 가족성원 뒤로 가서 속삭이기도 하고, 일방경(one-way mirror) 뒤에서 지켜보면서 지시하기도 한다.

(12) 균형 깨뜨리기

균형 깨뜨리기(unbalancing)는 가족 내 하위체계 간의 역기능적 균형을 깨뜨리는 것으로서 구조적 가족치료모델의 기법이다. 예를 들어 지배적이고 권위적인 남편과 순종적인 부인 사이에서 사회복지사는 의도적으로 부인의 편을 들어 역기능적 균형을 깨뜨릴 수 있다.

(13) 순환적 질문하기

순환적 질문하기(circular questioning)는 전략적 가족치료모델의 한 기법으로서, 가족성원이 문제에 대해 제한적이고 단선적인 시각에서 벗어나 문제의 순환성을 깨닫도록 돕기 위한 질문을 하는 기법이다. 이 기법은 클라이언트가 자신을 가족관계의 맥락에서 보게 하고, 또 다른 가족성원의 관점에서 볼 수 있도록 하여 가족에 대한 새로운 이해를 촉진시킬 수 있어 효과적이다.

순환적 질문의 유형과 예는 다음과 같다.

- 가족 내 관계에 초점을 두는 질문: "부모님은 너에 대한 관심을 어떻게 표현하시니?"
- 가족의 서열을 정하는 것에 초점을 두는 질문: "아버지의 음주습관이 변하지 않을 것으로 가정한다면, 누가 가장 힘들 것 같으니? 그 다음은 누구?"
- 시간에 초점을 주는 질문: "어머니가 돌아가시기 전에는 어떻게 지냈니?"
- 제시된 질문에 대답하지 않은 가족성원에 초점을 두는 질문: "내가 질문한 것에 대해 솔직하게 답변한다면 무엇이 있겠니?"

(14) 해결중심적 가족치료모델의 질문기법

해결중심적 가족치료모델에서는 클라이언트를 나약하고 결점을 지닌 한 인간으로 보는 것이 아니라 문제해결능력과 자원을 이미 가지고 있는 존재로 보고, 문제보다는 문제의 해결에 초점을 둔다. 사회복지사는 직접적으로 무엇을 하라고 지시하고 가르치기보다는 가족들이 스스로 문제해결의 방안을 찾아내고 사용할 수 있도록 원조한다.

해결중심적 가족치료모델의 주요 유형과 예는 다음과 같다(윤현숙 · 김기환 · 김성천 · 이영분 · 이은주 · 최현미 · 홍금자, 2001).

① 면담 전 변화에 관한 질문기법

클라이언트가 처음 면담을 약속한 이후부터 지금까지 일어났던 변화에 대한 질문으로서 클라이언트의 잠재능력을 발견하고 클라이언트가 의식하지 못한 새로운 해결방법을 찾는 데 아주 중요한 단서를 제공한다.

그 예를 들면, "우리의 경험에 의하면 처음 상담을 약속했을 때부터 상담을 받으러 오기까지의 시간 동안에 어려운 상황이 좀 나아진 사람들이 많았습니다. 당신도 그런 변화를 경험하셨습니까?"라는 질문이다.

② 기적질문

기적이 일어나서 문제가 해결되었다고 상상하게 함으로써 문제 자체보다는 별개로 해결책을 생각하게 하여 기적이 일어났을 때, 달라질 수 있는 일들을 실제 행동으로 해보게 하는 것이다. 가족은 기적질문을 통해 문제해결 마인드를 가질 수 있고, 기적이 일어났을 때 달라질 수 있는 일들을 실제 수행함으로써 문제해결을 위한 노력을 할 수 있다.

그 예를 들면, "어느 날 밤, 당신이 자고 있는 동안에 기적이 일어나서 문제가 해결되었다고 가정해 보십시오. 기적이 일어난 걸 어떻게 알 수 있을까요? 무엇이 달라지겠습니까?"라는 질문이다.

③ 예외질문

문제가 되는 실패경험보다는 성공했던 경험을 찾아내어 의도적으로 계속 실시하여 성공의 경험을 확장하고 강화하는 것으로서, 가족이 현재 가지고 있는 문제를 가지지 않았던 때에는 지금과 어떻게 달랐는지를 탐색하도록 한다. 이런 '예외'를 확장하기 위해 가족이 무엇을 해야 할지에 대한 단서를 찾도록 하는 질문이다.

그 예로서 "화가 나지 않고 차분할 때는 언제인가요?"라는 질문을 들 수 있다.

④ 척도질문

숫자의 마력을 이용하여 클라이언트에게 자신의 문제, 문제의 우선순위, 성공에 대한 태도, 정서적 친밀도, 자아존중감, 치료에 대한 확신, 변화를 위해 투자할 수 있는 노력, 진행에 관한 평가 등의 수준을 수치로 표현하도록 하는 방법이다.

그 예로서 "기분이 가장 나쁠 때가 1점, 기분이 가장 좋을 때가 10점이라면, 오늘 기분은 몇 점입니까?"라는 질문을 들 수 있다.

⑤ 대처질문

자신의 미래를 매우 절망적으로 보아 아무런 희망이 없다고 생각하는 클라이언트에게 주로 사용한다. 사회복지사는 클라이언트의 신념체계와 무력감에 대항해 보는 동시에 클라이언트에게 약간의 성공을 느끼도록 유도할 수 있다. 사회복지사가 대처질문을 통해 클라이언트에게 자신이 바로 대처방안의 기술을 가졌음을 깨닫게 해주는 것이다.

그 예로서 "그 어려움 속에서 어떻게 지금까지 잘 견딜 수 있었는지요?"라는 질문을 들 수 있다.

⑥ 관계성 질문

클라이언트와 밀접한 관계에 있는 다른 사람들에 대한 질문이다. 사람이 자신의 희망, 힘, 한계, 가능성 등을 지각하는 방식은 자신에게 중요한 타인이 자신을 어떻게 보고 있을 것이라는 생각과 밀접한 관련이 있다. 따라서 클라이언트는 자신의 입장에서 자신을 보다가 중요한 타인의 눈으로 자신을 보게 되면, 이전에는 없었던 가능성이 생길 수도 있다.

그 예로서는 "당신 어머니가 여기 계시다고 가정하고, 제가 어머니께 당신의 문제가 해결되면 당신의 무엇이 달라지겠느냐고 묻는다면 어머니는 뭐라고 말씀하실까요?"라고 질문을 하면, 클라이언트는 "아마 제가 텔레비전을 덜 보게 될 것이라든가, 일자리를 찾아 나설 것이라고 하시겠지요."라고 답할 수 있을 것이다.

⑦ 간접적 칭찬

클라이언트에 대한 어떤 긍정적인 것을 암시하는 질문이다. 간접적 칭찬은 클라이언트로 하여금 자신의 강점이나 자원을 발견하도록 이끄는 자기 칭찬의 질문형태를 취하기 때문에 직접적 칭찬보다 더 바람직하다.

그 예로서 "어떻게 집 안을 그렇게 깨끗하게 유지할 수 있어요?"라는 질문을 들 수 있다.

3. 종결과정과 기법

가족개입 종결과정에서는 개입을 통한 가족성원의 변화를 확인하고, 가족이 변화를 유지할 수 있도록 지원하며, 필요한 경우 사후면접을 계획한다. 사후면접에서는 가족의 항상성을 유지하기 위한 자원을 규명하고, 가족이 성취한 목표를 점검하는 데 초점을 맞춘다.

종결과정의 주요 과업은 가족개입의 종결과 평가이다. 또한 종결과정의 주요 목적은 가족이 긍정적 변화를 지속적으로 유지할 수 있도록 하는 것이며, 이는 가족개입이 종결된 후에 가족성원이 독립적으로 문제를 해결할 수 있는 기술을 발전시킬 때만이 가능하다.

종결을 판단하는 기준이 되는 지표들은 다음과 같다(김정진 · 임은희 · 권진숙, 2007).

- 개입목표가 달성되었을 경우
- 개입이 더 이상 필요하지 않다고 판단될 정도로 긍정적 변화가 있는 경우
- 외부로부터 자원이 더 이상 필요하지 않다고 판단되는 경우
- 더 이상 개입의 효과가 없는 것으로 판단되는 경우
- 가족의 동기가 상실되었거나 결여되었다고 판단되는 경우
- 새로운 개입이 절대적으로 필요하다고 판단되는 경우

또한 종결과정에서 다루어야 할 구체적 내용은 다음과 같다.

- 변화를 확인하기 : 어떤 변화가 일어났는지, 무엇이 변화를 일으켰는지를 이해할 수 있도록 원조와 경험에 대한 평가를 한다.
- 변화에 대한 자각 유도하기 : 변화를 일으키는 데 자신이 기여한 것을 기억하게 될 때 이후의 도전을 해결할 역량을 갖추게 된다.
- 확인사항 : 현재의 문제상태는 어떠한지, 어떤 변화가 일어났는지, 유사한 문제가 다시 생긴다면 어떻게 다룰 것인지, 문제에 대한 가족성원의 생각은 어떻게 달라졌는지, 종결에 대해 어떻게 느끼는지 등을 확인해 보아야 한다.
- 진전을 견고하게 하기 : 달성된 목표를 유지하고 확립하는 방법을 강조하기 위해 미래에 대해 이야기하며 미래의 목표를 성취하는 전략을 개발하도록 한다.
- 종결 이후의 문제를 다룰 수 있도록 가족에게 준비시키기
- 필요한 경우 의뢰나 사후면접 계획

클라이언트와 그 가족에게 있어서 종결은 중요한 정서적 욕구를 충족시켜 온 긍정적 관계가 사라진다는 고통스러운 과정을 의미하므로 스트레스를 최소화하면서 효과적으로 종결하기 위해서는 사회복지사와의 분리에 대한 클라이언트와 가족의 정서적 반응을 잘 해결해야 한다.

참고문헌

김정진 · 임은희 · 권진숙(2007). 『사회복지실천기술론』. 서울 : 서현사.

신성자 · 고유나 · 권신혜 · 김수정 · 박용권 · 성희자 · 이현정 · 전보경 · 정숙희 · 최은지(2007). 『사회복지실천기술론』. 파주 : 양서원.

윤현숙 · 김기환 · 김성천 · 이영분 · 이은주 · 최현미 · 홍금자(2001). 『사회복지실천기술론』. 서울 : 동인.

Collins, D., Jordan, C., & Coleman, H.(1999). *An Introduction to Family Social Work*. Itasca, Illinois : Peacock Publishers, Inc.

Chapter 06

가족치료모델과 개입기술

01 구조적 가족치료모델
02 다세대적 가족치료모델
03 경험적 가족치료모델(의사소통이론모델)
04 해결중심적 가족치료모델
05 전략적 가족치료모델
06 가족 사정보고서의 예

1. 구조적 가족치료모델

1) 특징

구조적 가족치료모델은 가족문제가 개인 내적인 원인 때문이 아니라 가족구성원들 간의 상호작용, 즉 가족구조 내의 문제나 생태적 환경과의 관계에 의한 것이기 때문에 가족구조의 재조직화를 통해 가족의 문제를 해결해야 한다는 입장이다. 그러므로 가정에서 표출되는 문제의 이면에 숨어 있는 가족구조 또는 가족조직의 파악이 강조된다. 표출문제는 부적절한 가족구조에서 비롯된 것으로, 하위가족 간의 경계가 너무 경직되어 있거나 불분명 혹은 지나치게 밀착되어 있는 것, 세대 간의 권위나 책임 위계질서의 불분명, 가족 하위체계 간의 불건전한 동맹과 분절, 우회 등의 상호작용 양상 등을 통해 나타난 것으로 본다.

구조적 가족치료모델에서 주로 다루는 증상은 고부갈등, 부부갈등, 등교 거부, 거식증, 천식, 신경성질환, 소마타이제이션(신체화 증상) 등으로 나타나는 행동의 문제나 장애표출, 발달적 환경적인 변화에 역기능적 혹은 부적응적 반응, 어머니의 지나친 관심과 염려로 인한 밀착관계, 가족구성원 사고의 경직 등과 같은 증상이다(김혜란 외, 2006).

Minuchin의 이론과 체계론적 관점을 근거로 발전되었으며, Hartman도 가족원의 행동원인보다는 행동의 의미를 알 수 있는 패턴의 변동 상태의 이해가 중요함을 강조하였다.

이 모델은 결국 가족체계의 전체성, 가족 위계구조의 영향, 가족 하위체계의 상호의존적 기능을 강조하였다. 가족치료 역사상 가장 영향력이 크며 널리 적용된 접근방법으로 평가되고 있다. 하지만 설명적인 이론, 변화에 대한 의문, 하위체계나 항상성의 개념 또한 가족의 변화 설명에는 부적절하다고 평가되고 있다.

2) 주요 개념

(1) 가족기능

가족의 기능이란 가족이 수행하는 역할, 행위를 뜻하는 것으로 가족 간의 애정도모, 역할 분담, 안정감 부여와 수용, 만족감과 목적의식 부여, 문제해결, 지속적인 소속감 유지, 사회적 지위 부여와 사회화, 통제력과 정의감의 확립을 위한 가족구성원이나 사회와의 지속적인 작용방식 또는 작용관계를 포함한다. 기능적 가족과 역기능적 가족의 특징은 다음과 같다.

표 6-1 기능적 가족과 역기능적 가족의 특징

기능적인 가족 특징	역기능적인 가족 특징
가족의 규칙이나 역할이 융통성 있음	가족의 규칙과 역할이 너무 경직됨
세대 간의 분명한 경계가 있음	세대 간의 경계가 불분명함
열린 의사소통이 있고 협동적임	폐쇄적이고 모호한 의사소통임
분명하지만 융통성 있는 가족역할이 있음	가족구성원 간 과도한 집착 또는 무관심
자율적인 책임강조와 깊은 신뢰감이 있음	강한 통제나 강한 의존성
부모의 연합된 권력 획득이 있음	한 사람이 희생양
가족체계가 개방적임	가족체계가 폐쇄적임(외부와 폐쇄적임)
상호간의 협상과 조정이 가능함	상호 간의 협상과 조정이 어려움
가족들이 현실적인 기대나 욕구가 있음	가족들이 비현실적이며 이성적인 기대나 욕구
가족의 자원이 풍부하고 사회관계망적임	가족의 자원이 결핍, 고립

(2) 가족구조

가족구조는 가족 형태와 가족행동 패턴을 포함하는 개념이다. 즉, 한부모가족 또는 별거가족 등 가족구성원의 수와 세대, 혹은 규모와 범위 등에 관한 개념이자, 가족끼리 무의식적으로 이루어지는 상호작용에 의해 나타나는 연속적이고 반복되며 체계화된 예측 가능한 행동 패턴의 개념이다. 그리고 가족행동이나 역할, 양식, 규칙에 대한 내용을 포함한다. 이러한 가족구조는 가족 내 보이지 않는 기능적인 요구를 담고 있어 강제로 구속되는 특성을 갖는다.

(3) 경계

요소들 간의 관계를 한계 짓는 테두리로 외부로부터의 요소들을 보호하고 정보와 에너지 흐름을 조정하는 기능을 말한다. 경계선은 눈에 보이지 않지만 가족원 개인과 하위체계 및 외부환경과의 안팎을 구분하는 선이며 가족원 사이에 허용되는 접촉의 양과 종류를 규정한다. 가족 내 체계들 간의 구분이나 가족체계와 외부체계를 구분해 주는 선 경계가 너무 경직되어 있는 경우 문제가 되며, 동시에 경계가 모호하여 혼돈되어 있는 경우 문제가 된다.

표 6-2 가족체계의 외부경계선: 밀착 및 유리된 가족 비교

혼돈 ←——————————————————→ 경직

가족 내 하위체계 간의 경계의 특성	
밀착된 가족	유리된 가족
가족원 간 독립심과 자율성 결여	가족원 간 경계가 경직
가족원의 획일적인 감정과 생각 강요	가족원 간 상호작용 적음
과도한 가족 응집력	가족응집력과 결속이 낮음
지나친 간섭과 관여	다른 가족원에 대한 관심 결여

가족체계의 외부환경과의 경계에 대해 Kantor와 Lehr(1975)는 개방형, 폐쇄형, 방임형 가족 등 세 가지 형태로 구분하였다(김유숙, 2007).

표 6-3 가족 외부와의 경계 성격에 따른 구분

개방형 가족	가족 외부와의 경계가 분명하면서도 정보교환 등이 자유롭게 일어나는 가족, 건강한 가족
폐쇄형 가족	가족 외부와의 경계가 너무 경직되어 있어 에너지와 정보의 교환이 없는 가족, 건강하지 않은 가족
방임형 가족	가족 외부와의 경계가 불분명함. 가족경계선의 방어를 중요치 않게 생각하므로 외부와의 교류에 제한이 없는 가족, 건강하지 않은 가족

(4) 하위체계

가족을 하나의 체계로 볼 때 가족 안에는 다양한 하위체계가 존재하며, 고유한 규칙과 기능 그리고 일정한 위계질서가 존재한다. 개인은 가족의 하위체계이며, 부부하위체계, 부모하위체계, 부모자녀하위체계, 형제하위체계로 구성된다.

(5) 가족권력

권력은 개인이 가지는 개인적인 자질이나 특성이 아니라 한 사람이 다른 사람에게 얼마나 많은 권력을 행사하는가 하는 상호적인 특성을 의미하며, 한 구성원이 다른 구성원의 행동변화를 지시할 수 있는 힘이자 영향력을 말한다. 그리고 위계구조의 근간이 된다. 권력을 정적 과정이 아니고 역동적 과정이며 시간이 흐름에 따라서 변화한다. 그리고 권력은 인지적인 면과 행동적인 면을 모두 가진다. 가족은 체계 내에서 각 구성원이 서로에게 행사하는 상대적 영향력의 크기와 의사결정과정에 누가 어떤 방식으로 참여할 수 있는지를 만들어 간다. 권력구조에 의해 가족체계는 개인의 행동을 허용할 수 있는 범위 내에서 유지하고, 이러한 유지기능에 대한 지도력을 가짐으로써 그 집단의 생존 가능성을 최대화한다.

(6) 가족목표

가족의 가치를 실현하고 목표를 보다 잘 달성하기 위해서 관리적인 방안이 강구되어야 한다. 경제사회에서 기업이 이윤을 극대화하기 위해 합리적인 경영을 모색하는 것과 마찬가지로, 가정도 가족의 목표를 달성하여 가족의 욕구를 최대한 충족시키고 삶의 질을 향상시키기 위해 관리적인 기술이 요구되는 것이다.

목표 단계로 첫 단계에서는 가족이 가족가치를 확립하고, 가족의 요구를 파악하며 목표를 설정한다. 동시에 그러한 가족의 가치, 욕구 목표를 달성하기 위한 자원에 대한 인식이 필요하다. 두 번째 단계에서는 가족들이 문제해결에 필요한 정보를 수집하여 여러 가지 대안을 비교 검토하는 과정에서 원활한 의사소통을 함으로써 의사결정을 신중히 한다. 이러한 과정은 각 가정마다 다르며 지속적이고 규범적인 생활양식은 여러 가지 라이프스타일로 구분된다. 세 번째 단계에서는 유사한 상황에 있는 다른 가정의 살아가는 방법을 연구·분석한다. 이렇게 함으로써 가정생활의 문제, 갈등, 사건 등을 발견할 수 있는 해결방안을 모색할 수 있다(김용민, 2009).

(7) 제휴

하위체계 구성원 간에 형성하는 정서적·심리적 연결과 가족의 상호작용과정 방법으로 가족체계의 한 개인이 다른 협력관계 또는 대립관계를 맺는 것을 말한다. 제휴에는 동맹과 연합이 있다.

(8) 순환적 인과성

가족의 행동은 단선적인 아닌 순환적 반응이며, 작용이 아닌 반작용이라는 의미이다. 문제의 원인보다는 문제를 유지하는 가족의 상호작용에 초점을 두어야 한다는 관점이다.

(9) 환류고리

가족규범을 통해 가족은 항상성을 유지하려는 경향을 가짐으로써, 체계 내외의 변화에 적응하려고 한다. 긍정적인 환류고리는 변화의 적응에 기여하지만, 부정적인 환류고리는 가족 내의 역기능을 만들어 낸다.

(10) 삼각관계

대항하고 있는 두 사람이 동시에 제3의 사람과 연합하려 하여 제3의 사람이 갈등을 느끼는 것을 말한다. 배우자나 다른 가족과의 유대가 약할 때, 혹은 한 명이 다른 사람을 조정할 때, 가족 중 두 사람이 다른 사람과 적절히 유대하는 것을 방해할 정도로 너무 밀착하여 연합할 때, 두 사람이 제삼자와 동맹해서 불만족이나 갈등에 대치하려고 할 때가 이에 속한다. 예를 들어 부모가 아이를 부부갈등의 볼모로 잡는 경우, 가족이 서로 분리되어 있거나 서로 정서적 지지가 없이 각자 생활할 때, 적절한 가족역할 형성을 방해하는 가족이 아닌 다른 사람(친구나 친척)과 동맹관계를 형성할 때 등이다.

(11) 가족신화

가족구성원들에게 받아들여지고 지지되는 가족믿음으로서 독특한 주제나 암묵의 규칙이 공유된 형상이다. 결혼에 대한 비합리적인 생각들도 이에 해당한다. 모든 가족이 공유하며 가족기능을 규제하는 규칙을 만들어 낸다.

(12) 희생양(혹은 속죄양)

가족구성원 중 한 명을 특이하고 일탈적이라고 완강하게 믿는 것이다. 가족 내에서 갈등이나 비판을 대치시킨 대상으로 보통 가족 중 환자로 지목한 사람이다. 천재, 어린아이, 엄한 부모, 귀염둥이, 쓸모없는 사람, 착한 아이, 멍청이 등의 낙인은 가족구성원의 역할에 고정관념을 부여함으로써 다른 구성원들로 하여금 한 가지 특징만 보게 만든다. 다른 많은 특성을 간과하게 만들며 결과적으로 그 구성원의 성장은 억눌린다. 예를 들어 부부갈등이 심할수록 한 자녀를 부부의 불안한 정서관계에 끌어들여서 속죄양의 역할을 하게 하는 것을 말한다.

(13) 가족사정

구조적 가족치료모델에서 가족사정 시 고려해야 할 사항들은 가족체계의 외부경계선, 내부경계선과 가족의 하위체계, 가족의 권력구조, 가족구성원의 의사소통 양식, 가족목표 및 가족강점, 가족의 의사결정과정, 가족신화와 인식성향, 가족의 정서와 감정 표현 범위, 가족생활주기 및 가족역할, 가족규범, 가족 외부체계와의 상호작용 등이다.

3) 대표적인 기법들

(1) 경계 만들기

가족 내 하위체계 간 경계선이 모호하거나 너무 경직된 경우 혹은 밀착되어 있는 경우, 가족구성원들 사이를 수정하는 개입이 필요한데, 체계들 사이에 적절한 경계를 만들어 주어 각자가 독립된 존재로서 가능하게 하는 기술이다. 가족이 앉아 있는 위치, 지지 발언하는 사람은 누구인지, 누가 대신 대답하는지 등을 통해 파악할 수 있다. 규칙 세우기, 물리적 공간 만들기, 발언권 제한하기 등의 기법이 포함된다.

(2) 합류하기

합류하기(joining)는 가족의 관계형성을 위해 사회복지사가 기존 가족구조에 개입하여 자신을 상호작용의 일부분으로 자연스럽게 포함하거나 개입 장면에서 가족의 분위기를 파악하여 그에 맞추어 행동하거나 감정을 표현하는 기법이다. 의사소통, 행동, 과정 등 기존 가족체계에 순응하면서, 지지적 언급, 내용의 명료화, 가족의 말 반복하기, 경청하는 추적기법과 자신의 행동을 가족의 교류과정의 일부로 기존의 구조에 맞추는 유지기법, 가족의 특성을 흉내 내거나 자신과의 유사점을 강조하고, 특정 단어나 언어의 사용, 감정 표현, 동작, 비유적 표현 등을 사용하는 모방 등의 기법이 포함된다. 합류는 사회복지사의 가족 내 친밀감 생성에 도움을 준다.

(3) 실연

실연(enactment)은 치료면담 중에 가족에게 역기능적인 가족구성원 간의 교류를 실제로 재현시키는 것을 말한다. 구제적인 정보과 가족구조를 이해하는 데 효과적이다. 관찰 및 실연 부분이 확정되면 가족들이 역기능적 교류를 실연하게 하고 상호작용과 결과를 분명히 이해하도록 한다. 가족이 사용한 방법과 다른 교류의 실연을 통해 기능적 패턴을 형성하도록 한다.

(4) 긴장 고조시키기

가족 내의 긴장을 고조시킴으로써 대안적인 갈등해결 방법을 사용하도록 돕는 기법으로 최악의 상황 연출을 통해 위기의식 조장으로 변화를 가져오도록 하는 기법이다. 일정한 패턴을 반복적으로 요구한다.

(5) 과제 부여

가족 상호교류에서 자연스럽게 발전될 수 없는 행위를 실연해 보도록 한 후, 가족이 해야 할 분야를 개발시키기 위하여 과제를 주는 것으로 일상생활에서의 지속적 변화를 유도해야 한다.

(6) 균형 깨뜨리기

가족 내 하위체계들 간의 역기능적 균형을 깨뜨리기 위한 기법으로 가족의 한 개인이나 한 하위체계의 편을 들어 가족의 평형 상태를 깨는 것을 말한다. 가족 내 역기능적인 삼각관계가 존재할 때 사회복지사의 개입이 필요한데, 동맹 해체하기, 동맹 발전시키기, 동맹 재강화하기, 동맹 느슨하게 하기 등으로 개인의 성장이나 가족의 생존능력을 향상시켜야 한다.

(7) 초점 잡기

문제 표출을 통해 우선순위를 정하는 기법이다.

(8) 재구조화

상황이나 사건의 본래의 의미를 변화시키는 기법으로 가족의 병리현상을 깨닫게 하고 규칙변화와 재정립을 통해 바람직한 가족구조로 설정하는 것을 말한다. 과거의 관계상황과 장소에서 새로운 관계상황으로 옮기는 것이다. 이를 위해서는 가족 상호 연관성에 대한 이해 증진이나 한 사람에게 집중되던 관심을 다른 구성원들에게 돌려 집착을 경감하거나 가족원 기능을 손상시킬 수 있는 역기능적 가족규칙을 밖으로 드러내 놓게 하는 기법이 필요한데, 예를 들면 자녀의 야뇨증이 부부의 갈등에 기인함을 인식하게 하는 것이다. 문제원인에 대한 새로운 시각을 제공하게 된다.

(9) 가족도 그리기

가족구성원의 결탁, 경계, 권위 유형의 평가를 통해 가족의 기능적 혹은 역기능적 영역을 파악할 수 있으며 가족의 장단점을 평가하는 데 도움이 된다.

(10) 장점탐색, 장점도전, 현실도전

장점탐색은 가족이 인식하지 못하는 장점이나 자원을 발견하여 인식하도록 돕는 기법이며, 장점도전은 가족의 장점을 발견하여 도전하는 기법이다. 현실도전은 왜곡된 현실인식을 바꾸는 방법이다. 상호보완은 가족 내의 상호보완적 관계성을 파악하는 기법이다.

4) 사회복지사의 역할

구조적 가족치료모델에서의 사회복지사는 지지, 교육, 안내하는 역할을 담당한다. 지지적 태도로 개입하고, 적절한 사회화과정을 교육하며, 체계 사이의 통역자이자 중재자, 교육자, 해설자의 역할을 담당해야 한다.

2. 다세대적 가족치료모델

1) 특징

다세대적 가족치료모델은 가족을 다세대적 현상으로 보아 다세대적 분석을 기반으로 한다. 현재 가족문제를 파악하고 과거와 세대를 거쳐 내려오는 가족과정과 세대의 가족구성, 형제순위, 특히 가족 형태를 통해 가족의 문제 및 가족관계에 대한 개입을 하고자 하는 모델이다. 문제해결을 위해 가족구성원이 원가족과 맺는 관계를 통찰하고, 해결되지 못한 감정적 애착의 해결을 강조한다. 이것은 가족을 체계로 보고한 부분의 변화는 반드시 다른 부분(가족구성원)의 변화를 이끌 수 있다는 개념에 근거한다. 그러므로 세대 간 가족치료모델의 목표는 정서적인 것과 지적인 것을 분화하는 것, 미분화된 가족 집합체로부터 벗어나게 하는 것이다.

다세대적 가족치료모델에서 주로 다루게 되는 문제의 증상은 남편과 시어머니 애착으로 인한 고부갈등, 결혼 전 부모로부터 분화되지 못해서 발생하는 부부갈등, 가족 내 한

쪽 부모와의 밀착으로 인해 발생하는 부적응, 우울문제, 의도와 제3의 일에 몰두하는 클라이언트, 불안으로 인한 가족폭력, 알코올문제, 약물의존성 등의 클라이언트가 있는 가족이다.

이 다세대적 가족치료모델은 Bowen의 정신분열증 환자의 가족에 대한 연구에서 모자공생을 발견하면서 시작되었다. 이 모델의 이론적 배경은 심리분석, 인류학, 생태학과, 체계이론이다. Bowen은 환자가 자기 어머니에 대한 강한 애착을 보이면서, 친근과 소원함을 주기적으로 교대하고, 분리불안과 결합불안이 이성과의 자기통제 의무 능력으로 불안한 애착으로 발전되며 여기에 아버지를 포함한 삼각관계 개념을 통해 정서적 유기체로서 세대를 이어 이러한 현상이 반복된다는 것을 강조하였다. 또한 과거에 해결되지 않은 가족갈등 및 가족관계상의 역기능이 현재의 가족으로 이어져 내려와 현재 가족에서 문제로 표출되었다고 본다. 주로 사용되는 사정도구는 가계도를 활용하고, 한국 사회의 가족에 대한 평가 및 개입에 가장 적합한 모델로 분류되고 있다(김경호, 2005).

2) 주요 개념

(1) 자아분화

자아분화란 타인으로부터 사고, 감정과 정서를 적절하게 통제하고 분별하는 능력을 말한다. 원가족 관계에서 미분화된 가족의 자아가 혼합된 감정으로 있게 되면 객관적 판단 및 다른 사람과의 융합에서 어려울 수 있다. 이 자아분화는 다세대적 가족치료모델의 기본 개념으로 정서적 기능과 지적 기능 사이의 융합과 분화 정도에 따라 개인을 규정하는 것이다.

Bowen은 자아분화를 척도화하여 가장 낮은 0에서부터 가장 높은 100까지로 수치 단계별로 조사하였는데 자아분화 수준이 낮을수록 감정에 의해 지배당하고 융통성, 적응력이 부족하며, 관계 지향적이고 사랑과 인정을 받는 데 연연한다고 본다. 자아분화 수준이 높을수록 정서적 지배를 덜 받고 높은 자율성과 적응력을 나타낸다고 본다.

(2) 정서적 삼각관계

자아분화의 수준과 경험하는 긴장 혹은 불안 정도에 영향을 받아 두 사람이 또 다른 한 사람을 자신의 정서적 문제에 끌어들이는 형태를 말한다. 자아분화 수준이 낮을수록 삼각관계의 형태가 심각해진다. 즉, 가족 내의 긴장, 불안, 갈등이 증가하면서 자아분화 수준이 낮은 두 사람이 연합관계를 형성하여 다른 가족구성원을 견제하는 삼각관계를 형성한다. 그러므로 정서적 삼각관계란 가족 내 불안과 긴장을 해소하는 정서적 역동방식이자 삼인체계의 역동적인 균형을 말하는 것으로 삼각관계는 불안이나 긴장, 스트레스를 일시적으로 감소시킬 수 있으나 가족의 정서체계를 더욱 혼란스럽게 만들어 증상을 약화시키게 된다.

예를 들어, 부부간에 긴장이 클수록 부부 중 한 사람이 자녀에 대한 애착이 더 강해지는데 그 결과 자녀에게 어떤 증상을 일으키게 할 수 있다. 삼각관계 발생 시 가족 중 한 사람이 높은 수준의 개인적 자아분화를 이루면 개인적 변화를 통해 다른 가족구성원들도 분화가 가능하다고 본다. 즉, 가족사회복지사가 가족구성원들에게 삼각관계에 대해 가르친 후 삼각관계에서 벗어나도록 교육하면 가족의 전체 구조에 치료적 영향을 미칠 수 있다.

(3) 핵가족 정서과정

미분화된 가족 자아군에서 주로 발생하는데, 한 세대 가족 내에서 보이는 불안과 긴장이 정서적 거리를 두는 경우이다. 예를 들면 불편한 관계를 줄이기 위해 다른 사람이나 사물에 몰두하거나 관계를 단절하게 되는 경우이다. 또한 부부갈등에서도 나타나는데 서로의 잘못에만 초점을 두거나 지배하려는 의지가 강해 상대방 주도권을 거부하는 경우, 불평불만과 고집불통, 상대의 말에 귀를 기울이지 않는 양상을 보인다.

또한 정서적 관계에 자녀를 끌어들여 자녀에게 문제를 전가하는 경우나 배우자에게 지나친 압력과 희생을 강요하고 자포자기 혹은 저기능 상태에 있는 배우자의 역기능 상황에 놓이게 하는 경우도 있다.

(4) 가족 투사과정

역기능적 부모의 미성숙과 분화결핍은 자녀를 끌어들여 밀착관계를 형성하고, 분화수준이 낮은 부모는 삼각관계를 통해 자녀에게 불안을 투사하게 되는 것을 말한다. 부모의 갈등을 자녀나 배우자에게 투사하는 기제로 미성숙한 부모는 가족체계나 부부체계를 안정시키기 위해 무의식적으로 자녀 중 가장 유아적이고 취약한 자녀를 투사 대상으로 선택한다.

(5) 다세대 전수과정

개인이 원가족으로부터 학습된 방식으로 타인과 관계를 맺게 되며 결혼선택을 통해 가족의 정서적인 장이 다세대에 걸쳐 반복함을 의미한다. 가족들의 분화수준과 기능이 세대로 전수되는 행동양식으로 가족정서과정(분화수준, 삼각관계, 융합, 배우자의 역기능, 부부갈등, 자녀의 역기능 등)이 그 세대에서 그치는 것이 아니라 대를 이어 전개되는 것을 말한다.

(6) 정서적 단절

정서적 단절(emotional cut-off)은 자신을 보호하기 위해 혹은 세대 간의 불안을 처리하기 위해 해결되지 못한 정서적 애착으로부터 도피하거나 가족구성원과의 감정적인 연계를 단절하려는 현상으로 세대 간에 정서적 융합이 클수록 단절 가능성이 높다. 융합이 심한 사람은 부모와의 대화 거부, 부모가 중요시 여기는 것에 대한 거부행동 등이 발생한다.

이러한 정서적 단절은 투사과정에 많이 개입된 자녀에게 주로 일어나는 현상으로, 원가족을 접촉함으로써 생기는 불안을 줄이기 위해 부모의 집에서 먼 지역으로 이주하거나 부모와 말을 하지 않는 등 부모와의 접촉을 끊는 행위를 의미한다.

(7) 사회적 정서과정

Bowen은 개인과 가족에 대한 정서과정 개념을 사회적 정서과정으로 확장하였다. 사회도 가족과 마찬가지로 연합성과 개별성의 반대적 힘의 균형에 영향을 받는데, 사회가 전쟁이나 인구증가, 성차별 등과 같은 반성적 스트레스 상황에 처할수록 사회의 불안은 커지고 그 결과로 결속에 대한 압력이 강해지며 분화수준은 감소된다. 분화수준이 감소되고 역기능적 삼각관계가 계속적으로 서로 맞물려 사회 전체로 확장된다.

(8) 출생순위(형제자매 순위)

동일한 사건에 대해서 형제들마다 경험하는 것이 다르기 때문에 가족원의 특징적인 성격은 출생순위에 의해 결정된다. 그리고 생애주기를 통한 가족발달 및 발달과업에 따라 가족문제와 욕구가 발생한다.

3) 대표적인 기법들

특정 기법이나 방법에 몰입하는 것보다 가족의 정서적 체계를 변화시키는 데 초점을 두고 있다.

(1) 탈삼각화

가족 내 두 사람 사이에서 스트레스나 긴장관계가 발생했을 때 제삼자를 두 사람의 상호작용 체계로 끌어들이는 것이 삼각화 혹은 삼각관계인데 삼각관계는 문제를 해결하는 데 도움이 되지 못하고 오히려 문제를 은폐하거나 분산하게 한다. 따라서 제삼자를 두 사람의 관계에서 분리시켜 삼각관계를 벗어나게 함으로써 가족원들이 자아분화하도록 하는 것이다.

(2) 가계도 작성

다세대에 걸쳐 내려오는 가족체계의 문제, 가족역할, 유형, 갈등, 단절, 삼각관계 등을 알아볼 수 있다. 3세대 이상에 걸친 가족 수와 가족구성원들 간의 관계나 가족의 생활사가 현재 역동에 미치는 영향과 문제의 재현을 알게 한다.

(3) 코칭

사회복지사는 운동선수를 돌보는 감독과 같은 역할을 담당하게 되는데, 개방적이고 직접적으로 접근하여 클라이언트가 직접 본인의 가족문제를 해결해 나가도록 조언한다. 그리고 문제에 대처하고 문제가족들이 스스로 자율성과 독립성을 발휘할 수 있도록 한다. 이를 통해 가족구성원의 분화수준이 향상되게 된다.

(4) 과정질문

내담자의 감정을 가라앉히고 정서적 반응에 의해 유발된 불안을 낮추며 사고를 촉진하는 질문기법이다.

(5) 치료 삼각관계

두 사람이 불안정한 관계라면 다른 사람이 그 관계에 개입하므로 안정된 관계를 가지려고 하는 기존의 삼각관계와 다른 상호작용을 보여준다. 즉, 부부관계에서 자녀 대신 사회복지사가 개입하는 방식으로 이때 사회복지사는 삼각관계에 휘말려들지 말고 의미 있는 관계를 맺는 기술이 필요하다. 중립적, 객관적 자세를 유지하면서, 부부 상호작용의 부정적 혹은 긍정적인 면을 다 볼 수 있어야 한다.

(6) 치환이야기

비슷한 가족의 예화나 클라이언트에게 치료과정을 녹화한 비디오를 보여줌으로써, 클라이언트가 논쟁이나 방어 없이 가족 속에서 자신의 역할과 기능을 인식하고 학습하도록 돕는 기법이다.

(7) 가족생활 연대기

일정한 연령에 이를 때까지의 중요한 사건에 대하여 3세대의 생활연대기 기록, 적는 과정에서 가족들이 경험한 개인적 · 사회적 · 역사적 상황을 이해하도록 돕는다.

4) 사회복지사의 역할

세대 간의 가족관계에서 나타나는 발달적 전이와 관련한 이슈를 다루는 것을 말한다. 중립적 입장을 견지하고 가족들이 자유롭게 표현할 수 있는 기회를 제공한다.

3. 경험적 가족치료모델(의사소통이론모델)

1) 특징

경험적 가족치료모델은 가족 내에서 가족구성원들이 자신들의 감정과 생각을 솔직하고 자유롭게 표현할 수 없을 때 가족문제가 발생한다고 보는 데서 출발한다. 즉 정신분석의 과거보다는 현재의 의사소통과정과 형태에 초점을 두는 것이다. 그 이유는 의사소통이란 한 개인이 다른 사람과 의미를 부여하고 해석하는 과정이며 메시지를 전달하는 수단이고 행동적으로 실질적인 영향을 주기 때문이다. 그러므로 경험적 가족치료모델은 현재의 경험(지금 - 여기)에 초점을 두어 가족과 사회복지사 사이의 상호작용이나 경험의 변화를 통해 성장할 수 있는 경험을 갖게 하거나 충분한 감정 표현의 기회제공이 성장의 계기를 제공할 수 있다고 보는 입장이다.

다른 사람의 말을 무시 혹은 부정하는 가족, 일방적인 부부대화 및 대화가 차단된 부부, 이중 메시지를 사용하는 가족, 의사소통 역기능에 의한 알코올 중독가족, 청소년기 자녀와의 의사소통으로 일한 갈등 등의 주된 양상을 가진 가족에게 적합한 모델이다. 이 경험적 가족치료모델은 인간의 성장 가능성을 신뢰한 Satir의 성장 모델과 Whitaker에 의해 발전되었는데, 성장모델은 정서적 표현을 증진시키기 위해 역할놀이, 가족조각, 공동가족화 등의 고도로 구조화된 기법을 사용하고, 가족구성원 간에 깊이 있고 의미 있는 교류를 통한 경험의 증가와 가족 성장을 위한 개입방법을 시도한다. 이후 Jackson, Ruskin 등이 관여한 Mental Research Institute(MRI)에서 발달되었다.

2) 주요 개념

(1) 성숙

자신의 감정에 직면할 수 있고 타인과 분명한 의사소통을 할 수 있는 능력이 있는 상태로 자신과 타인을 구분할 수 있게 된다.

(2) 자아존중감

자신이 자신을 보는 애정, 사랑, 신뢰, 존중과 같은 감정을 말한다. 자아존중감이 낮으면 자신에 대한 불안, 타인 무시, 비현실적 태도, 어려움에의 미숙한 대처 등의 문제를 야기하게 된다. 이 자아존중감은 에너지의 자원이 되는데, 인간이 자신을 사랑하고 감사를 느낄 때 에너지가 만들어지며, 에너지가 조화롭고 긍정적으로 사용될 때 현재 주어진 상황을 더욱 창조적이며 현실에 맞게 잘 극복할 수 있게 된다.

(3) 이중구속 메시지(double-bind message)

상호 모순된 두 가지 메시지를 동시에 전달하거나 언어적 의사소통과 비언어적 의사소통이 동시에 부과되는 상황으로, 즉 말과 행동이 서로 다른 상황을 말한다. 이렇게 되면 메시지를 받는 대상자는 어떤 메시지가 진실한 것인지 결정하기가 어렵게 되며, 어떤 행동을 해야 할지 난감해지고 그 상황을 모면할 수 없다고 느낀다. 이중구속은 부모와 아동 사이에서 많이 나타나게 되는데, 예를 들면 엄마가 평소에 '말'로는 아동에게 학교성적에 연연하지 말라면서도 결과가 좋지 않은 성적표를 보면서 한숨을 내쉬는 '행동'을 보이는 경우다. '이중구속'의 메시지를 받은 아동은 이러지도 저러지도 못하고 혼란을 느낀다. 심하면 병적인 상태로 연결되기도 한다. 엄마는 자기도 모르는 사이에 자신의 욕망이 아동에게 전달되고 있다는 사실 자체를 인식하지 못한다.

(4) 위장(거짓꾸밈 혹은 신비화, mystification)

의사소통의 명확성이 낮은 역기능적 의사소통으로서 가족 내에서의 갈등이나 어려움을 드러내지 못하고 오히려 모호하게 하거나 가면을 쓰고 거짓반응을 하는 것을 말한다. 자신의 행동이 상대방에게 영향을 미쳐서 상대방이 어떤 생각을 하고 그 생각을 표현했을 때 자신의 행동을 부인하는 것이다. 말하는 사람의 인식을 흐리게 하는 데 효과적인, 판독하기 어려운 모호한 반응을 한다든가 비꼬는 반응을 하여 의미를 다중적으로 만드는 것이다.

(5) 가족규칙

가족규칙(family rule)은 한 가족이 생활 경험을 통해 가족들 간에 지켜야 할 의무나 태도에 대한 지침이나 권리 등이 가족 제도로 발전된 것으로, 합리적이고 정당한 것으로 받아들이는 것을 말한다. 가족 내 의사소통방법, 감정 표현 방법, 나쁜 것, 금기사항 등이 포함된다. 가족의 항상성 유지를 위해 가족구성원들에게 특정한 방식으로 행동하는 것을 허용하거나 허용하지 않을 수 있는데, 가족규칙은 가족집단 내에서 적절한 행동이라고 간주되는 것을 구체화한 것이다. 가족 내에서의 관계나 역할 수행과 행위 지침에 대한 지도 원리로서, 모든 가족들이 대부분 동의하지만 말로 표현되지 않는 경우가 많다. 전체 가족과 개별 가족구성원들이 효과적이고 생산적으로 기능하도록 하는 규칙을 수립하는 것이 중요하다.

역기능적 가족규칙은 가족에게 부정적인 영향을 미치게 되므로 가족체계 사정 시 가족규범을 주의 깊게 보아야 한다. 가족 내에 역기능적 가족규범이 존재하고 가족원들이 충실히 따른다면 문제가 되는 행동들은 지속되고 강화된다. 가족규칙이 항상 명시적인 것은 아니므로 가족들이 상호작용과 의사소통을 관찰함으로써 가족규칙을 추론해야 한다.

그러므로 역기능적인 가족규칙의 존재와 그 내용, 가족규칙을 만드는 사람, 가족규칙 형성의 과정과 역동 등을 사정한다. 가족규칙이 가족구성원이나 상황에 따라 변화가 가능한지 아니면 규칙이 엄격하여 가족구성원들이 변화하는 시대와 환경의 스트레스로부터 행동을 수정해 나가는 것이 금지되는지를 확인한다. 규칙을 어겼을 때 가족들의 반응은 어떠한지도 사정한다.

(6) 메타규칙

메타규칙은 가족원들이 그들의 규칙을 어떻게 유지하고 변화시킬 것인가에 관한 규칙을 말한다. 가족규칙에 관한 규칙이라고 할 수 있다.

(7) 가족역할

가족역할은 허용되거나 금지된 특정한 행동으로 나타난다. 가족의 역할규정과 수행에 대한 정확한 사정을 위해서는 성역할 변화의 요인을 포함하여 많은 원인들을 고려해야 한다. 가족역할을 배분할 때 구성원의 능력, 관심, 수행기능 시간 등을 고려하는지, 아니면 성에 기초해서 결정하는지에 대한 고려가 필요하다. 또한 가족역할이 얼마나 명확하게 규정되어야 하고 적절히 수행하고 있는지, 역할에의 만족 및 불만족에 대한 수정 의지 등이 고려되어야 한다. 그리고 부부의 역할규정에 있어서 가까운 외부(부모, 친척, 친구)의 의견이 얼마나 영향을 미치는지, 부부의 시간과 에너지를 집안일 또는 직장, 어느 한 쪽에 너무 치우쳐 사용하는지, 역할의 과부하로 인한 압력과 스트레스는 어느 정도인지 등에 대한 고려가 필요하다.

(8) 의사소통

타인과의 의견 및 감정을 교환하는 패턴을 말한다. Satir(1972)는 가족체계를 이해하는 데 도움이 되는 기능적 의사소통을 일치형 의사소통이라고 하였고 역기능적 의사소통 유형을 네 가지 유형으로 분류하였다(홍성화, 1991).

① **일치형 의사소통**: 기능적 의사소통

언어적 메시지와 비언어적 메시지가 일치하는 의사소통 유형으로 의사소통 내용과 내적 감정이 일치한다. 생동적, 창조적, 독특하고 유능한 행동 양식을 보인다. 친근하고 원만하며 책임감 있고 현실적인 문제해결 능력이 있는 사람이 많이 사용한다. 메시지가 분명하고 직접적이며, 사람을 비난하지 않으면서 행위를 평가하고 방향 제시를 할 수 있다. 심리적으로 높은 자기가치감과 자아존중감을 소유하고 있어 심리적・신체적으로 건강한 상태이다.

② **비난형 의사소통**(Blaming) : 역기능적 의사소통

의사소통에서 비난적인 반응을 하는 사람은 외면적으로는 타인을 무시하며 자기주장이 강하고 독선적이며 명령적이고 지시적이지만 내면적으로는 외롭고 비성공적인 감정이 있다. 비난행위는 다른 사람과 가까워지고 싶은 자신의 욕구를 숨기는 것이다. 잘못을 남의 탓으로 돌리고, 참을성이 없으며 자신이 제일이라고 생각한다. 다른 사람의 충성과 복종을 요구하며, 강자같이 생각하고, 다른 사람을 무시하거나 남의 말을 무시하며, 자신의 상관이라고 생각한다. 고혈압과 같은 혈액순환 장애를 가진 경우가 많으며, 심리적 증상으로 분노, 짜증, 반항, 적대적임, 편집증, 폭력, 반사회적 특성 등을 보인다.

③ **회유형 의사소통**(Placating) : 역기능적 의사소통

회유형 의사소통 유형은 자신의 내적 감정이나 생각을 무시하고 타인의 비위를 맞추려는 성향을 보인다. 다른 사람의 의견에 무조건 동조하거나 비굴한 자세를 보이며, 사죄와 변명, 아부 등 지나치게 착하게 보이고자 한다. 그리고 다른 사람의 찬성을 받으려고 하고, 모든 것을 자기 책임으로 돌리며, 상대방이 원하는 대로 행동하고, 희생적이며, 다른 사람을 화나지 않게 하려고 노력한다.

의사소통을 하는 데 있어 회유 유형을 많이 사용하는 사람은 내면적으로는 자신은 무가치하다고 여기며 곁에 누가 없다면 죽은 목숨과 같다고 느낀다. 또한 상대방에게 죄책감을 갖게 하며 죄책감을 갖는 것이 자신을 아끼는 것이라고 생각한다. 즉 자신을 위하여 자신의 욕구를 숨기는 것이다. 신체적으로 소화기관의 장애나 편두통의 질병을 호소하는 경우가 많으며 심리적 증상으로 감정억제, 짜증, 걱정, 공황 습격, 자살생각 등의 양상을 보인다.

④ **초이성형**(평가형) **의사소통**(Computing) : 역기능적 의사소통

초이성형 의사소통을 하는 유형은 자신과 타인을 모두 무시하고 상황만을 중시하며, 규칙과 옳은 것만을 절대시하는 극단적인 객관성을 보인다. 이 유형은 내면적으로 약해서 감정적으로 상처받기 쉬운 사람이 사용하는 역기능적인 의사소통 유형이다. 평가하는 행위는 상대방에게 시기심을 갖게 하고 상대방이 시기할 경우 평가하는 사람과 한편이 되리라고 생각하는 것이다. 평가하는 사람은 자기 자신과 다른 사람을 위하여 필요한 자신의 정서적 감정을 숨긴다. 모든 일을 비판하고 분석하며 평가하는 반응을 하는 사람은 지나치게 이성적이고 잘 따지며, 비판적이며 비난적이고, 주로 부정적인 측면을 말하며, 모든 일을 완벽하게 처리하려고 한다. 합리적이며, 지나치게 이치에 맞게 평가하고, 조용하고 냉정하고 침착하다. 평가적인 의사소통 유형을 사용하는 사람은 자신과 다른 사람을 멀리하면서 주제에 대해 완전히 중립을 유지하고 자신의 감정을 부정한다.

⑤ **주의산만한**(혼란형) **의사소통**(Distracting) : 역기능적 의사소통

주의산만형 의사소통 유형은 내면적으로는 아무도 상관하지 않고, 현재 있는 곳이 자기가 있기에 적절하지 않다고 생각한다. 그리고 말과 행동이 다른 사람과 일치하지 않는다. 주의가 산만한 반응은 상대방이 농담을 하도록 하는 것이며, 상대방이 농담하면 자신에게 관심이 있는 것이라고 생각한다. 또한 주의산만한 반응을 하는 사람은 자신과 주위 사람들의 욕구를 무시한다. 그래서 상황에 맞지 않는 말을 하고 비합리적이며, 잘 모르면서 말한다. 주제를 자주 바꾸고 책임 없는 말을 하며 산만하다. 못 듣고 못 본 척 딴전을 피운다. 다른 사람의 질문을 무시하고 입, 신체, 팔, 다리를 계속 움직인다. 질문의 핵심에 대한 적절한 반응을 하지 못하는 행위를 의미한다. 신체적으로는 신경성 장애, 위장관 장애, 편두통 등의 질병을 호소하며 심리적으로는 혼란스러움, 부적절함, 낮은 충동 통제, 우울증, 공감력 결핍, 타인의 권리침해, 학습불능의 증상을 보인다.

(9) 기능적 의사소통

기능적인 의사소통이란 가족원들이 서로 억압받지 않고 자유롭게 사실이나 감정을 표현하는 긍정적인 의사소통 유형이다. 개방적이고 직접적이며 분명하고 정확한 표현을 주고받으며, 상대방의 메시지를 경청하며, 명확하게 질문한다. 상대방의 되돌림(Feedback)에 대하여 반응할 때 잘 받아들이며, 언어적 수준, 비언어적 수준, 상황적 수준 간 일치성이 높다.

(10) 나-전달법(I-Message)

Gordon이 부모효율성프로그램(PET)을 통해 소개한 대화 방법이다(김혜숙 외, 2006). 상대방과 갈등이 발생했을 때, 자신의 마음을 효과적으로 알리는 대화 기술을 의미한다. 상대방의 행동을 비난하거나 지적하기보다 자신의 감정에 초점을 맞추어 표현하도록 하는 방법이다. 상대방의 특정 행동으로 인해 생겨난 자신이 느끼는 감정을 표현하는 것이며, 그 행동으로 인해 발생한 결과 혹은 영향을 표현하는 것이다. 이것은 책임추궁이 아니라 현재의 감정상태를 표현하게 함으로써, 악순환적 대화에서 벗어나게 해준다. 나-전달법은 '나'를 주어로 하여 자신의 감정을 표현하기 때문에 상대방을 존중하면서도 자신의 주장을 전달할 수 있다. 그리고 솔직하고 개방적이어서 상대로 하여금 친밀성과 진지함을 가지게 하여 원만한 관계를 유지할 수 있다.

(11) 너-전달법(You-Message)

나-전달법인 'I-Message'와는 반대로 '너(You)'가 주어가 되는 대화 형식이다. 일반화시키거나 지시나 명령 혹은 비난을 섞어서 표현하고 상대방에 대한 평가를 담은 표현을 많이 한다. 다른 사람의 필요한 행동변화를 요구하는 것을 목적으로 하지만 대개는 변화

표 6-4 자기표현적인 방법인 나-전달법(I-Message)과 너-전달법(You-Message) 비교

구분	I-Message	You-Message
정의	'나'를 주어로 하여 상대방의 행동에 대한 자신의 생각이나 감정을 표현하는 대화방식	'너'를 주어로 하여 상대방의 행동을 표현하는 대화방식
특징	• 문제가 되는 상대방의 행동과 상황을 구체적으로 말한다. 이때 어떤 평가, 판단, 비난의 의미를 담지 말고, 객관적인 사실만을 말하는 것이 좋다.	• 해결책을 제시하는 말투 - 강요하고 지시하고 명령하는 말 - 경고, 위협하는 말 - 당부, 설교하고 도덕적 행동을 요구하는 말
특징	• 상대방의 행동이 자신에게 미친 영향을 구체적으로 말한다. • 그러한 영향 때문에 생겨난 감정을 솔직하게 말한다.	• 정신적 좌절감을 일으키는 말투 - 평가, 비판, 우롱하는 말투 - 탐색, 질문 및 심리분석의 말 - 둘러대거나 관심을 전환시키는 말투 및 비교하기

출처 : 신용주 외(2006).

에 대한 부가적인 저항으로 끝나곤 한다. 예를 들어 "그 생각을 버리고 내 충고를 받아들이는 것이 좋겠다.", "네가 이것을 하지 않는다면 그때 너를 가만두지 않겠다.", "네가 이번에 한 번만 더 결석하면, 이제 더 이상 너를 도와주지 않을 것이다." 등이다.

(12) 역기능적 의사소통

역기능적 의사소통은 자신이 일반화하거나 확실한 증거 없이 짐작하여 의사를 전달하거나 사실을 모르고 서로 눈치를 보면서 주제를 선택하거나 표현을 주저하고 회피적인 태도를 보이는 의사소통 유형이다. 그리고 사용하고 있는 단어나 의사소통하는 내용을 확인하지 않고 구체화하지도 않는다. 애정적 표현보다는 비난적인 표현을 더 많이 사용하여, 의사소통이 원만하게 잘 이루어지지 않는다. 미완성의 메시지를 전달하며, 완성된 문장은 사용하지 않고 발음도 명확하지 않다. 그리고 애매모호하고 간접적인 방식으로 의사소통한다. 이와 같이 역기능적인 의사소통 양식은 심각한 문제를 유발하고 가족구성원에게 고통을 안겨줄 수 있다.

(13) 효과적인 의사소통을 방해하는 요인

효과적인 의사소통을 방해하는 요인은 성급히 주제 바꾸기, 과잉일반화, 지나친 질문, 동정하거나 무례하거나 거짓으로 안심시키기, 상대방의 마음을 읽고 있는 듯 진단하고 해석하기, 부정적인 과거사건 떠올리기, 불충분한 대답, 의견표현의 실패, 단언적 발언, 흑백논리 및 과도한 동의 또는 반대, 빈번한 조언, 부정적 평가, 문책, 비판, 지시, 명령, 위협, 훈계 및 비꼬는 유머, 지나친 농담, 조르기 등이다.

의사소통을 방해하거나 왜곡하는 말로는 과거의 경험, 선입견, 고정관념, 잠재적 의도, 물리적 환경을 탓하는 말들이 있다. 주로 경직되고 융통성 없는 경계선과 모호한 구조를 지녀 다양성이 부족한 사람들에게 나타나는데 실망, 절망, 우울증, 근심, 적개심, 죄책감, 냉소, 무관심 등으로 표출된다.

(14) 원가족 삼인군

역기능적 대처방법에 집착하며 죄의식을 느끼기보다는 내외적 자원과 장점 인식을 통한 기능적인 의사소통과 자존감 향상을 통해 어머니, 아버지, 자녀관계에서 구성, 관계, 역할, 조화, 협동을 추진한다.

3) 대표적인 기법들

가족체계 내의 상호작용을 계속 진단하고 의사소통을 기초로 삼는 기술을 통해 가족 내의 의사소통과 상호체계를 변화시키는 기법들이 필요하다.

(1) 효과적인 의사소통 방법

가족 내에서 효과적인 의사소통을 위해서는 감정이입, 장애물의 의식, 피드백, 경청, 권력과 조작에 의한 전달 피함, 일대일 의사소통, 수용, 신뢰감 등이 필요하다.

그리고 가족구성원들이 자신의 생각과 감정을 가족 내의 다른 사람들과 공유하는 것이 중요한데, 이것은 좋고 나쁨을 개방적이고 솔직하게 표현함으로써 가능하다. 또한 타인이 내적 생각과 감정을 수용하는 자세가 필요한데, 이것은 다른 사람의 생각과 감정에 대한 상냥함과 지지를 통해 가능하다. 비웃음과 부정적 평가, 개성의 무시, 처벌과 비판적인 언급은 가족의 역기능을 강화하게 된다. 그러므로 건강한 가족에서 구성원들은 서로의 관점과 시각을 환영하고 인정하며, 낙관주의, 공감, 포근함, 애정, 친절, 긍정적 감정의 어조 등이 전제되어야 한다.

(2) 가족조각

가족조각(Family sculpting)기법은 가족구성원이나 물체를 배치시키는 방법으로 어느 특정한 시점의 가족 간의 정서적 관계를 신체적으로 상징화하는 기법이다. 어느 시점을 선택하여 그 시점에서의 인간관계, 타인에 대한 느낌과 감정을 동작과 공간을 사용하여 표현하는 비언어적 기법(말이 아닌 행동과 관찰을 통한 경험)인 것이다. 적어도 서너 명이 참석하는 것이 좋으며, 참석하지 않은 사람들을 위치시킬 때 사용하도록 쉽게 움직일 수 있는 가구나 물건을 준비한다. 가족구성원 각자가 가족 내에서 경험한 그 자체를 눈으로 볼 수 있도록 압축하여 표현하게 하는 것이다(김경호, 2005).

언어적 표현 부족, 소극적 참여 가족들이 자연스럽게 참여하면서 치료에 관여하게 하며, 주어진 공간에서 구체적 관계 유형을 볼 수 있고, 경험할 수 있게 하는 진단적이고, 치료적인 기법이다. 가족구성원 중에 한 사람이 조각자가 되어 자신이 지각하고 있는 상황을 각 구성원에게 표현하도록 각자의 위치와 신체적 표현을 정해준다. 나머지 구성원들은 조각자가 표현하고 싶은 것이 모두 표현될 때까지 그 자세를 유지한다. 가족구성원들은 다른 구성원들의 조각을 보는 관점에서 통찰력, 이해, 공감, 동정, 후회, 사고 등의 감정을 경험한다. 말 없이도 다른 사람의 관점을 이해하게 하는 수단을 제공하기 때문에 말이 서투른 가족에게 용이하다.

언어를 사용하지 않기 때문에 과도한 말이나 방어적 태도와 비난을 통한 투사 등을 차단할 수 있는 장점이 있는 개입기술이며, 그래서 가족에게 주는 응집력 효과를 볼 수 있다. 그리고 가족구성원 각자가 자신이 가족의 중요한 구성원임을 깨닫게 해준다. 또한 가족들이 이상적인 자신들의 관계를 표현하게 함으로써 그 가족에 대한 이해를 높일 수 있는 방법이 되는 것이다(손광훈, 2009).

(3) 역할극, 역할연습

역할연습은 클라이언트의 문제 장면을 가능한 한 실제에 가깝게 연출하여 클라이언트가 그 장면에서 실제로 할 수 있는 말과 행동을 하도록 하는 기법이다. 즉, 역할연습을 통해, 클라이언트의 생각, 감정 및 행동 등을 전체적(전인적)으로 표현하게 함으로써 실제 생활 장면에서 어떻게 움직이는가를 사회복지사나 다른 관찰자들에게 정확히 보여주고, 클라이언트의 문제를 구체적으로 부각시키는 데 사용된다.

그러므로 실제 생활에서 겪을 수 있는 위험부담 없이 새로운 행동을 연습하게 하는 기법이라고 할 수 있다. 사회복지사가 한 가족구성원에게 다른 구성원의 역할을 수행해보도록 요청하며, 다른 구성원의 역할수행을 통해 그 구성원의 내면에 대한 이해를 높일 수 있다. 또한 클라이언트는 가족의 다른 구성원의 역할연습 행동을 보면서 여러 생활 장면에서의 타인들의 행동 및 감정 경향, 신념의 차이를 이해하게 되며, 역할연습에 참여하는 과정에서, 자기 자신에 대한 통찰을 통해, 자신의 무관심과 자기의 감정을 어떻게 자제해야 하는가를 배우기도 하고 새로운 행동 양식을 개발할 수 있게 되는 것이다. 결국, 역할연습은 복잡한 생활 장면 문제들에 대한 대응방식을 자연스럽고도 전체적으로 학습시키고 또 교정하는 방법이라고 말할 수 있다(전남련, 2007).

(4) 가족그림

가족이 어떻게 조직화되어 있는지 가족 각자의 생각을 그리게 하고, 예전에 미처 생각하거나 대화하지 못했던 상황을 경험하도록 돕는 기법이다.

(5) 비유

주제나 생각이 유사한 다른 상황과 연결시켜 표현하는 기법으로 가족이 자신의 문제를 밝히기를 부끄러워하거나 언급하기를 원하지 않을 때 사용된다.

(6) 모의가족

모의가족(simulated family)은 가족 내의 바람직한 의사소통 방법과 입장을 배우기 위해 모의 형태의 가족이 되어 연기하고 연습해 보는 기법이다.

(7) 원가족 도표 작성

가족구성원의 성격, 자존감, 의사소통 유형, 가족규칙, 가족의 역동성, 세대 간의 유사성과 차이점, 사회와의 연계성 수준 파악, 가족의 역동성과 대인관계를 평가해 볼 수 있는 도구이다.

(8) 재정의(재명명)

가족을 위하여 문제를 재구성하는 것으로 가족문제 원인의 대상을 변화시키거나 대화의 숨은 진의를 파악하게 하는 것이다. 클라이언트를 돕기 위해 역기능 대처체계를 개방적이고 건강한 기능체계로 바꾸기 위한 개입을 하면서, 재현을 통한 자신에 대한 감정과 시각을 가질 수 있도록 구조화해야 한다. 이를 통해 문제를 다른 시각에서 보고 다른 방법으로 이해하도록 돕는 것을 재명명기법이라 한다.

(9) 유머

사회복지사는 가족 내의 긴장 완화 및 친밀감 유도를 위해 유머가 필요하다.

(10) 가족중재

사회복지사가 가족에게 깊이 관여하기보다 중립자적 입장에서 단순히 구조화된 과정을 안내하는 것이다. 부모와 자녀 간 갈등이 심한 경우, 사회복지사는 부모의 권위를 존중하는 한편, 자녀의 주장도 존중되고 수용되도록 지원한다.

(11) 역기능적 가족규칙 수정

가족구성원의 기능을 손상시킬 수 있는 역기능적 가족규칙을 밖으로 드러나게 하는 것이다. 사회복지사는 가족원들의 상호작용에 미치는 규칙의 영향을 인지하도록 메타커뮤니케이션을 통하여 가족을 돕는다. 사회복지사는 가족이 잘 아는 분명한 규칙목록을 만들고 가족이 분명하면서 인지하기 쉬운 규칙들을 말하고 나면, 드러나지 않은 다른 규칙에 대하여 논의하도록 유도한다.

(12) 직면

클라이언트가 가족 내에서 역기능을 일으키는 기본적인 이슈에 대해서 회피하려고 할 때 사회복지사는 가족원들의 자기 파괴적이거나 자기 패배적인 행동을 인식하도록 직면(confrontation)을 사용한다.

4. 해결중심적 가족치료모델

1) 특징

해결중심적 가족치료모델에서 클라이언트는 문제를 해결할 수 있는 힘과 자원을 이미 가지고 있는 존재라고 보며, 문제의 원인 혹은 문제내용의 규명이 아니라 해결책의 구축에 초점을 둔다. 클라이언트의 장점과 자원을 활용하여 작은 변화부터 시도하는 손쉬운 해결책과 성공적 경험을 중심으로 가족사정을 하고 개입한다. 과거보다는 현재와 미래에 관심을 갖고 저항의 개념을 사용하지 않으며 클라이언트가 진심으로 변화를 원한다는 가정하에 이루어진다(전재일 외, 2002).

'반복적으로 잘못 다룬 것'을 문제로 보며, 개인과 가족의 역기능에 초점을 두지 않는다. 사회복지사는 직접적으로 무엇을 하라고 지시하고 가르치기보다는 가족들 스스로 문제해결의 방안을 찾아내고 사용할 수 있도록 원조한다. 즉 사회복지사와 클라이언트와의 관계가 중시된다.

해결중심적 가족치료모델에 적합한 클라이언트의 특징으로는 항상 자신이 실패한 사람이라고 생각하거나, 잠재된 능력을 몰라서 불평이 많은 사람들이다. 또한 비현실적 신념으로 잦은 이직을 하거나 잘못된 습관(자살시도, 만성적 알코올, 약물남용 등)을 가진 사람들, 그리고 낙인, 중독자의 문제로부터 분리가 안 되는 배우자, 혹은 가족구성원이 이에 속한다.

DeShazer와 Berg, Milwaukee 등에 의해 발전되었다. 단기가족치료, 위기단기치료에 주로 활용되며, 최소한도의 개입, 인간에 대한 강점관점, 인지의 강조, 쉽게 가르칠 수 있는 공식화된 기법 등으로 특정지어진다(류종훈, 2005).

2) 대표적인 기법들

(1) 치료면담 전의 변화에 대한 질문

질문하기를 통해 해결의 실마리를 제공하고자 한다. 클라이언트에게 계속적으로 변화가 일어나는 것을 전제로 클라이언트가 면담을 예약한 후 현재 이곳에 오기까지 달라진 것이 무엇인지 혹은 문제가 어느 정도 완화되었는지를 질문한다. 클라이언트의 잠재능력을 발견하고 클라이언트 자신이 의식하지 못하는 해결방안을 찾는 데 도움이 된다. 새로운 변화에 대한 기대를 위한 격려가 이루어지게 된다.

(2) 예외질문

문제해결을 위해 우연적이며 성공적으로 실시한 방법을 발견하는 것이다. 문제시되는 실패 경험보다는 성공했던 경험을 찾아내어 그것을 의도적으로 계속 실시하여 성공의 경험을 확장하고 강화하도록 한다. 성공적으로 잘하고 있으면서도 의식하지 못하는 것을 발견할 수 있도록 '가족에게 이런 문제가 일어나지 않은 경우도 있었는가'라는 질문을 던진다(류종훈, 2005).

(3) 기적질문

기적이 일어나서 문제가 해결되었다고 상상하게 함으로써 문제 자체보다는 문제와 별개로 해결책을 생각해 보게 하여 기적이 일어났을 때 달라질 수 있는 일들을 실제 행동으로 해보게 하는 것을 말한다. 그러면 클라이언트가 정말 원하는 것을 확인할 수 있는 기회가 된다. 치료 목표를 설정하면서 문제가 완전히 해결되었을 때를 상상하게 하는 것이다.

(4) 척도질문

구체적인 숫자를 이용하여 가족구성원에게 자신의 문제의 심각성 정도, 치료목적, 변화 정도, 성취 정도, 변화에 대한 의지 등을 계량적으로 표현해 보게 하는 질문기법이다.

(5) 대처/극복질문

문제 상황에 있는 클라이언트에게 경험을 활용하도록 하고 새로운 힘을 갖게 하며, 자신의 자원과 강점을 발견하도록 하는 데 도움이 되는 질문을 하는 기법이다. 문제해결을 위한 클라이언트의 노력에 대한 질문을 통해 더 나빠지지 않고 위기를 견디어 낼 수 있는 것을 강조하고 격려함으로써 힘을 주는 기법이다. "무척 견디기 힘든 상황이었을 텐데 어떻게 더 나빠지지 않고 현재 상태를 유지할 수 있었나요?" 등과 같은 질문을 하는 경우이다(김혜란 외, 2006).

5. 전략적 가족치료모델

1) 특징

전략적 가족치료모델에서는 가족문제를 '정상'이나 '비정상', '병리'로 구분하는 것에 대해 거부하며, 가족 내 문제행동이 가족의 역기능적 상호작용에 적용하는 방법으로서 가족 유지의 기능을 하는 측면이 있음을 부각시킨다. 그러므로 개입목표는 현재의 가족문제를 제거하거나 감소시키는 도구적 전략에 관심을 갖고, 통찰이나 인지의 변화보다는 증상과 증상의 해결에 초점을 둔 행동중심적 개입의 성향을 보인다. 이론보다 문제해결 방법에 초점을 둠으로써 다양한 실용적 개입기법들을 제안하였다. Haley 등에 의해 발전되었다(김용민, 2009).

2) 주요 개념

(1) 역설적인 의사소통

메시지 내용보다 메시지의 질(메타커뮤니케이션)에 의해 역기능적 관계를 형성한다.

(2) 가족관계의 유형

가족구성원들이 형성하는 관계의 유형에는 대칭적 관계, 보완적 관계, 초보완적 관계 등이 있다.

(3) 관계의 통제

공개적 싸움, 고의적 방해, 수동적인 저항 등으로 관계 유형에 상호 합의하지 못할 때 투쟁하는 상황을 말한다.

(4) 위계질서의 혼돈

세대에 근거하거나 세대 간 위계에 대항하기 위해 다른 세대 구성원과 결탁하는 상황이다.

3) 대표적인 기법들

(1) 역설적 개입

사회복지사는 문제를 유지하는 행동을 변화시키기 위해 가족이 역설적이라고 생각하는 방법을 지시하거나 혹은 증상을 처방한다. 사회복지사는 흔히 가족원에게 상식에 반하는 일을 행하거나 믿게 하려고 노력하는데, 그러한 방법은 역설적인 점이 있으므로 '역설적 개입'이라 불린다. 역설적 개입기술의 대표적인 것은 증상처방과 제지기법, 시련기법 등이 있다.

① 증상처방

가족이 불평하는 행동을 계속하거나 더 많이 하도록 하는 방법으로 고된 체험을 통한 방법이다. 문제가 되는 증상을 없애기 위해 그 증상을 계속하도록 하는 것이다. 예를 들어 부부싸움을 하는 시간, 장소, 방법 등을 구체적으로 제시하여 심한 체험을 하도록 하는 것이다.

② 제지기법

문제의 완화를 위해 변화의 속도가 지나치게 빠르다고 지적하고 가족원에게 천천히 진행하라고 경고하거나 변화속도를 늦추도록 주문하거나 또는 개선이 생길 때 퇴보에 대해 걱정하는 방법이다.

③ 시련기법

클라이언트가 가진 증상보다 더 많은 힘든 일을 시키는 기법으로 더 힘든 시련을 체험하도록 과제를 주어 증상을 포기하게 한다.

(2) 지시

문제행동을 유지하는 행동을 오히려 수행하라고 직접적·간접적으로 내리는 주문을 말한다. 지시할 때에는 지시의 목적을 분명히 설명해야 하고, 이행 여부를 확인해야 한다. 이행하지 않은 경우 지시에 문제가 없었는지 확인하고 문제가 있었다면 다른 지시를 시도할 필요가 있다.

(3) 재명명

문제나 상황을 판단하는 관점의 변화로 문제나 상황을 전혀 다르게 해석하여 새로운 의미로 발전하도록 하는 기법이다. 예를 들어 남편에게 잔소리를 하는 아내의 말과 행동을 애정과 돌봄의 표현이라고 설명하는 경우이다.

(4) 순환적 질문

문제의 순환성을 깨닫도록 하기 위한 질문을 연속적으로 하는 기법으로 클라이언트가 자신을 관계의 맥락에서 보게 하고 또 다른 가족원들의 관점에서 바라볼 수 있도록 하는 것으로 가족의 문제에 대해 원인과 결과를 구분하는 단선적 관점에서 벗어나 문제의 순환적 성격을 분명하게 인식함으로써 가족구성원들은 자신들의 제한되고 일방적인 시각에서 빠져나올 수 있다.

(5) 긍정적 의미부여

가족의 응집력을 향상시키고 치료에 대한 저항을 줄이기 위해 가족의 문제나 행동을 긍정적으로 재해석하는 것으로 가족의 응집력을 향상시킬 수 있다.

(6) 문제의 외현화

이야기치료에서 사용하는 기법으로 표출대화(externalizing conversation)라고 하기도 하는데, 가족문제를 가족을 괴롭히는 하나의 문제 자체로 이야기함으로써 개별 구성원 혹은 가족을 가족문제로 보지 않고 문제만을 문제로 보는 것이다. 이것은 자신을 병리적이라고 생각하는 것으로부터 자유롭게 하기 때문에 인간이 지닌 잠재력과 가능성을 인식하고 인정하게 하며 그의 강점을 개발할 수 있도록 촉진한다.

(7) 행동시연

행동시연(rehearsal)은 행동주의 혹은 인지행동가족치료에서 사용하는 기법으로, 클라이언트가 습득한 행동기술을 현실세계에서 직접 실행해 보기 전에 면담 중에 혹은 사회복지사 앞에서 반복하여 연습하도록 하는 것이다. 가족의 갈등을 외부에서가 아니라 지금-여기(here and now)로 가져 오는 것으로 치료 장면 이외에서 일어났던 사건을 치료 장면에서 해보도록 하는 것이다.

(8) 실연

실연(enactment)은 가족이 경험하고 있는 문제를 사회복지사가 보다 정확하게 이해하기 위해 가족들로 하여금 문제 상황을 사회복지사 앞에서 실제로 행동을 통해 연기해 보도록 하는 기법이다. 문제 상황을 둘러싼 가족의 역기능적 상호작용이 분명히 드러나도록 하기 위한 것이 목적이다. 개입의 방향에 대한 정보를 확인하는 도구이자 그 자체로서 가족의 변화를 위한 도구가 된다.

6. 가족 사정보고서의 예

가족 사정보고서

- 클라이언트 성명 : ○○○ (남/여)
- 나이 :
- 주소 :
- 정보 제공자 :
- 면담 일시 / 장소 :
- 면담 목적 : 가족 사정
- 면담 시 태도 및 정보의 신뢰도

1. 기본 정보

(1) 주거 상황
(2) 직업 상황
(3) 사회경제적 지위
(4) 종교

2. 가족정보

(1) 부계 확대가족
(2) 모계 확대가족
(3) 클라이언트 가족

3. 가족관계

(1) 확대가족의 관계
(2) 부부관계
(3) 부모자녀관계
(4) 형제자매관계

4. 가계도와 생태도

5. 종합적 가족사정

참고문헌

김경호(2005). 『사회복지실천기술론』. 서울: 청목출판사.

김용민(2009). 『사회복지실천기술론』. 서울: 청목출판사.

김유숙(2007). 『가족상담』. 서울: 창지사.

김혜란 외(2006) 『사회복지실천기술론』. 경기: 나남

류종훈(2005). 『사회복지실천기술론』. 서울: 유풍출판사.

손광훈(2009). 『사회복지실천기술론』. 경기: 공동체.

신용주 외(2006). 『자녀지도와 부모교육』. 경기: 형설출판사.

전남련(2007). 『사회복지실천론』. 경기: 학현사.

전재일 외(2002) 『사회복지실천기술론』. 경기: 형설출판사.

Chapter 07

집단사회복지실천의 실천기술

01 집단사회복지실천의 개념
02 목적
03 역사 및 발달과정
04 실천 기본원칙
05 집단사회복지실천 관련 이론
06 집단사회복지실천모델
07 집단사회복지실천 발달단계에 따른 실천기술

1. 집단사회복지실천의 개념

집단사회복지실천(group work)은 전문가에 의한 의도적인 집단과정과 경험을 통해서 개인과 집단, 지역사회의 욕구를 충족시키고 당면문제들에 대해 보다 효과적으로 대처해 나갈 수 있도록 도움으로써 심리적 · 사회적 기능 수행의 향상을 지원하는 사회복지실천 방법 중의 하나이다. 즉, 특정한 문제와 욕구가 있는 사람들이거나 건강한 개인들로 구성된 집단을 대상으로, 상호작용을 지도하는 집단지도 전문가가 개인, 집단, 환경의 수준의 프로그램 활동 경험을 통하여, 개인, 집단, 사회의 성장과 발전을 도모하고자 하는 개입을 의미하는 것이다.

집단의 역동에 대한 적절한 활용은 집단 전체와 집단에 속한 구성원에게 모두 긍정적 영향을 미치지만 집단발전에 역기능적인 영향을 미치기도 한다. 즉, 긍정적이고 결속력 있는 집단은 구성원들에게 좋은 영향력을 행사하며 목표장성을 촉진, 만족스러운 관계를 만들기도 하지만 집단 영향력이 무시될 경우 성급한 개인 공개 및 평가 압력과 같은 부정적인 영향이 생길 수도 있기 때문이다(박세정 외, 2008).

집단사회복지실천과 유사한 개념으로는 집단상담, 집단치료, 집단지도 등이 있다. 집단상담은 집단구성원들이 일상적 문제를 공유하면서 개인이 갖는 특별한 문제를 해결하는 데 초점을 두고 특정 상황을 수정, 변경하는 형태이다. 집단치료는 전문가의 도움을 받는 특수하고 통제된 집단 상호작용을 통하여 집단구성원의 개인적 · 사회적 기능을 향상시키고 구성원들의 증상과 고통을 완화하는 데 초점을 두고 기본적인 성격을 변화시키는 데 목적을 둔다. 집단지도는 고통받고 있는 개인뿐만 아니라 건강한 개인들로 구성된 집단에 대한 지도까지 포함한다.

2. 목적

집단사회복지실천은 다음과 같은 여덟 가지의 특별한 목적을 제시한다. 첫 번째 목적은 재활이다. 재활이란 사람이나 일이 이전의 능력으로 회복하는 것을 말한다. 두 번째 목적은 교육훈련으로 치료보다는 성장과 발달에 초점을 둔다는 것이다. 세 번째 목적은 교정으로 사회법 혹은 사회적 관습에 대해 어려움을 가진 사람과 범법자를 돕는 것을 말하며, 네 번째, 사회화의 목적은 사람들이 사회적으로 기대되어지는 것을 행하는 방법을 습득하는 것을 의미한다. 다섯 번째, 예방의 목적은 어려움이 일어나기 전에 미리 처리하고 필요로 하는 환경적 영양물을 제공하는 것을 뜻하며, 여섯 번째 목적인 사회행동은 사람들이 대처하고 적응하는 것 이외에 그들의 환경을 변화시키도록 돕는 것을 의미한다. 일곱 번째, 문제해결하기의 목적은 사람들이 과업을 달성, 결성하고 사회문제를 해결하도록 집단을 이용하는 데 도움을 준다는 것이며, 마지막으로 사회적 가치의 목적은 개인이 생활과 관련된 실천 가능한 사회적 가치를 발달시키는 것을 돕는다는 것을 의미한다(조학래, 2006).

이와 같이 집단사회복지실천은 실제적 고립, 혹은 상상의 고립을 완화시킬 수 있고, 학습과 토론을 위한 자연 실험실인 집단과정을 통해 희망의 고취, 정보전달, 사회기술발달, 모방 행동, 이타심, 보편성, 대인관계학습, 집단응집력 강화를 가져옴으로써 개인을 집단 속에서 성장시키고 발전시키기 위한 사회복지적 차원에서의 시도라고 할 수 있다.

3. 역사 및 발달과정

19세기 말 집단사회복지실천은 처음 청소년들의 정신적 · 사회적 · 심리적 조건을 향상시키기 위한 청소년단체(YMCA, YWCA, 소녀우애협회, 소년클럽) 중심으로 발전되었다. 또한 사회적 조건변화와 주민 간의 자조를 강조한 인보관 운동(근린조합)을 중심으로도 집단사회복지실천이 간헐적으로 이루어져 왔다. 그러나 아직 집단프로그램의 가치와 중요성은 인식하지 못한 상황이었다. 이후 1923년 최초로 집단사회사업 전문교육이 미국에서 설립되면서 집단사회복지실천 영역에 대한 관심이 증가하기 시작하였다. 사회적으로 요청되는 집단의 육성과 개인의 성장에 대한 실무이론의 체계적 시도가 시작된 것이다(전재일, 2002).

1936년 미국집단사회사업 연구회가 발족되었고, 1946년 코일 보고서를 통해 사회복지 방법론으로 공식적으로 인정받았다. 이후 미국집단사회복지사 협회가 설립되었으며, 정신분석적 개념이 도입되고, 자아심리학의 영향이 추가되면서, 정신과 실무에서 많이 사용하게 되었다. 또한 집단지도의 개념 및 목적이 교정, 예방, 정상적 · 사회적 성장, 시민으로서의 책임성과 참여 등으로 확대되었으며, 사회적 기능향상 및 오락교육, 지역개발 및 사회행동 목적으로도 사용되게 되었다. 뿐만 아니라 소집단에 대한 활발한 연구가 진행되고, 1960~1970년대 사회복지방법론이 통합되면서 집단사회사업실천 용어는 일반화되었으며, 1970년대 감수성훈련, 마찰집단, 교류분석, 행동수정, 게슈탈트 등 다양한 형태의 집단프로그램이 시도되었다. 복합가족집단, 폭력배집단, 에이즈감염자집단 등 소수 및 사회적 일탈집단을 대상으로 한 집단프로그램들이 1980년대 이후 이루어졌다(이미선 외, 2008).

4. 실천 기본원칙

집단을 대상으로 한 사회복지실천의 기본 원칙은 다음과 같다(조학래, 2006).

첫째, 개별화의 원칙이다. 집단구성원들 각각의 특성이나 욕구, 개성, 적용 능력 등을 고려하여 접근해야 한다는 것이다. 둘째, 수용의 원칙으로 집단구성원들의 강점, 태도, 행동을 있는 그대로 이해하고 인정한다는 것을 말한다. 셋째, 참가의 원칙은 구성원들의 모두가 문제해결과정에 스스로 적극적으로 참여할 수 있도록 흥미와 욕구를 반영하여 동기부여를 해야 한다는 것과 동시에, 집단활동 참가를 저해하는 요소를 제거하는 노력을 해야 한다는 것이다. 넷째, 체험의 원칙은 구성원의 심리적 · 행동적 집단 체험을 통해 성취감과 자신감을 확보할 수 있도록 지원해야 한다는 것을 의미한다. 다섯째, 갈등해결의 원칙은 집단 내 갈등을 구성원 스스로 직면하여 해결토록 지원함으로써 집단이외의 상황에서도 갈등을 해결하는 능력을 기를 수 있도록 해야 한다는 것이다. 여섯째, 규범의 원칙은 구성원이 집단활동 중에 지켜야 할 규범이나 규칙에 대해 동의하며 이를 준수할 수 있는 기본적 태도를 지원해야 한다. 일곱째는 계속평가의 원칙으로 구성원과 집단의 계속적인 성장발달을 위해 지속적으로 집단활동을 분석하고 피드백하여 계획 수립 및 수정을 이행해야 한다는 것이다. 여덟째, 집단의 독립성 원칙으로 집단은 집단 자체로 다른 집단과 구별되는 독특성을 인정해야 한다는 것이며, 마지막 원칙은 집단구성원 간의 상호관계 촉진원칙으로 집단구성원들이 집단활동을 통해 끊임없이 상호작용할 수 있도록 지원함으로써 관계를 통해 개인의 변화와 문제해결을 도모해야 한다는 것이다. 이러한 원칙을 제대로 수행하기 위해 구성원들은 신뢰, 경청, 공감, 솔직성, 용기, 자기자신과 직면, 안정감 등의 자질이 필요하다.

5. 집단사회복지실천 관련 이론

1) 장이론

Lewin에 의해 개발된 이론으로 정신현상이나 사회현상은 전체가 하나의 장을 이루고 각 부분은 상호의존 상태에 있다는 전제에서 출발한다. 그러므로 집단을 하나의 전제로 이해하기 때문에 집단은 구성원을 잡아두는 힘과 목적성취를 위한 힘이 모여 만든 실체라고 할 수 있다. 그리고 집단의 행동은 전체적인 상황을 위해 기능하기 때문에 집단의 속성이 집단의 구성원에게 미치는 영향을 파악하는 것이 매우 중요하다는 입장이다. 이러한 장이론에 의해 개발된 집단 프로그램으로 역할극이나 모의실험을 강조한 훈련집단(T집단) 등이 있다.

2) 사회교환이론

Tibout, Kelly, Blau, Homans에 의해 개발된 이론으로 집단의 존재는 집단 내의 개인의 참여와 만족에 기반을 두고 있고 행동을 강조한다. 집단 내 구성원 간의 보상을 추구하는 방법과 영향력 행사 방법으로 분석한다.

3) 정신분석이론

Redle, Byon, Whitekar, Yalom 등이 정신분석학적인 이론을 집단에 적용시켰다. 개인에 초점을 두고, 개인의 해결되지 않는 갈등을 집단 내에서 표출하도록 한다. 구성원들의 전이반응, 방어기제 등을 집단 내에서 해석하고 치료과정으로서 집단을 활용한다. Berne의 의사거래분석, Perls의 게슈탈트치료, Moreno의 사이코드라마 등으로 발전되었다.

4) 체계이론

Parsons가 주장한 이 이론에서 집단은 단일체로 기능하며 평형 상태를 유지하려는 상호의존적인 여러 구성원들로 구성된 사회체계로 보았다. 그러므로 집단의 평형 상태를 유지하기 위한 요소로 통합－조화, 적응－변화, 형태유지－목적 및 절차, 목적성취－과제 추구 및 성과를 지적하였다.

Valles는 집단활동을 통해 각각의 문제를 해결하게 되는데, 수단적 문제는 목적성취와 관련하여 집단외부에서 부과하는 요구에서 비롯되며, 사회정서적 문제는 인간관계의 어려움, 조화 및 만족 등의 요구에서 비롯된다고 보았다. 또한 상호작용과정을 분석하여 역동적 평형 상태를 유지하기 위해 외부와 내부와의 통합을 위한 동요를 해결하고, 상호작용의 문제로는 의사소통, 평가, 통제, 의사결정, 긴장 감소, 통합의 문제를 들고 있다.

Homans는 집단의 체계로 외부환경과의 적응을 강조한 외적 체계, 규범, 상호 유형을 강조한 내부체계로 구분되며, 평형 상태 유지를 위해 변화하는 과정과 개별 구성원의 상호작용이 전체 집단의 특성이 된다고 보았다. 집단의 힘이 개인행동에 영향을 주고, 갈등 시 집단 유지를 위한 노력을 통해 문제해결이 이루어진다고 보았다.

5) 집단성격이론

Carttel에 의해 개발된 이론으로, Lewin의 장이론과 관련이 있으며 집단 내에서 상호관계의 측면을 강조한다. 경험 통계학적인 요인 분석적 접근으로 개인의 자료로 집단행동의 기본적 측면 도출을 기본으로 한다(박세정 외, 2008).

6) 의사거래분석(교류분석)

Berne에 의해 창시된 것으로 대인관계 및 의사소통에 문제가 있는 상황에의 적용을 위한 이론이다. 두 사람의 자아상태 간에 일어나는 자극과 그에 대한 반응을 통한 상호작용으로 정의된다. 생존에 필요한 생리적 욕구와 평안함을 추구하는 심리적 욕구, 자극갈망, 구조갈망(조직화), 위치갈망(확고한 위치의 점유)을 충족하기 위해 상호작용과 관계형성이 필요하다. 인간의 대인교류 유형은 상보적 교류가 가장 바람직하나 다른 자아 상태를 갖는 교차적 교류나 다메시지를 갖는 이면적 교류 등은 집단활동을 통해 변화시켜야 한다(김혜란 외, 2006).

7) 형태주의이론(게슈탈트이론)

Perls에 의해 시도되었다. 정신분석학 및 유럽의 현상과 실존주의에 근거하기 때문에 현재의 행동이나 문제를 원인(왜)보다는 어떻게 혹은 무엇에 더 큰 비중을 둔다. 형태주의에서의 인간관을 인간을 신체, 정서, 사고, 감각, 지각들의 통합적인 기능을 수행하고 환경과의 분리가 되지 않는 존재이자 능동적인 행위자로 보는 데서 출발한다. 또한 자신의 지각과정을 통해 행동을 선택하고 그 행동에 대해 책임지는 존재로 보며, 스스로 통제할 수 있는 능력이 있다고 본다. 그리고 인간은 일차적으로 현재 상황에서 자신을 경험하며,

인간의 본성은 선하지도 악하지도 않다고 본다(손광훈, 2009).

그래서 지금-여기에서 과거와 미래까지 경험이 가능하도록 한다. 뜨거운 자리, 공포 대상에 대한 지속적 체험으로 공포감정을 극복하도록 돕는 그 자리에 머무르기, 신체언어 집중하기, 정서적 정화를 위한 빈 의자 기법 등이 이에 속한다.

8) 현실치료

현실치료의 기초자인 Glasser는 인간은 자기정체성에 대한 욕구라는 단일하고 심리적인 욕구에 직면해 있다는 것을 전제로 하고 있다. 모든 사람은 사랑과 가치의 경로를 통해 자신이 다른 사람과 구분되는 정체성을 확립하게 되기 때문이다. 그러나 정체성을 제대로 확립하는 못한 것이 문제가 되는데 그 이유는 재정 및 낙인보다도 자신의 지각에 따라 정체성 확립에 문제를 초래한다는 것에 초점을 둔다(김현중, 2008).

6. 집단사회복지실천모델

1) 사회적 목표모델

사회적 목표모델(social goals model)은 집단사회복지실천의 초기 모델로서 인보관 운동과 청년단체의 집단사회복지실천으로부터 성장했다.

2) 치료모델

치료모델(remedial model)은 사회적 기능수행에 문제가 있거나 문제가 발생할 확률이 높은 개인에게 원조하는 것을 강조하는 임상모델집단이다.

3) 상호작용모델

상호작용모델(reciprocal model)은 집단 내 사회복지사와 구성원 간의 상호관계 또는 공생적 관계에 중점을 둔 모델로 중간모델 또는 인본주의모델로 불리며 현실주의적 접근을 시도한다. Trope 등에 의해 발전되었다.

표 7-1 집단사회복지 실천모델 비교

특징	사회적 목표모델	치료모델	상호작용모델
이론	발달적 접근	조직적 환경적 접근	상호작용주의
목적	사회적 의식, 사회적 책임, 책임있는 시민 및 사회정치적 행동, 사회에 대한 개인의 적응, 집단선 추구	역기능적 행동을 하는 구성원의 치료와 재활, 개인의 목적 성취를 지원하기 위한 수단으로서의 집단 강조, 개인선 추구	적정 수준의 적응과 사회화를 성취하기 위해 구성원 간 상호지지체계 형성, 대인관계 향상, 집단 및 개인 양자의 선을 위한 집단과 개인 상호관계 강조, Here & Now, 상황과 집단이 관여하는 체계 자체의 관심
기관	인보관, 지역사회복지관	임상기관, 사회복지기관, 시설	임상기관, 지역사회복지관
초점	대규모 사회환경에 속한 개인	개인적 역기능 변화	구성원 간의 자조, 상호 지지체계 개발
집단사회복지사의 역할	역할모델, 조력자, 교사, 영향자	변화대리인, 전문가, 조력자, 중개자, 주요한 인물, 지시적, 상당한 권위를 가짐	중개자, 조력자
대상	시민, 이웃, 지역주민	역기능이나 문제해결을 위해 도움을 필요로 하는 자	공동 관심사를 성취를 하기 위해 협력하는 구성원
집단활동	토론, 참여, 합의 집단과제의 개발 및 실행, 지역사회 조직화, 구성원의 사회적 행동기술 습득과 사회변화에 필요한 프로그램	구성원의 행동 유형을 변화시키기 위해 구조화된 운동을 하거나 직접, 간접적인 영향을 발휘	구성원들의 관심사를 토론, 상호지지 형성, 상호 이익이 되는 결속되는 사회체계 형성
집단크기	3~30명	7~10명	상황에 따라 유동적이나 15명을 넘지 않음
회원가입	개방적	전문가의 통제	전문가와 회원의 동의에 의한 자유로운 가입
회합기간	지도력 유형에 따라 유동적	정기적이며 시간 사용 계획을 사전에 설정	유동적, 집단사회복지사와 구성원이 합의
대표학자	Ryland, Wilson, Coyle, Wiener, Klein	Vinter, Sarri, Glasser, Redle	Schwatz, Byon, Lewin

4) 사회학습모델

사회학습이론이나 행동수정이론을 사회복지실천에 적용한 것으로, 인간 조종기술, 의사과학이라는 비난이 있다고 한다. Rhodes와 Galvin에 의해 발전되었다.

5) 목표형성모델

집단구성원 개인이 집단과 사회의 관계 속에서 적절한 균형을 계속 유지해 나가는 과정과 관련이 된 모델이다. 사회복지사는 구성원들이 체계 간의 관계를 명확히 개념화하도록 지원하는 역할을 수행하게 된다. Lang에 의해 발전되었다.

7. 집단사회복지실천 발달단계에 따른 실천기술

집단발달단계는 준비단계 → 초기단계 → 중간단계 → 종결단계로 구분할 수 있는데 각각의 단계별 실천기술에 대해 살펴보면 다음과 같다.

1) 준비단계

준비단계에서는 집단구성의 계획안을 작성하고 집단의 목적과 목표, 집단구성원의 모집과 선별 및 구성, 집단의 크기, 집단모임의 빈도와 시간 및 기간, 그리고 집단모임의 장소 등을 결정하는 단계이다.

(1) 집단구성의 계획(안)

집단구성의 계획안에는 집단구성원의 모집방법, 구성원의 수, 집단의 목표설정, 후원조직, 사회복지사의 활동, 물리적 환경 등을 고려하여 세부적으로 작성해야 한다. 일반적으로 사회복지사가 작성하는 집단구성의 계획안에는 다음과 같은 내용이 포함되고 설명되어야 한다(이영호, 2008).

① 집단의 초점은 무엇인가? 교육, 성장, 상호공유인가 또는 행동변화인가?

② 집단의 목적은 무엇인가? 사회복지사가 달성하고자 하는 목표는 무엇인가?

③ 집단은 어떤 사람들을 대상으로 하는가? 그 대상의 욕구는 무엇인가?

④ 집단의 목적을 달성하기 위해서 집단구성원의 수는 어느 정도가 가장 적절한가?

⑤ 집단구성원들의 준비사항은 무엇이며 어디에서 집단모임을 가질 것인가?

⑥ 집단을 효율적으로 운영하기 위한 사회복지사의 역할은 무엇인가?

(2) 집단의 목적과 목표

집단의 목적은 구성원들이 집단참여를 결정할 수 있도록 집단모임의 이유, 집단활동의 내용, 그리고 참여자들에게 요구되는 기대 등을 포함하여 설정하는 것이 중요하다. 이러한 목적은 기관이나 시설의 업무 범위 안에서 설정하게 되는데 구성원들의 욕구를 고려하여 사회복지사나 집단구성원들의 토론을 통해 타협하여 수정, 변경될 수 있다.

목적의 하위단위인 목표는 기관이나 시설의 목표, 사회복지사의 목표, 그리고 집단구성원들의 목표로 구분할 수 있는데, 이러한 목표들의 일치도가 크면 클수록 집단에 대한 매력은 증대되고, 목표를 성취하기 위해 그들이 가지고 있는 자원이나 에너지를 더욱 제공할 수 있다.

(3) 집단구성원의 모집과 선별 및 구성

구성원의 모집은 기관내부(동료직원의 사례, 기관기록 등), 기관외부(타 기관에 의뢰요청), 지역사회(인구조사자료 검토, 교사나 경찰을 통해 얻은 정보 등)에서 확보할 수 있다. 집단구성원 모집의 예는 다음 〈표 7-2〉와 같다.

표 7-2 집단구성원의 모집(안)

<table>
<tr><td>

집단구성원의 모집(안)

새내기 부모를 위한 지지집단 모집(안)
생후 3개월부터 2세 자녀를 둔 부모를 위한 지지집단에 여러분을 초대합니다.
본 지지집단은 영유아 양육, 가사분담, 자녀훈육 등 자녀양육과 관련된 내용을 기초로
부모님의 관심사에 대해서 교육 및 토론을 하는 것을 목적으로 합니다.

1. 후원기관 : ㅇㅇ종합사회복지관
2. 사회복지사 : ㅇㅇ종합사회복지관 팀장
3. 참가 자격 : 생후 3개월부터 2세 자녀를 둔 모든 부모
4. 기간 : 2017년 1월~ 2017월 7월까지(6개월 간 매주 1회)
5. 시간 : 매수 화요일 저녁 6시 30분부티 8시 30분까지
6. 장소 : ㅇㅇㅇ종합사회복지관 소회의실
7. 기타 : 본 집단에 참여하실 부모님들을 위해 보육서비스를 제공하고 있으니 자녀를 저희 센터에 데리고 오셔도 좋습니다.

출처: 엄명용 외(2008)를 재작성

</td></tr>
</table>

(4) 집단의 크기

친밀한 관계형성을 위한 적정인원을 5~12명이라고 하였으며 구성원들이 결석하기도 하고 집단진행과정에 일부가 낙오될 수 있다는 점을 고려하여 최소한 8명으로 구성할 것을 제안하였다(최경화 외, 2010).

(5) 집단모임의 빈도와 시간 및 기간

성인의 경우 일주일에 1회씩 1~2시간가량 진행한다. 1시간보다 짧으면 토론시간이 충분하지 못하고 2시간 이상이 되면 지루하여 집중하지 못하므로 집단의 상황과 진행과정에 따라 융통성 있게 적용하는 것이 바람직하다.

(6) 집단모임의 장소

집단모임을 위한 장소는 기간이나 시설의 물리적 환경에 따라 결정되나 구성원들의 비밀성, 친밀감, 편안함, 그리고 집중도의 측면을 고려해서 정하는 것이 좋다.

좌석배치는 원형으로 배치하는 것이 좋으며 이는 개방감과 응집력을 증진시키며 토론하는 데 좋다.

2) 초기단계

집단발달 초기단계는 선정된 구성원들이 최초로 모임에 출석하여 구성원들 간의 대면이 이루어지면서 집단이 시작됨과 동시에 집단에 대한 사회복지사의 직접적 개입이 시작되는 단계이다. 이러한 초기단계의 특징을 살펴보고 실천기술에 대해 살펴본다. 초기단계에서 집단 및 구성원들의 특성과 사회복지사의 역할은 〈표 7-3〉과 같다.

표 7-3 초기단계에서 집단 및 구성원들의 특성과 사회복지사의 역할

집단구성원들의 특성	집단의 특성	사회복지사의 역할
• 낯선 사람에 대한 불안과 불신 • 사회복지사와 대화 시도 • 탐색 및 거리감 유지 또는 친해지려고 노력을 하게 됨 • 성공할 수 있을 것인지에 대한 불안감 • 집단에서 도움을 받아 성공을 할 수 있을지에 대한 두려움	• 집단, 사회복지사, 집단구성원에 대한 오리엔테이션 • 집단의 규범, 가치, 대화양식 등을 설정 집단의 목적을 공유 • 집단구성원 간 공통점 모색	• 집단의 현 위치를 파악(진행상황, 갈등, 협조체계 등) • 비밀보장에 대한 설명 • 집단구성원이 사회복지사에게 의존하므로 적극적 개입 • 집단구성원들의 불안감을 감소시킴 • 집단목적을 구성원들에게 공유하도록 함 • 집단구성원들의 공통점을 찾아 연결시켜줌 • 집단의 규범이 설정되도록 도와줌

3) 중간단계

집단발달의 중간단계 또는 개입단계는 집단의 목적달성을 위해 구성원들의 변화가 시작되어 그들 간에 친밀감과 상호관계가 향상되고 집단결속력이 증대되는 단계이다. 이

단계에서 사회복지사는 집단과 구성원들이 목표를 달성할 수 있도록 격려 및 지지하고 목표달성에 필요한 집단의 문화와 규범을 발전 및 유지시키고 그리고 목표달성에 방해가 되는 장애를 극복할 수 있도록 원조해야 한다. <표 7-4>은 초기단계에서 집단 및 구성원들의 특성과 사회복지사의 역할은 다음과 같다.

표 7-4 중간단계에서 집단 및 구성원들의 특성과 사회복지사의 역할

집단구성원들의 특성	집단의 특성	사회복지사의 역할
• 집단에 대한 탐색이 점차 감소함 • 집단 구성원들 간에 짝을 이루고 하위집단이 발생함 • 하위집단 간 알력이 발생함 • 집단구성원들의 독특성 인정 • 집단에 대한 공헌을 모색함 • 집단의 중요성을 내면화함 • 사회복지사에게 덜 의존하게 되고 자신에 대한 의사표현을 함	• 집단의 문화와 행동, 규범, 갈등이 발생하고 이를 해결함 • 집단구성원들의 지위, 위계질서, 역할, 리더가 형성됨 • 집단구성원 및 리더를 실험하고 신뢰할 수 있게 됨 • 집단구성원들 간의 공통점, 차이점을 인정하고 존중함 • 집단의 결속력이 발달함	• 집단의 현 위치를 파악(진행상황, 갈등, 협조체계 등) • 각 구성원들에 대한 평가(태도관계, 행동, 동기, 목표 등) • 집단의 목적, 목표를 재확인하고 구성원들 모두의 참여를 유도함 • 집단구성원들 간의 공통점 및 차이점을 파악함 • 집단 리더에 대한 실험을 인정해줌 • 집단구성원들이 다양한 경험을 할 수 있도록 도와줌 • 집단구성원들의 갈등을 해소함

출처: 엄명용 외(2009); 이영호(2008).

(1) 집단회합의 준비기술

사회복지사가 집단을 효과적으로 이끌어 나가기 위해서는 항시 회기에 따른 모임의 장소와 시간을 정확하게 알리고, 회기에 따른 의제준비 및 전 회기의 토론을 요약하고, 구성원들의 흥미를 유발할 수 있는 재료를 준비하고, 구성원들의 토론을 자극하고, 그리고 적절한 시간을 배분해야 한다. 또한 구성원들이 집단에 흥미롭게 참여할 수 있는 프로그램 활동을 준비해야 한다. 이러한 회합의 준비과정을 통해 집단은 구조화되고 결속력이 강화되어 발전하게 된다.

(2) 집단 결속력을 향상시키는 실천기술

집단의 결속력(Group cohesion) 또는 응집력은 집단의 구성원들이 소속감이나 연대감을

갖고 결속한 힘을 의미하는데, 이러한 힘은 집단의 매력에서 나온다. 집단의 결속력이 강하면 구성원들은 자신에 대해서 더 잘 표현할 수 있고, 타인과의 관계를 활발하게 할 수 있어 구성원들이 서로에게 미치는 영향력도 커지게 되고, 집단을 통한 효과가 더욱 커지게 된다. 이러한 집단의 결속력을 결정하는 요인은 다음과 같다(엄명용 외, 2009; 이영호, 2008).

① 집단구성원들이 집단에의 참여를 소중하게 느끼고 사랑받는다고 느끼게 될 때 그들은 집단에 대해 매력을 갖는다.

② 집단결속력은 집단에 참여함으로써 제공되는 자극제(인센티브)와 관련이 있다. 새로운 사람들과의 만남, 수준 높은 구성원들과의 교류, 집단의 참여를 통해서 얻게 되는 자원과 이득 등이 있을 수 있다.

③ 집단구성원들이 집단에 대해서 높은 기대를 갖게 될 때에 집단결속력은 증가한다.

④ 이전에 참여했던 집단과 비교를 했을 때 현재 참여하고 있는 집단에 더 만족할 경우 집단구성원들은 집단에 매력을 갖는다.

위와 같은 요인에 의한 집단결속력을 향상시키기 위한 지침은 다음과 같다(Corey & Corey, 1997; Toseland & Rivas, 2001; 엄명용 외, 2009; 설진화. 2010).

① 집단토의와 프로그램 활동 등을 적극 활용하여 구성원들 간의 상호작용을 촉진시킨다.

② 구성원들이 적극적으로 참여하면 목표를 달성하고 변화를 이루어 낼 수 있는 유능한 존재라는 것을 인식할 수 있도록 돕는다. 구성원들은 스스로 가치 있고 능력 있는 존재라고 믿게 되면 집단활동에 보다 적극적으로 참여하게 된다.

③ 구성원들의 욕구가 집단 내에서 충족될 수 있도록 원조한다.

④ 목표달성과 집단결속력은 밀접한 관계가 있기 때문에 구성원들이 목표에 초점을 두고 목표를 달성할 수 있도록 원조한다.

⑤ 구성원들이 비경쟁적인 관계를 형성하면서 협력할 수 있도록 원조한다.

⑥ 구성원들이 모두 참여할 수 있는 규모의 집단을 형성한다.

⑦ 구성원들의 기대치를 명확히 하고 기대치와 집단의 목적이 일치하도록 한다.

⑧ 구성원들이 집단에 참여함으로써 얻을 수 있는 자극제(보상, 자원 등)를 제공한다.

⑨ 구성원들이 현재 참여하고 있는 집단에 긍지와 자부심을 갖도록 돕는다.

⑩ 구성원들도 사회복지사와 마찬가지로 집단의 활동내용과 방향에 책임이 있다는 것을 인식하도록 한다.

(3) 집단과정을 촉진하기 위한 실천기술

중간단계에서는 집단이 건설적이고 생산적인 변화를 추구하고, 집단 및 구성원들의 목적을 달성하기 위하여 집단과정을 촉진하는 기술이 필요한데, Corey는 사회복지사와의 자기개방, 직면, 그리고 적절한 피드백 등의 기술을 사용할 것을 권유하고 있다(Corey, 1995; 이영호, 2008).

① 자기개방 기술

자기개방(self-disclosure)은 사회복지사가 언어적 · 비언어적 표현이나 행동을 통해서 자신에 대한 정보를 의도적으로 개방하는 것을 의미한다. 이러한 사회복지사의 적절한 자기개방은 진실된 분위기를 조성하면서 집단과정을 원활하게 이끌 수 있다. 집단대상의 실천에서 사회복지사가 집단에서 일어나고 있는 것에 관해 자신의 생각과 감정을 집단구성원들에게 공유하는 경우와 자신의 과거 경험 등을 집단구성원들에게 도움이 되도록 제시하는 경우이다.

그러나 지나치게 자신에 대해 이야기를 하면 클라이언트와 신뢰감을 갖지 못할 수 있으므로 부적절한 자기개방이 되지 않도록 주의해야 한다. 자기개방을 할 경우는 집단의 목적과 관련이 있고, 클라이언트에게 도움이 되어야 한다.

② 직면기술

직면(Confrontation) 또는 대응은 사회복지사가 클라이언트의 상황에 대한 이야기를 적극적으로 경청한 결과에 대해서 어떤 모순점이나 다른 점이 발견되면 이를 클라이언트에게 표현해주는 기술이다(Cakhuff, 1971; 최경화 외, 2010). 사회복지사는 클라이언트의 현재 상황을 그대로 전달해 주고, 클라이언트 자신이 묘사한 상황이 실제상황과 다를 경우 이를 정확히 인식할 수 있도록 대응하게 도와주는 것이다. 이러한 직면기술은 집단구성원들의 말과 행동이 불일치하거나 전달하는 메시지의 내용들 사이에 불일치를 보이는 경우에 사용하게 된다. 따라서 직면 또는 대응 기술을 사용할 때 구성원들의 상황에 대해서 공감하며 이해를 바탕으로 그들의 행동을 명확히 하거나 검토 · 분석하여 적절하게 대응함으로써, 구성원들의 행동 및 사고 등에 존재하는 모순점을 극복할 수 있도록 도와주게 된다.

③ 피드백 활용기술

피드백(feedback)은 집단구성원들에게 그들의 역할수행이나 서로를 어떻게 생각하는지에 대한 명확한 정보를 제공하는 것이다(Ivey 1994; 이영호, 2008). 이러한 피드백은 집단구성원들 간에 자발적으로 주고받는 것이 좋으며, 사회복지사와 구성원들 사이에서도 의사소통기술을 사용하여 긍정적으로 이루어져야 한다. 또한 상대방이 느낄 수 있도록 솔직하게 피드백을 제공한다면 구성원들은 자신들의 행동이 다른 구성원들에게 끼칠 영향을 이해할 수 있게 되고 더 나아가 긍정적으로 변화할 수 있는 계기가 될 것이다.

일반적으로 피드백을 줄 때는 구체적이면서 대상자의 장점에 초점을 두는 것이 좋다. 또한 지나치게 많은 피드백을 동시에 제공하면 역효과가 있을 수 있으므로 피드백을 제공받는 사람의 관계를 이해하고 제공해야 한다. 예를 들어, "지금까지 우리가 이야기한 것에 대해 어떻게 생각하십니까?", "질문이나 추가로 언급할 내용은 없습니까?" 그리고 "우리가 행동원칙에 대해 이야기했는데 어떤 생각이 듭니까?" 등이 있을 수 있다(이영호 2008).

(4) 변화를 유발하기 위한 실천기술

집단구성원들의 목표달성을 위해 변화를 유발하기 위한 기술은 집단구성원들의 내적 변화에 초점을 둔 기술, 대인관계 변화에 초점을 둔 기술, 그리고 환경변화에 초점을 둔 기술 등을 활용하여 실천할 수 있다(이영호, 2008; 엄명용 외, 2009).

① 구성원들의 내적 변화에 초점을 둔 기술

내적 변화에 초점을 둔 기술은 집단구성원들의 인지적 측면에 초점을 두어 변화를 추구하려는 것이다. 일반적으로 사람들의 사회적·행동적 역기능은 자신, 타인, 그리고 삶의 상황에 관해 잘못된 신념(사고, 해석 등)으로 인해 초래된 결과라는 것이다.

Ellis의 ABC 이론은 선행사건, 사고, 행동(감정) 사이의 관계를 잘 설명해 주고 있는데 A는 선행사건, B는 선행사건에 대한 해석이나 평가 그리고 C는 행동이나 감정과 같은 결과를 의미한다. 이러한 ABC 이론은 개인이 경험하는 감정이나 행동(C)은 선행사건(A)에 의해서 자동적으로 결정되는 것이 아니라 선행사건을 해석하고 평가하는 방식(B)에 의해서 결정된다고 보는 것이다. 즉, 특정 상황을 부정적으로 해석하면 부정적인 감정을 경험하게 되고, 부정적인 감정을 처리하기 위해 음주나 폭력 같은 부정적인 행동을 할 가능성이 높아지게 된다는 것이다. 그러나 긍정적으로 해석 및 평가하면 그 개인은 긍정적인 감정을 느낄 가능성이 높아질 수 있을 것이다(엄명용 외 2009).

따라서 사회복지사는 역기능적인 구성원들의 내적 변화를 위하여 인지재구성(Cognitive restructuring) 기술을 사용하여 변화시켜야 한다. 인지재구성은 집단구성원들의 사고 유형에서 잘못된 논리를 밝혀내고 그들의 비합리적인 사고과정을 논리적이고 합리적인 사고 유형으로 대처할 수 있도록 원조하기 위해 사용되는 기법이다. 이러한 인지재구성 기법은 낮은 자아존중감, 비합리적인 공포와 불안, 그리고 자기주장력이 부족한 구성원들의 문제를 해결하는 데 유효하다. 인지재구성을 위한 단계는 <표 7-5>에 나타냈다.

표 7-5 인지재구성 단계

단계	내용
1단계	선행사건에 대한 신념이나 사고, 해석이 그 사건에 대한 정서적 반응을 결정한다는 것을 집단구성원들이 수용하도록 원조한다.
2단계	집단구성원들이 문제의 원인이 되는 역기능적 신념이나 사고 유형을 밝히도록 원조한다.
3단계	집단구성원들이 역기능적 인지를 야기하는 상황을 밝히도록 원조한다.
4단계	집단구성원들이 역기능적 인지를 기능적 인지로 대처할 수 있도록 원조한다.
5단계	집단구성원들이 성공적인 대처 노력을 한 자신들에게 보상을 하도록 원조한다.

출처: 엄명용 외 (2009); 이영호(2008)

또한 부정적 감정에 대처하는 방법은 긴장완화법과 심호흡법이 있을 수 있는데 〈표 7-6〉에 나타냈다.

표 7-6 부정적 감정에 대처하는 방법

구분	내용
긴장완화법	• 편안한 자세로 조용히 앉는다. • 눈을 감는다. • 천천히 온몸의 근육 긴장을 풀어 준다. 발끝부터 시작해서 무릎으로, 배로 그리고 얼굴의 근육까지 완전히 이완시킨다. • 자기가 아무런 걱정도 없이 조용하고 평화로운 장소에 있다고 상상한다. • 자신을 원래 앉아 있던 장소로 되돌려 놓는다. 이때 여전히 편안하고 긴장이 이완된 기분으로 한다. • 눈을 뜨고 훈련을 마친다.
심호흡법	• 코로 숨을 들이마신다. • 가슴을 움직이지 않으면서 배로 숨을 내쉰다. • 1, 2, 3, 4 박자에 숨을 들이마시고, 1, 2, 3, 4 박자에 숨을 참고, 그리고 1, 2, 3, 4 박자에 숨을 내쉰다.

출처: 엄명용 외(2009).

② 구성원들의 대인관계 변화에 초점을 둔 기술

집단대상의 실천에서 구성원들은 개별 대상의 실천과는 달리 직접적으로 다른 구성원들의 행동을 관찰할 수 있으며, 역할연습 등을 통해 특정 행동을 터득할 수 있는 기회가 제공된다. 또한 구성원들 간에 도움이 필요하면 도움을 주고받을 수 있는데 구성원들이나 주변 사람들과 원만한 관계를 유지하기 위해 대인관계기술이 필요하다. 이러한 대인관계기술이 부족한 구성원은 우울이나 갈등 등의 정신건강상의 문제를 가질 수 있으므로 대인관계 향상 등에 초점을 두고 프로그램을 선택해야 한다.

따라서 사회복지사는 사회기술훈련 등을 통해서 양육기술, 자기주장기술, 말하기와 경청하기 등과 같은 의사소통기술, 그리고 친구 만들기 기술 등을 활용하게 된다. 일반적으로 집단을 대상으로 한 사회기술 훈련 프로그램을 실행할 경우 〈표 7-7〉과 같은 단계로 진행된다.

표 7-7 부정적 감정에 대처하는 방법

단계	내용
1단계	**사회기술훈련의 필요성과 표적이 되는 사회기술에 관해 설명** 집단구성원들이 사회기술을 학습하는 데 흥미를 갖고 훈련과정에 적극적으로 참여하도록 하는 것이 중요함. 이를 위해 적절한 사례를 사용하면서 훈련의 목적과 표적사회기술 학습의 중요성을 설명함. 예를 들어, 사회기술의 부족으로 인해 원치 않는 결과를 초래했던 집단구성원들의 경험들을 공유하도록 하여 새로운 기술을 학습함으로써 동일한 상황에 직면했을 때 얻게 되는 혜택 등에 대해 논의함
2단계	**표적사회기술의 구성요소들을 밝힘** 사회기술은 많은 요소로 구성된다는 것을 설명, 구성요소들을 칠판에 적고 특정 기술을 성공적으로 수행하기 위해 각 요소가 갖는 중요성을 설명함
3단계	**사회기술을 시연함** 사회복지사가 사회기술을 시범적으로 보여주거나 집단구성원들 중 사회기술을 시범적으로 보여줄 지원자가 있는지를 집단에 질의함. 시연을 관찰한 후 토론시간을 가짐
4단계	**역할극을 통해 표적사회기술의 각 요소를 연습함** 사회기술을 배우는 가장 효과적인 방법은 그 기술을 사용하는 것이 편안해질 때까지 연습하는 것임을 설명해 줌. 집단구성원들은 돌아가면서 각 요소들을 연습하고 서로 피드백을 주고받으면서 표적기술을 더욱 발전시키도록 함
5단계	**평가를 실시함** 각 집단구성원들의 역할극에 대한 평가를 실시함
6단계	**역할극에 기술요소를 결합함** 모든 집단구성원들이 다양한 구성요소들에 대해서 역할극을 통해 연습하고 각 구성요소에 대해 어느 정도 숙달된 후 표적사회기술을 교대로 연습하도록 함. 집단구성원들은 서로 간에 피드백을 주고받도록 하며 숙달될 때까지 연습함
7단계	**표적사회기술을 실제 상황에 적용함** 사회기술훈련의 마지막 단계는 표적기술을 실제 사회상황에 적용해 보는 것임. 가까운 미래에 일어날 가능성이 높은 상황을 끌어내고 이 상황에 그동안 연습한 사회기술을 적용하도록 집단구성원들을 준비시킴. 표적사회기술의 구성요소를 다시 한 번 검토하고 표적사회기술을 연습하는 것은 집단구성원들을 더욱 철저히 준비시키는 것임. 발생할지도 모르는 어려움을 예상하고 이를 극복할 수 있는 방법을 연습함으로써 기술에 대한 자기효능감을 극대화시킬 수 있음. 사회기술을 적용한 결과와 경험에 관해 토론할 수 있는 후속 모임을 갖도록 함

출처: 허남순 외(2004); 엄명용 외(2009).

③ 구성원들의 환경변화에 초점을 둔 기술

사회복지실천에서 개인대상, 가족대상, 그리고 집단대상 실천은 클라이언트 개인의 변화와 더불어 그 개인을 둘러싸고 있는 환경변화도 중요한 요인이다. 개인의 변화는 물론 환경의 변화도 같이 이루어질 때 변화의 효과가 극대화될 수 있기 때문이다. 환경변화에 초점을 두어 개입할 수 있는 경우는 다음과 같다. ㉠ 구성원들이 필요로 하는 특별한 자원을 연결시킬 수도 있고, ㉡ 구성원들의 이웃 및 친지 등과 같은 사회적 관계망을 확대시킬 수 있고, ㉢ 효과를 지속적으로 유지시킬 수 있고, ㉣ 물리적 환경을 변화시킬 수 있고, ㉤ 집단을 후원하는 기관의 지원을 확대할 수 있고, ㉥ 기관 간의 연계망을 확대할 수 있고, 그리고 ㉦ 지역사회에서 사회문제와 집단서비스에 대한 인식을 증대시키는 기술 등이 있을 수 있다(이영실 외, 2010).

4) 종결단계

집단의 마지막 단계는 종결 또는 분리단계이다. 종결단계는 집단 및 구성원들의 목적을 달성하여 끝을 맺음과 동시에 새로운 사회환경에 적응해가는 단계이다. 이 단계는 사회복지사와 구성원 모두에게 정서적으로 중요한 단계로 사회복지사는 종결에 따른 구성원들이 감정을 잘 극복할 수 있도록 원조하는 것이 필요하다.

마지막 단계에 해당하는 종결의 유형은 계획된 성공적인 종결, 구성원들의 중도탈락에 의한 종결, 다른 기관이나 다른 사회복지사로의 의뢰, 그리고 사회복지사에 의한 종결 등이 있을 수 있다.

① 계획된 성공적인 종결은 집단과 구성원들이 목표를 성취하는 동시에 성취감에 만족을 느끼며 자존감이 향상된 종결이다. 이 경우 목표달성에 대한 만족감도 있지만 이별에 대한 상실감도 느낄 수 있으므로 정서적인 감정을 잘 다루어야 한다. 종결 후의 원조에 대해서도 계획을 세워 원조하는 것도 바람직하다.

② 구성원들의 중도탈락에 의한 종결은 집단발달의 과정이 계속되고 있는데 일부 구성원들이 집단활동을 하지 않는 경우이다. 사회복지사는 중도탈락하는 구성원들에 대

한 정보를 수집하여 원인을 파악하고 대처하여 계속 집단활동을 할 수 있도록 원조해야 한다.

③ 다른 기관이나 다른 사회복지사로의 의뢰는 집단구성원들이 공감할 수 없다고 느끼는 경우, 사회복지사의 성격문제로 치료적 도움을 제공할 수 없다고 느끼는 경우, 사회복지사와 집단구성원들 간의 긍정적 관계형성이 어려운 경우 그리고 집단구성원들이 문제를 건설적으로 해결하는 것을 막는 집단 내 파괴적인 힘을 가진 구성원이 있는 경우 등이 있을 수 있다. 이러한 경우 사회복지사는 집단 대상의 실천개입을 유사한 다른 기관에 의뢰할 수 있거나 기관 내 다른 사회복지사로 교체할 수 있다.

④ 사회복지사에 의한 종결은 사회복지사의 개인적인 사정(이직, 부서이동)으로 종결하게 되는 것이다. 이러한 경우 사회복지사는 집단구성원들에게 이직이나 부서이동에 대한 설명을 함으로써 이해를 구하고 만남과 헤어짐에 대한 긍정적인 표현으로 그들이 정서적 안정을 갖도록 원조해야 한다.

(1) 종결에 대한 감정처리기술

집단의 목적에 따라 그 성과는 다르지만 구성원들에 대한 문제해결 능력을 배우고 자신감을 얻고, 시야를 넓히는 등의 목적을 달성하게 된다. 집단이 성공하면 할수록 사회복지사와 집단구성원들은 헤어지는 것에 대한 강한 아쉬움을 갖게 된다. 따라서 종결단계에서 구성원들은 부정적 감정, 직·간접적 분노의 표현, 상실감, 이별파티현상, 그리고 탈출현상 등의 특징이 나타날 수 있다(구혜영, 2010).

사회복지사는 서로 마음속에 있는 것들을 이야기할 수 있도록 구성원들의 양가감정을 토론하도록 격려해야 한다(최경화 외, 2010). 또한 종결 이후의 기관과 사회복지사가 제공할 수 있는 역할에 대해서도 알려주면 좀 더 효과적인 종결이 될 수 있을 것이다.

(2) 배운 것을 활용하고 일반화하는 기술

사회복지사는 구성원들이 집단활동을 하면서 배운 것을 활용하고 유지할 수 있도록 다양한 환경과 상황을 통해 일반화할 수 있도록 원조해야 한다. 또한 구성원들에게 추후모임을 할 수 있도록 유도하거나 자신감을 주어 스스로 자신들의 문제를 해결하기 위한 자조집단 등을 만들 수 있도록 원조해야 한다.

(3) 사후관리 및 평가기술

집단대상의 실천에서 종결할 때는 집단종결 후의 구성원들에 대한 계획을 토론하는 사후관리가 필요하다. 사후관리를 위한 집단모임은 사회복지사에게 집단의 성과를 평가할 수 있는 기회를 제공하고, 구성원들에게는 집단이 그들에게 미친 영향력을 현실적으로 점검할 수 있는 기회를 제공하기도 한다(이영호, 2008).

집단종결 시 활동기법의 예를 설명하면 다음과 같다.

① 마지막 회기에 집단구성원들에게 종이와 필기구를 나눠주고 다른 구성원들이 성취할 수 있어 보이는 긍정적인 행동에 대해서 최대한 솔직하게 표현하도록 한다(예: "구성원 A는 항상 쾌활한 웃음으로 집단분위기를 밝게 만들었다.", "구성원 B는 솔선수범해서 집단원들이 필요로 하는 것들을 준비해주고 도와주었다" 등).

② 모든 구성원들이 다 표현한 다음 이름이 적혀 있는 구성원들에게 돌려준다.

③ 내용을 읽어보고 느낀 점과 생각한 바를 이야기하고 이에 대한 피드백을 제공한다.

참고문헌

구혜영(2010). 『사회복지실천기술론』. 서울: 신정.

김현중(2008). 『사회복지실천기술론』. 서울: 시대고시기획.

김혜란 외(2006). 『사회복지실천기술론』. 경기: 나남.

박세정 외(2008). 『사회복지실천론』. 서울: 창지사.

손광훈(2009). 『사회복지실천기술론』. 경기: 공동체.

이미선 외(2008). 『사회복지실천기술론』. 서울: 창지사.

전재일(2002). 『사회복지실천기술론』. 경기: 형설출판사.

조학래(2006). 『집단사회복지실천론』. 대전: 침례신학대학교출판부.

최경화, 김재열, 유인애, 석재은, 황성식, 안성의, 이형진(2010). 『사회복지실천기술론』. 서울: 도서출판 신정.

Chapter 08

집단발달단계별 개입

01 시작단계

02 초기단계

03 중기단계

04 종결단계

집단발달단계란 시간의 흐름에 따라 집단에서 나타나는 변화와 성장의 과정을 말하는 것으로서, 집단발달단계에 따라 집단의 내부구조, 집단성원의 역할과 지위, 의사소통과 상호작용의 형태, 집단의 과제와 집단운영의 절차, 집단 응집력, 사회적 통제, 집단문화 등이 형성되고 변화되어 간다.

집단발달단계에 대한 구분은 다양하나, 이 장에서는 시작단계, 초기단계, 중기단계, 종결단계로 구분하여 살펴보았다.

1. 시작단계

집단의 준비단계라고도 하는 시작단계는 집단성원이 문제해결에 집단을 효과적으로 활용하기 위해 예비적 개입이 이루어지며, 집단의 형성과 탐색이 이루어지는 단계이다. 전문적 집단의 구성 및 준비가 집단의 효과에 큰 영향을 주기 때문에 집단사회복지사는 시작단계의 중요성을 간과해서는 안 된다.

1) 집단을 준비할 때 고려해야 할 사항

집단을 준비할 때 고려해야 할 사항은 집단의 목적, 잠재적 성원의 모집과 사정, 집단의 물리적 환경, 집단의 구성, 집단모임의 시간과 횟수, 기관의 승인 등(Reid & Epstein, 1997; Toseland & Rivas, 1995; 김혜란 · 홍선미 · 공계순, 2006 재인용)이며, 구체적 내용은 다음과 같다.

(1) 집단의 목적

집단이 도움이 될지, 아닐지를 잠재적 성원들이 결정할 수 있도록 집단모임의 이유, 집단활동의 내용 및 참여자들에게 요구되는 기대 등을 포함한 집단 목적에 대한 진술이 필요하다.

집단의 목적은 상대적 개념으로서 집단지도자와 집단성원의 토론을 통해 타협, 수정될 수 있다. 이는 초기의 목적이 무시되는 것이 아니라 집단활동을 통해 변화할 수 있다는 것이다. 또한 집단에 참여하는 집단성원의 개인적 목적과 집단의 목적이 일치하면, 집단성원은 집단에 적극적으로 헌신하고 참여할 수 있다.

(2) 잠재적 성원의 모집과 사정

집단사회복지사는 모집절차를 통하여 적절한 수의 잠재적 성원을 확보하여야 하며, 모집과정에서 잠재적 성원을 확인하고 집단에 관심이 있는지를 파악할 수 있는 모든 자원을 활용하여야 한다. 잠재적 성원은 기관 내부, 다른 조직, 또는 지역사회에서 모집할 수 있다.

집단사회복지사는 클라이언트와의 면접, 클라이언트에 대한 관찰, 가족이나 클라이언트를 아는 사람들과의 면접 등을 통하여 클라이언트가 집단을 통하여 도움을 받을 수 있는 있는지를 확인하는 사정을 하여야 한다. 또한 그들의 관심사, 욕구, 문제 등에 대해서 구체적 정보를 수집하고 이를 집단의 목표와 연결시켜야 한다.

집단성원의 모집과 사정에 있어서 주요한 내용은 다음과 같다.

- 집단이 직면한 과제나 관심사라고 생각하는 것을 공유하고 있는지의 여부
- 잠재적 성원의 현실검증 능력, 의사소통 능력, 인식 능력, 타인과의 감정공유 등 사회정서적 능력(Corey, 1981)
- 비자발적인 잠재적 성원이 있을 경우, 그들의 이야기를 들어주고, 그들의 고통과 생각과 감정에 대해 관심을 보여주고, 이해해 주고, 집단 내에서 그들이 시간을 최대한 이용할 수 있는 다양한 방법에 대한 논의 등을 통하여 클라이언트의 태도를 변화시킬 수 있도록 노력하고 집단에 대한 저항감을 완화시키도록 해야 한다.

(3) 집단의 물리적 환경

집단의 모임이 열리는 장소의 물리적 환경은 집단성원에게 비밀성, 친밀감, 편안함, 그리고 집중도의 측면에 상당한 영향을 미친다. 모임장소는 집단성원이 아닌 사람이 그 모

임에서 토의되는 것을 들 수 없으며, 참여하거나 방해할 수 없도록 해야 한다. 주의집중을 방해할 수 있는 소음은 없어야 하고 방의 온도는 적정 수준으로 유지되어야 한다. 녹화하거나 일방경을 통해 관찰할 예정이면 반드시 집단성원의 허락을 구해야 한다.

또한 집단 내 좌석배열도 누가 누구에게 말을 하고 지도적 역할을 수행할 수 있는지에 영향을 미칠 수 있으며 집단응집력과 상호작용에 중요한 영향을 미친다.

(4) 집단의 구성

① 집단의 크기

집단의 크기는 집단목적, 유형과 더불어 집단성원들의 만족감, 상호작용, 집단성원의 목표달성 등 집단의 생산성과 효율성에 영향을 주며, 집단성원의 상호작용과 만족도에 영향을 미치기 때문에 일반적으로 집단의 목적과 집단성원의 성숙도에 의해 적당한 집단성원의 수로 결정된다.

② 집단성원의 동질성과 이질성

집단사회복지사는 집단을 구성하는 데 있어서, 집단성원의 성, 연령, 결혼 여부, 지적 능력, 교육수준, 사회경제적 지위, 집단성원이 겪고 있는 문제의 유형, 문제에 대한 대처 능력 등을 고려하여 집단의 동질성과 이질성을 결정하여야 한다.

집단성원의 동질성은 집단성원 간의 관계를 증진시키며, 집단의 응집력을 높이는 반면, 집단성원이 서로를 너무 잘 알고 있어 자극하거나 반론을 제기하지 않아 침체되고, 현실 검증의 기회가 적을 수 있다.

반면 집단성원의 이질성은 집단성원에게 다양한 관점과 견해를 제공해 개인의 문제를 해결하는 데 자극이 될 수 있으나, 너무 이질적인 경우 집단성원들은 서로의 공통점이 적어 자신의 문제를 표출하고 유대를 형성하는 데 시간이 오래 걸리고 특히 초기에는 방어와 저항이 있을 수 있어 집단성원이 탈락할 수도 있다.

집단이 유지되기 위해서는 집단은 동질적이면서 또한 이질적이어야 하며, 집단사회복지사는 다양성과 공통성 사이에 균형을 이루도록 노력해야 한다.

③ 개방집단과 폐쇄집단

집단사회복지사는 집단이 집단성원에게 폐쇄적일지 개방적일지를 정해야 한다.

(5) 집단모임의 시간과 횟수

집단모임의 횟수는 집단성원과의 친밀감과 동일시, 집단정체성의 형성에 도움을 주기 때문에 초기단계에서 더 자주 만날 필요가 있으며, 집단모임의 시간은 원조과정의 구조에도 영향을 줄 뿐만 아니라 잡단성원과의 집단경험에 대한 수행 및 실행 수준에도 영향을 준다. 제한된 시간 내에 목표를 달성해야 한다는 압박감이 오히려 집단을 효과적으로 만들 수도 있다(Reid & Epstein, 1977).

일반적으로, 집단모임은 일주일에 한 번, 80분 내지 90분으로 정한다. 보통 2시간이 지나면 효과가 감소하여 집단이 지치고, 반복적이고, 비효과적이 된다. 집단모임의 시간과 횟수를 정할 때 집단성원의 주의집중능력, 집단성원의 상황, 기관의 환경, 집단의 목적 등을 고려해야 한다.

또한 집단은 종료일자가 정해져 있는 시간제한집단과 정해진 종료일자가 없는 지속적 집단이 있다. 시간제한집단은 정해진 기간 내에 목표를 달성하기 위하여 노력하므로 생산적일 수 있다는 장점이 있다. 지속적 집단은 각 집단성원에게 문제를 깊이 다루고 변화를 야기할 수 있는 충분한 시간을 제공한다. 그러나 의존성이 증가하고 시간제한집단에 비해 덜 생산적이다. 더 많은 모임을 갖는 것만이 꼭 좋은 것이 아니다.

(6) 기관의 승인

기관으로부터의 승인은 수직적일 뿐만 아니라 수평적이어야 한다. 수직적 승인은 기관장이나 합법적 권한을 가진 사람으로부터 나오는 승인과 자원을 말한다. 수평적 승인은 동료 및 다른 분야 직원들의 승인 및 지지를 의미한다. 기관의 직원들이 승인을 하지 않는다면 집단성원을 모으는 것 자체가 어려워지거나 집단을 운영하는 과정에서 갈등이 초래될 수 있다.

2) 집단사회복지사의 과제

집단의 시작단계에서, 중요한 것으로서 집단의 첫 모임을 갖기 전, 집단사회복지사의 과제는 다음과 같다(윤현숙 · 김기환 · 김성천 · 이영분 · 이은주 · 최현미 · 홍금자, 2001; 김정진 · 임은희 · 권진숙, 2007).

(1) 집단지도의 지침준비

그 내용으로서는 지도력의 분담, 의사결정 절차의 사용, 경쟁적 집단분위기보다는 협력적 집단분위기 만들기, 승자-승자(Win-Win) 접근을 통한 문제해결접근법 활용, 개방적이고 솔직한 의사소통 분위기 만들기, 종결에 대한 관심 갖기 등이다.

(2) 집단의 시작에 대한 고지

집회일시, 장소, 시간 등을 집단성원에게 알려준다.

(3) 첫 모임 전의 편안함 찾기

집단사회복지사의 불안은 집단의 효과성을 감소시킬 수 있으므로 집단의 첫 모임 이전에 집단사회복지사는 자신만의 방식으로 자신을 편안하게 해야 한다.

(4) 첫 모임의 의제 준비

미리 준비한 논리적 순서에 따라 의제(agenda)를 요약하여 표현하고, 시간계획을 고려하여 한 세션에서 다룰 수 있는 의제 수를 결정하여 약속된 시간 내에 진행한다. 다양한 의제의 진행방식을 준비해야 하며, 의제가 계획대로 진행되지 않을 수도 있고, 변화될 가능성도 있다는 것을 고려하여 미리 대비해야 한다.

(5) 집단사회복지사의 역할에 대한 명확화

집단 내에서 사회복지사 자신의 역할에 대해서 스스로 분명히 해야 하며, 집단성원에게 자신의 역할을 명확하게 설명할 수 있도록 준비한다.

(6) 모임장소에 도착

집단사회복지사는 정해진 모임의 시간보다 조금 일찍 모임장소에 도착하여, 계획한 대로 모든 것이 준비되어 있는지 점검하고 확인한다.

2. 초기단계

초기단계에서 집단성원은 낯선 사람과 새로운 환경, 즉 집단에 대한 불안과 불신감, 두려움과 저항감을 갖는다. 또한 집단성원은 각자의 행동규범을 집단에 가지고 오며, 자신들이 집단에서 무엇을 할 것인지, 다른 집단성원과 집단사회복지사는 어떤 사람인지, 그리고 집단이 자신들에게 기대하는 바는 무엇인지에 대해서 의문을 제기한다. 따라서 새로운 사람과 접촉하기보다는 안면이 있는 사회복지사와 대화를 시도하려고 하여 사회복지사에게 주로 질문을 많이 한다.

집단성원은 이 과정에서 다른 집단성원을 탐색해 보기도 하지만 이때의 대화는 피상적 내용이 많으며, 다른 집단성원과 거리를 유지하려고 한다. 또한 집단에서 도움을 받을 수 있을지, 이 집단에서 자신의 문제나 어려움 혹은 관심사에 대한 궁금증을 해결할 수 있을지 등의 의구심을 갖기도 한다.

집단의 목적 및 목표가 뚜렷해지고 목표지향적 활동이 시작되면서 집단성원은 새로운 상황에 적응하고 자신의 역할을 수행하면서 성취감도 경험하게 되며, 집단의 가치와 규범이 발달하기 시작하고, 집단의 목적과 활동과제를 설정하는 과정에서 공통적 가치와 태도에 기초한 집단에서의 규범과 행동방식 등을 형성한다.

초기단계에서 집단성원의 특성은 '저항'이다. 특히 비자발적 집단성원일 경우 저항의 강도가 더욱 심할 수 있다. 저항은 집단과 좀 떨어져 앉거나, 말을 지나치게 많이 하고, 질문이나 조언을 지나치게 많이 함으로써 집단과정을 방해하기도 하며, 상대방을 비꼬거나 관심을 끄는 행동으로 집단을 지배하려고 하는 갈등으로 표현되기도 한다(엄명용 · 노충래 · 김용석, 2008). 이러한 갈등은 다른 단계보다 초기단계에서 뚜렷하게 나타나며, 불신감과 관련이 있다.

집단 초기단계에서 사회복지사의 주된 노력은 개방적이고 솔직한 의사소통을 촉진시키며, 집단과정을 민주적으로 하여 신뢰할 수 있는 분위기를 형성하는 것이다.

1) 집단사회복지사의 과제

집단의 초기단계에서 집단사회복지사가 달성해야 할 과제를 살펴보면 다음과 같다(Reid & Epstein, 1997; Toseland & Rivas, 1995; 김혜란 · 홍선미 · 공계순, 2006 재인용).

(1) 집단성원의 소개

첫 모임에서의 소개는 집단성원 간의 상호관심사와 흥미를 공유하게 하고 상호신뢰를 발전시키는 계기가 된다. 집단사회복지사는 집단성원의 소개에서 동질성을 부각시켜 집단에 대한 관심을 증대시켜야 한다.

집단성원을 소개하는 가장 일반적인 방법은 순번대로 차례로 돌아가면서 자신을 소개하는 것(사발통문, round robin)이다. 이때 사회복지사가 먼저 자기소개를 하여 집단성원에게 자신들이 어떻게 행동하고 어느 정도까지 자신을 소개하는지에 대한 실마리를 제공할 수 있다. round robin의 변형방식으로, 집단성원 간에 상호작용을 촉진하기 위하여 계획적 짝짓기로 소개하는 방법이 있다. 짝을 지어서 5~10분간 미리 준비한 질문을 가지고 상대방을 면접하고 자신이 면접한 상대방에 대해서 집단에 소개하는 방식이다. 이러한 방식은 집단성원이 집단 전체를 상대하는 경우보다 개인적 관계 속에서 자신을 소개하고 개방하는 것으로 불안하지도 않고, 더 쉽기 때문에 첫 번째 방식보다 더욱 효과적일 수 있다.

집단성원의 자기소개의 방법과 내용은 앞으로의 집단 운영방식과 논의과정에 많은 영향을 줄 수 있다.

따라서 집단사회복지사는 첫 모임에서 집단성원의 긴장감과 불안, 불신을 감소시킬 수 있는 다양한 방법과 활동을 준비해 두어야 할 필요가 있다.

(2) 집단의 목적에 관한 설명과 피드백

집단성원들의 소개가 끝나면 집단의 목적에 관해서 다시 설명해야 한다. 집단성원들이 동일한 문제와 관심사를 가지고 있다 하더라도 사회복지사는 집단의 목적에 관해 명확하고 간결하게 설명을 해야 한다. 집단의 목적에 관한 설명이 없다면 집단성원들은 앞으로 전개될 집단과정에 대한 이해가 부족하기 때문에 불안해할 수도 있다. 반대로 집단의 목적을 분명히 알게 되면 집단이 자신에게 필요한지 아닌지를 결정할 수 있으며 심리적 불안감도 줄어들 것이다. 집단의 목적을 소개하는 것과 더불어 사회복지사는 집단에서의 자신의 역할과 집단성원의 역할, 집단규범 등을 설명해야 한다.

집단의 목적은 긍정적 측면을 강조하는 것이 좋으며 후원하는 기관에 관해서 간단히 언급하여 집단성원이 기대할 수 있는 서비스의 한계를 명확히 해야 한다. 사회복지사는 목적이나 목표에 관해서 집단성원이 자신들의 의견이나 관심사를 표현하도록 촉구해야 하며, 그들의 의견을 반영해야 한다.

(3) 집단성원의 개별적 목적설정

집단성원 모두에게 적절한 공동의 목적이 수립되는 정도는 집단에 따라 다르기 때문에, 효과적 집단목적 달성을 위해 개인의 목적은 구체적이고 명확한 용어로 규정되어야 하고, 집단활동 동안 성취할 수 있으며, 측정 가능한 것이어야 좋다.

(4) 계약

집단의 초기에는 집단성원이 집단사회복지사의 역할, 집단성원의 역할, 그리고 자신들에게 기대되는 것 등에 관해서 잘 알지 못한다. 따라서 계약을 통해 상호간의 기대, 의무 책임을 명백히 하는 것이 필요하다. 일반적으로 계약은 집단성원과 집단사회복지사 사이에서 이루어진다. 계약내용에는 시간, 장소, 비용 등의 실질적 내용과 구체적 일정, 변화가 필요한 행동 등이 포함된다.

(5) 집단활동에 대한 동기와 능력의 고취

집단의 목적과 집단성원의 개별적 목적이 성공적으로 달성되기 위해서는 개인의 동기가 중요한 역할을 한다. 집단성원의 개인적 동기는 집단성원이 갖고 있는 집단사회복지사의 역할에 대한 기대, 집단과정에 대한 기대, 집단을 통하여 이루어질 수 있는 것에 대한 기대에 의해 결정된다.

2) 집단의 첫 모임에 대한 구상

집단의 초기단계에서 집단사회복지사는 초기단계의 목적을 달성하기 위해 첫 번째 모임의 구조를 다음과 같이 구상하여야 한다(Shulman, 1984).

- 집단성원들이 서로 이해하기
- 집단성원들이 느끼는 이슈와 관심사와 사회복지기관과 시설에 대한 이해관계를 명확하게 하기 위하여 간단하고 단순한 개방적인 진술하기
- 집단성원들의 욕구와 그들에게 제공될 수 있는 기관의 관점에 관해 집단성원들로부터 피드백 얻기
- 집단성원들의 활동을 돕기 위하여 집단사회복지사의 역할과 수행방법을 명확하게 하기
- 집단성원들의 활동을 돕기 위하여 집단의 발전을 방해할 수 있는 특정 장애물들을 직접적으로 다루기
- 집단사회복지사와 집단성원 간의 개별적 토의가 아니라 집단성원 간의 의사소통 및 상호작용 격려하기
- 집단성원들이 안전하다고 느낄 수 있는 지지적 분위기 발달시키기
- 집단성원들의 활동과 앞으로의 집단활동계획을 수립하도록 도와주기
- 기관과 집단성원들의 상호기대를 명확하게 하기
- 다음의 세션에서 다루고자 하는 주제나 문제를 결정하여, 다음 구체적인 단계들에 대한

집단성원들의 합의를 끌어내기

- 집단성원들의 효과에 관한 피드백 격려하기

3) 집단사정

집단사정은 원조과정에 기초하는 과정이자 산물이다. 과정으로서의 사정은 정보를 수집・조작하고, 판단을 내리는 것을 말하며, 산물로서의 사정은 개입계획을 수립하는 데 유용하게 사용되는 집단과 집단성원의 기능에 관한 진술문을 말한다. 집단사회복지사실천에서는 집단성원 개개인에 대한 사정뿐만 아니라 집단 전체에 대한 사정을 하는 것이 필요하기 때문에 개인을 대상으로 하는 사회복지실천에서의 사정보다 복잡하다.

집단지도자는 집단성원 개개인, 집단 그리고 집단환경 등 3가지 각도에서 집단에 대한 사정을 한다(윤현숙 외, 2001).

(1) 집단성원 개개인에 대한 사정

- 집단성원의 특성에 대한 사정 : 집단성원의 성장・발달과정에서 일어난 일, 현재의 건강상태, 심리상태, 정신건강, 교육 정도, 직업, 수입, 취미, 신념, 기대, 동기 등에 대한 사정으로서, 의사, 사회복지사의 평가와 관찰 그리고 집단성원 자신의 자기보고 등에 대한 정보를 기반으로 하여 사정이 이루어진다.
- 대인관계와 집단성원 간 상호작용 : 집단성원의 가족과의 관계, 친구와의 관계, 어떤 문제가 발생했을 때 이야기를 들어주고 정신적으로 의지할 수 있는 인간관계의 유무 등에 관하여 사정한다.
- 집단성원의 환경에 대한 사정 : 집단사회복지사는 집단성원의 환경이 각자의 목표와 집단목표달성을 지지하는 환경인지 아닌지를 평가할 필요가 있다. 이때 사회복지사는 반드시 한 번 이상은 집단성원의 가정을 방문하여 실제적 정보를 확인할 필요가 있다.

(2) 집단에 대한 사정

집단은 집단과정을 통해 개별성원뿐만 아니라 전체로서의 집단에 영향을 미치는 독특한 힘을 만들어 낸다. 집단과정에서 만들어진 힘을 집단역동이라 하며 집단역동을 활용하는 것은 집단지도자의 중요한 과제 중의 하나가 된다.

집단역동을 이해하는 데 필수적 영역으로는 집단구조, 집단 내의 의사소통과 상호작용 유형, 집단에 대한 매력과 응집력, 집단의 사회적 통제, 집단문화, 집단발달단계에 대한 지식 등을 들 수 있다.

(3) 집단환경에 대한 사정

집단환경에 대해서는 집단사회복지사가 소속된 기관이나 시설을 비롯하여 이들 시설 간 환경 및 지역사회환경에 관해 사정하게 된다.

- 복지기관, 시설의 환경에 대한 사정 : 복지기관, 시설 내에서 집단을 결성할 경우 집단의 목적이 기관 및 시설의 목적과 부합되는지, 집단활동의 장소는 있는지, 협력은 제공되는지, 집단에서 다루고자 하는 접근방법이 기관이나 시설의 방침에 적합한지 등을 사정한다.

- 시설 간 환경에 대한 사정 : 다른 복지기관, 시설에서 새로운 프로그램이나 실천방법에 대한 연구회 등 특별사업이 행해지고 있는지 등 다른 기관에서 계획하고 있는 사업과 행해지고 있는 사업 등에 대한 정보를 수집하여 시설 간 환경에 대한 사정을 해야 한다.

- 지역사회환경에 대한 사정 : 지역에는 어떤 사람이 살고 있으며, 어떤 직업, 수입, 종교를 가지고 있는지. 지역 내에는 어떠한 공공자원이 있으며, 부족한 자원은 무엇인지, 지역사회 관심사는 무엇인지 등에 대해서도 사정한다.

4) 집단성원의 불안과 저항을 다룰 수 있는 개입기술

집단의 초기단계에서 집단사회복지사는 집단성원의 불안과 저항을 다룰 수 있는 기술이 있어야 한다(엄명용 · 노충래 · 김용석, 2008).

(1) 집단성원의 불안과 저항을 다룰 수 있는 개입기술

- 집단성원들의 불안은 특히 초기단계에서 자연스럽게 나타나는 현상임을 인식하고 이를 집단성원에게 설명하여 준다.
- 집단성원 간의 갈등 또는 집단성원과 사회복지사 간의 갈등이 잘 다루어지지 않는다면 상호신뢰감이 저하될 뿐만 아니라 앞으로 전개될 집단과정에 부정적 영향을 줄 것이다. 따라서 갈등은 반드시 인식되어야 하고 긍정적이고, 건설적인 방식으로 다루어져야 하며, 갈등이 성공적으로 해결된다면 집단성원 사이의 신뢰감과 집단성원과 사회복지사 간의 신뢰감 형성에 긍정적 영향을 줄 것이다.
- 집단성원이 보이는 저항은 집단사회복지사의 태도와 관계가 있다. 예를 들어 사회복지사가 집단을 위한 준비를 소홀히 했다거나 클라이언트를 대하는 사회복지사의 태도가 공격적이고 심판적이라면 대부분의 클라이언트는 사회복지사를 신뢰하지 못할 뿐만 아니라 저항할 수도 있다. 따라서 집단사회복지사가 세션을 철저하게 준비하고 집단 내에서 자신의 행동에 관해 주의하는 것이 집단성원의 저항을 줄이는 좋은 방법 중의 하나이다.

(2) 집단에서 저항을 다룰 때 보이는 사회복지사의 실수

- 사회복지사가 클라이언트의 감정을 너무 집중적으로 탐색하는 경우
- 집단에 참여하여 얻을 수 있는 혜택을 설명함으로써 저항감을 줄이려는 경우
- 한 성원의 저항을 집단 전체의 저항인 것처럼 다루는 경우

집단사회복지사는 집단이나 집단성원이 저항을 보일 때 자기결정권을 강조할 필요가

있다. 즉, 집단성원들이 이야기하고 싶지 않거나 집단에 참여하고 싶지 않을 때, 이에 대한 최종 결정권은 클라이언트 혹은 집단성원 자신들에게 있음을 알려 줄 필요가 있다.

3. 중기단계

초기단계가 성공적으로 이루어졌다면 집단은 보다 생산적인 단계인 중기단계로 이동한다. 집단의 중기단계는 집단성원 간의 친밀감과 상호공유가 증가하고 집단응집력이 증가하는 시기이다. 집단의 생산성은 높아지고 집단성원은 자신이 계획한 목표를 달성하기 위하여 이전보다 더 집단활동에 전념하게 된다.

또한 집단성원은 집단에 대한 소속감이 증가하고 다른 집단성원과 사회복지사에 대한 신뢰감도 증가한다. 집단성원 간에 신뢰감이 있다는 것은 자신의 생각과 감정을 집단 내에서 자유롭게 표현할 수 있다는 의미이며, 자신의 이야기를 털어놓기 시작함에 따라 감정의 정화작용이 일어난다. 자신의 문제에 대한 통찰력, 보다 활발한 상호작용, 솔직한 피드백이 증가하면서 집단응집력의 강화라는 집단성원의 변화가 일어난다.

이 단계에서 집단사회복지사는 집단과 집단성원이 목표를 잘 달성할 수 있도록 격려하고, 목표달성에 필요한 집단의 문화와 규범을 발전시키고 유지하며, 목표달성에 방해가 되는 장애를 극복할 수 있도록 원조해야 한다.

1) 집단사회복지사의 과제

집단의 중기단계에서 주요 과제는 집단의 형태와 지도자의 지도력 유형에 따라 다르지만, 공통적으로 집단모임의 준비, 집단의 구조화, 집단성원의 참여와 권한부여, 집단성원의 목적달성 원조, 저항적인 집단성원의 독려, 모니터링 등의 과제를 수행해야 한다 (Toseland & Rivas, 1995; 김혜란 · 홍선미 · 공계순, 2006 재인용).

(1) 집단모임의 준비

집단사회복지사가 효과적으로 집단을 이끌어 나가기 위해서는 다음 모임을 위한 의제를 준비하고, 집단성원의 토론을 자극하고 흥미를 유발할 수 있는 다양한 재료를 준비하여 적절한 시간배분을 해야 한다. 집단에 흥미롭게 참여할 수 있는 프로그램 활동을 준비하는 것도 포함된다.

(2) 집단의 구조화

집단의 구조화란 집단성원이 바람직한 방향으로 변화해 가도록 원조하기 위하여 계획적이고 체계적이며 시간제한적인 개입을 한다는 것을 의미한다.

집단구조화를 위한 활동으로는 각 모임의 시작과 종료시간을 정확하게 집단성원이 알게 하거나 이번 모임에서 다룰 것이 무엇인지를 명확히 하는 것이다. 또한 집단의 의사소통 및 상호작용의 유형을 설정하여 모든 집단성원이 참여할 수 있는 기회를 부여하도록 토론과정을 구조화할 수 있다. 집단의 초점을 유지하는 활동, 지금까지의 일을 요약하는 활동 등도 구조화의 방법이다. 집단을 구조화하는 경우의 장점으로는 집단의 목적성취를 촉진시키며, 집단사회복지사가 계획적이고 체계적으로 개입을 할 수 있도록 한다는 의미이다.

(3) 집단성원의 참여와 권한 부여

집단성원의 참여를 촉진하고 권한을 부여하는 것은 집단사회복지사가 지도와 안내를 하지 않는다는 것이 아니며 집단을 지도하는 데 있어서 집단성원의 투입과 피드백을 진지하게 고려해야 한다는 의미이다.

(4) 집단성원의 목적달성 원조

집단성원의 목적달성을 원조하기 위한 활동은 첫째, 집단성원이 자신의 목적을 인식하고, 둘째, 구체적인 개입계획을 발전시키며, 셋째, 그들이 직면할 수 있는 문제를 극복하고 개입계획을 실행에 옮기려는 의지를 증진시키고, 넷째, 개입계획을 실행에 옮길 수 있도록 원조하는 것을 포함한다. 집단성원의 목적달성을 위한 개입은 개별성원, 전체 집단, 그리고 집단환경의 세 차원에 걸쳐 이루어져야 한다.

(5) 저항적 집단성원의 독려

집단사회복지사는 집단의 성원이 되기를 원치 않는 사람과 같이 일을 해야 하는 경우도 있다. 저항하는 집단성원에게는 자신의 문제에 대처하지 않음으로써 발생하는 결과에 대해 초점을 맞추어서 건설적 직면을 하게 하는 것이 도움이 된다. 또한 신념체계를 변화시키는 방법과 외부환경을 이용하는 방법을 활용할 수 있다.

(6) 모니터링

집단과정을 점검하고 평가하는 모니터링을 통하여 집단성원과 집단사회복지사는 피드백을 얻을 수 있다. 모니터링은 서면이나 구두로 집단의 전 과정에서 수행되어야 한다. 평가 횟수는 집단에 대한 피드백을 어느 정도 받아야 하는가 하는 필요성에 달려 있으며, 각 집단회기마다 모임이 끝났을 때 집단성원이 그 모임에 대한 평가를 하거나 아니면 2~3번의 모임마다 한 번 정도 평가를 할 수 있다.

2) 집단응집력 향상을 위한 지침

집단응집력은 집단의 기능을 향상시키는 긍정적 효과를 가지고 있기 때문에 집단사회복지사는 집단응집력을 향상시킬 수 있는 다양한 실천기술을 고려해야 한다. Corey와 Corey(1997), Toseland와 동료들(2001)은 집단응집력 향상을 위한 지침을 다음과 같이 제시하였다(엄명용 · 노충래 · 김용석, 2008).

- 집단토의와 프로그램 활동 등을 적극 활용하여 집단성원 간의 상호작용을 촉진시킨다.
- 집단성원이 목표를 달성하고 변화를 이루어 낼 수 있는 유능한 존재라는 것은 인식할 수 있도록 돕는다.
- 집단성원의 욕구가 집단 내에서 충족된 방법을 파악할 수 있도록 원조한다.

- 집단성원이 목표에 초점을 두고 목표를 달성할 수 있도록 원조한다.
- 집단성원끼리 협력하는 관계를 형성하도록 원조한다.
- 모든 집단성원이 완전히 참여할 수 있는 규모의 집단을 형성한다.
- 집단성원의 기대치를 명확히 하고, 그것이 집단의 목적과 일치하도록 한다.
- 보상의 제공과 같이 집단참여에 대한 자극제를 제공한다.
- 집단성원에게 현재 참여하고 있는 집단에 자부심을 느끼도록 한다.
- 집단성원도 집단사회복지사와 마찬가지로 집단의 내용과 방향에 책임이 있다는 것을 인식하도록 한다.

3) 집단사회복지사의 개입기술

집단의 중기단계에서는 집단의 응집력과 생산성을 최대화시키기 위하여 다음과 같은 개입기술이 요구된다(윤현숙 외, 2001).

(1) 집단을 이끄는 기술

집단을 이끄는 기술은 집단을 통제, 관리하는 기술뿐 아니라 충고, 조언, 상담하는 기술 등으로 이루어진다. 집단사회복지사에 대한 집단성원의 관심이 집단에 대한 관심으로 옮겨 가도록 끊임없이 격려하고 집단토의가 소수의 집단성원에 의해 이루어지고 있다면, 참가자 전원이 참여할 수 있도록 지도해야 한다.

(2) 지지기술

집단사회복지사는 집단 스스로가 집단을 유지할 수 있도록 지지하고 가능한 한 집단성원에게 지도력을 발휘할 수 있는 기회를 주도록 노력해야 한다. 집단과정의 발달에 따라 집단사회복지사는 앞에서 집단을 이끌어 가던 위치에서 뒤에서 지원하는 위치로, 자신의 위치를 바꾸어야 하며, 칭찬, 지지, 격려 등이 집단을 지지하는 기술이다.

(3) 집단유지에 도움이 되는 프로그램 사용기술

집단유지를 위한 프로그램은 집단성원들의 의견이 일치하는 결정을 지지하고 규범에 따라 행동을 촉진시키며 서로 다른 역할을 지지하고 집단성원들이 집단에 소속되어 있다는 기분과 안정감을 강화시킬 수 있는 것이어야만 한다.

사회복지사는 각 프로그램 활동이 집단의 목표성취를 어느 정도 촉진시키며, 얼마만큼 도움을 주는지, 집단성원 전원의 참가가 가능한지, 시간 내에 마칠 수 있는지, 활동을 위해 어느 정도 비용이 드는지 등을 집단성원과 함께 검토한 후 집단에서 결정하도록 원조해야 한다.

4. 종결단계

집단과정의 마지막 발달단계에서 사회복지사의 주요한 과제는 집단을 성공적으로 종결하는 것이다. 그러나 현실적으로 집단이 목표를 달성하지 못한 채 조기에 종결하는 경우도 있다. 집단의 종결단계에서 사회복지사가 사용하는 기술은 이전까지의 집단경험을 포함하여 모든 집단경험의 성패를 좌우한다.

종결단계는 이별단계라고도 하는데 집단에 매우 깊이 관여했던 집단성원에게는 특히 힘든 시간이다. 집단성원은 불안감과 노여움을 표시하기도 하고, 종결을 부정하기도 한다. 사회복지사에 대한 의존성이 나타나기도 하고 투쟁을 벌이기도 한다. 집단경험의 긍정적 의미를 부정하기도 하며, 예전의 버림받은 감정, 거절당한 감정 등을 다시 경험할 수도 있다.

1) 집단사회복지사의 과제

집단의 종결단계에서 사회복지사의 주요 과제는 다음과 같다(Reid & Epstein, 1997; Toseland & Rivas, 1995; 김혜란 · 홍선미 · 공계순, 2006 재인용).

(1) 불만족스러운 종결의 사유에 대한 이해

집단성원이 중간에 탈락하거나 집단과 집단성원이 그들의 목적을 달성하지 못한 채 집단이 조기에는 종료되는 경우도 있다. 집단사회복지사는 그 원인을 확인하여 집단성원이 탈락하는 것을 방지하여야 한다. 또한 집단이 조기에 종결되는 경우, 집단사회복지사는 어떤 요인이 집단의 해체에 영향을 미치는지를 검토하여 앞으로의 집단지도에 반영해야 한다.

(2) 변화노력의 유지 및 일반화

집단사회복지사는 집단성원이 집단참여를 통하여 성취한 변화를 유지하고, 구체적 변화를 집단성원의 주요한 생활영역으로까지 일반화할 수 있도록 도와야 한다. 집단성원은 개입 직후에 상당한 변화를 유지하더라도 시간이 지나면서 긍정적 변화를 유지하는 것이 어려워지며, 개입으로 나타나는 특정한 행동을 다른 장면이나 맥락에서는 제대로 실행하지 못하는 경향이 있다.

변화의 유지와 일반화를 위해서는 다음과 같은 방법이 도움이 된다.

- 집단성원의 일상생활과 밀접한 관련이 있는 현실적 사례를 집단에서 다룬다.
- 집단성원의 문제에만 초점을 맞추지 말고 집단성원의 능력을 확인할 수 있게 하여 자신감을 갖게 한다.
- 변화유지 능력을 방해하는 어려운 상황에도 집단성원이 대비할 수 있도록 다양한 상황과 환경을 활용한다.
- 변화를 통해 일어나는 긍정적 결과에 초점을 맞추도록 한다.
- 공식적 집단을 마치고 난 후에 추후모임을 할 수 있는 기회를 제공하여 변화를 유지하기 위한 집단성원의 노력을 재검토할 수 있게 한다.
- 집단성원이 집단외부에서 부딪힐 수 있는 비우호적 환경에 대해 어떻게 대응해야 할지 미리 준비시킨다.
- 집단성원에게 그동안 배운 것을 요약해 주거나, 대처기술을 이용하는 데 자신감을 갖게 하여 스스로 자신의 문제를 해결할 수 있도록 한다.

(3) 집단에 대한 의존성 감소

집단사회복지사는 집단성원의 집단의존성을 줄이기 위하여 집단성원이 집단 외부의 지지와 집단성원 자신의 기술 및 자원을 활용하도록 원조해야 하며, 집단이 끝나기 몇 주 전부터 집단의 종결에 대해서 논의한다. 집단의 매력을 감소시키기 위하여 집단성원이 집단에서 성취한 것을 요약하게 하거나 더 이상 집단이 필요하지 않음을 주제로 토론하게 한다. 집단종결단계에서 모임 간의 간격은 길게 그리고 모임시간은 짧게 한다. 집단성원에게 외부활동에 참여하도록 격려하여 집단의 중요성을 감소시킬 수 있다.

(4) 종결에 대한 감정의 처리

집단의 종결시점에 이르러서 집단성원과 집단사회복지사는 긍정적 감정과 부정적 감정을 동시에 느낀다. 집단사회복지사는 집단의 종결에 따른 자신의 감정을 집단성원과 공유하며, 집단성원의 양가감정을 격려해야 한다. 집단의 종결에 대한 부정적 감정을 완화하기 위하여 집단성원의 장점을 인식하도록 하며 집단이 끝나더라도 필요한 경우에 사회복지사와 후원기관이 집단성원에게 해 줄 수 있는 역할이 무엇인지를 명확하게 밝히는 것이 도움이 된다.

(5) 미래의 대한 계획

집단이 종결된 후에 집단구성원의 욕구가 충족되지 않거나 성취하고 싶은 다른 목적이 있어서 부가적인 서비스가 필요한 경우가 있다. 집단성원들이 부가적으로 모임을 갖기를 희망할 경우 재계약을 할 수 있으며, 사회복지사의 지도 없이 집단성원들끼리 만나는 자조집단을 만들도록 격려할 수도 있다. 또한 집단성원들이 새로운 위기상황 또는 문제의 재발 등으로 서비스가 필요할 때 부가적 서비스를 받을 수 있는 방법에 대해서 확실하게 설명을 해 주어야 한다. 사회복지사는 조기에 종결한 집단성원에 대해서도 필요한 서비스를 받도록 배려해야 한다.

(6) 의뢰

부가적 서비스나 자원이 필요한 경우 사회복지사는 같은 기관 내 타 사회복지사에게 이전(transfer)하거나, 타 기관으로 집단성원을 연결시켜 주는 의뢰(referral)를 해 주는 것이 필요하다. 의뢰는 집단성원과 사회복지사가 모두 동의한 경우에만 이루어져야 한다.

(7) 평가

평가는 개별성원과 집단의 목적달성 정도를 통해 개입의 효과성을 판단할 수 있는 근거를 제공한다. 뿐만 아니라 집단성원은 집단에서의 만족과 불만족을 표현할 수 있는 기회를 가지며, 사회복지사는 평가를 통해 얻은 정보를 활용하여 집단지도기술을 발전시킬 수 있다. 평가는 과정평가와 결과평가로 나뉜다.

- 과정평가는 집단이 어떻게 진행되고, 집단응집력, 집단규범, 역할, 의사소통 등의 속성이 어떤가에 초점을 두는 것으로, 평가방법은 집단성원들로부터 피드백을 얻거나 과정기록을 활용할 수 있다.
- 결과평가는 집단 초기의 설정목표가 어느 정도 달성되었는가를 평가하는 것이다.

2) 집단사회복지사의 개입기술

집단의 종결단계에는 집단의 종결로부터 새로운 경험으로 집단성원들을 이끌어 주는 집단사회복지사의 개입기술이 필요하다(윤현숙 외, 2001).

- 집단에서 학습한 주된 내용을 명확하게 한다.
- 집단종결 이후에도 계속해서 각 집단성원의 노력이 필요하다는 것을 명확하게 한다.
- 새로운 경험과 지지체계로 이행할 수 있도록 원조한다. 집단성원이 다른 집단을 계속 필요로 할 경우 사회복지사는 새로운 집단으로 원활히 이끌어 주어야 한다.

참고문헌

김정진 · 임은희 · 권진숙(2007). 『사회복지실천기술론』. 서울: 서현사.

김혜란 · 홍선미 · 공계순(2006). 『사회복지실천기술론』. 서울: 나남.

엄명용 · 노충래 · 김용석(2008). 『사회복지실천기술의 이해』. 서울: 학지사.

윤현숙 · 김기환 · 김성천 · 이영분 · 이은주 · 최현미 · 홍금자(2001). 『사회복지실천기술론』. 서울: 동인.

Corey, G.(1981). *Theory and of group counseling*. Belmont, CA: Wadsworth.

Reid, W. J. & Epstein, L.(1997). *Social Work practice with Group: A Clinical Perspective.* CA: Brooks/Cole.

Shulman, L.(1984). *The Skills of Helping Individuals and Group*. Itasca, IL: Peacock.

Toseland, R. W. & Rivas, R. W.(1995). *An Introduction to Group Work Practice*. NY: Macmillan.

Chapter 09

지역사회개입

01 지역사회의 개념과 유형
02 지역사회분석
03 지역사회조직의 유형
04 지역사회 개입기술
05 지역사회실천모델 및
사회복지사의 역할

사회복지실천의 장에 있어서 지역사회는 인간과 환경이 만나는 곳이며, 개인, 가족, 집단 등을 통해서 이루어지는 사회복지실천 또한 지역사회 내에서 이루어진다. 따라서 지역사회는 사회복지실천의 핵심개념이며 필수요건이라 할 수 있다.

1. 지역사회의 개념과 유형

1) 지역사회의 개념

공동사회 또는 지역공동체로 불리는 지역사회(community)라는 말은 원래 생물학적 용어로서, '생물의 어떤 종(種)이 지역적 또는 공간적으로 분포되어 한곳에 모여 생활하는 모습을 나타내는 것'이다. 지역사회에 대한 일반적 견해는 사람들이 단순히 일정한 지역에서 함께 거주하는 것 그 이상으로 상호관계를 맺고 서로의 생활과 행동 등에 영향을 미치는 성원들의 결합체라고 할 수 있다. 지역사회가 지녀야 할 공통요소는 지리적 영역, 사회적 상호작용, 공동의 결속체와 소속감인 공동의 유대 등이다. Fellin(1995)은 지역사회를 "상호연결되는 공통적인 어떤 것을 가지고 있는 사람들의 집합체라 할 수 있으며, 성원들이 공유하는 특성은 지리적 위치, 관심사, 문화, 정체감 또는 공통된 활동 등을 포함한다."고 정의하였으며, 최옥채(2000)는 "다양한 욕구 혹은 문제를 해결하기 위한 사회복지실천이 가능한 일정한 규모의 장"이라고 정의하여 사회복지실천에 있어서 지역사회의 중요성을 강조하였다.

2) 지역사회의 유형

지역사회의 유형은 크게 지리적 의미의 지역사회와 기능적 의미의 지역사회, 개인적 지역사회로 구분할 수 있다(김혜란 · 홍선미 · 공계순, 2006; 오정수 · 류진석, 2004; Fellin, 1995, 2001).

(1) 지리적 의미의 지역사회

특정한 공간(장소)에 기초를 둔 지역사회로서 동, 읍, 시와 같은 행정구역 집단과 시장권, 학교권과 같이 자연스럽게 형성된 지역집단이 해당된다. 공간에 기초를 둔 지역사회는 크기, 영역, 조밀도 등에 따라 변하며, 근린지역사회, 지방지역사회, 대도시지역사회로 가면서 확대된다.

(2) 기능적 의미의 지역사회

사회적 · 문화적 동질성을 가진 공동체(communities of identification)나 공통의 이해와 관심을 가진 이익공동체(communities of interest) 등이 해당된다.

동질성의 공동체는 어떤 특성이나 신앙, 인종, 민족, 종교, 생활방식, 언어, 이념, 사회계층, 직업유형, 생활방식, 성적 지향성, 정치적 성향, 출신 대학, 취미활동 등 다양한 정체성과 관심을 중심으로 형성되며, 이익공동체는 전문직집단, 직장노조집단 등 성원들의 공동의 이익을 우선으로 하는 공동체이다.

(3) 개인적 지역사회

지리적 의미의 지역사회와 기능적 의미의 지역사회의 특성을 모두 포함하는 것으로 볼 수 있으며, 개인이 자신의 관점에서 규정한 지역사회에 초점을 둔다. 각 개인의 참여와 관심의 정도에 따라 다양한 차이가 있지만, 동시에 여러 지역사회에 속하게 되며, 각 지역사회에서 느끼는 소속감과 정체성은 각각 다르다. 따라서 개인적 지역사회 개념은 개인을 중심으로 한 사회적 상호작용의 형태와 공식적 · 비공식적 사회적 지지망을 포함한 사회적 자원의 범위를 이해하는 데 도움을 준다.

3) 지역사회의 기능

지역사회가 공통적으로 수행하는 주요 기능에 대해서 Gilbert와 Specht(1974)는 다음의 다섯 가지로 설명하였다.

(1) 생산 · 분배 · 소비의 기능

지역사회주민이 일상생활을 영위하는 데 필요한 재화와 서비스를 생산하고 분배, 소비하는 과정과 관련된 기능을 수행한다. 정부, 기업, 종교단체, 교육기관, 각종 전문기관 등에서도 이러한 기능을 수행한다.

(2) 사회화의 기능

가족이나 사회가 공유하고 있는 일반적 지식, 사회적 가치, 행동양태를 그 사회성원에게 전달시키는 과장을 말한다. 사회화는 개인의 유년시절부터 가정을 중심으로 이루어지며 일생 동안 지속된다. 이러한 과정을 통해서 사회성원은 다른 지역사회의 성원과 구별되는 생활양식을 배운다.

(3) 사회통제의 기능

지역사회가 그 성원에게 사회의 규범에 순응하게 하는 것으로 정부는 경찰력과 사법권을 통해서 보편적으로 적용될 수 있는 법을 진행하는 일정한 강제력을 행사한다. 사회통제의 기능이 약한 지역사회는 사회질서가 파괴되어 비행과 범죄가 만연하게 되어 결국 사회해체현상이 나타난다. 사회통제기능은 일차적으로 정부에 있으나, 다른 여러 사회조직인 가정, 학교, 교회와 사회기관도 이러한 기능을 부분적으로 수행한다.

(4) 사회통합의 기능

사회체계를 구성하는 단위체계 간의 충성, 결속력과 사기, 성원 상호 간의 관계와 관련된 기능을 의미한다. 사회통합의 기능은 성원 스스로 규범을 준수하고 바람직한 행동을 하도록 하는 수단이 된다. 사회통합의 기능을 수행하는 가장 대표적인 제도로 종교제도를 들 수 있다. 그러나 다른 사회적 기능에서와 마찬가지로 사회적 통합에 필요한 사회적 규범을 만들어 내는 사회조직으로서는 가정, 학교, 사회단체 등을 들 수 있다.

(5) 상부상조의 기능

사회성원이 자기들의 욕구를 스스로 충족할 수 없는 경우에 필요하게 되는 사회적 기능을 말한다. 과거의 전통적 사회에서 상부상조의 기능은 가족과 친척, 동네사람, 친목단체나 자선단체와 같은 1차 집단에 의해서 수행되고 있으나 현대의 산업사회에서는 이러한 기능이 정부의 사회복지제도, 민간사회복지단체, 종교단체 등으로 옮겨졌다.

2. 지역사회분석

사회복지사는 자신이 속한 기관이나 지역사회에 대해서 잘 파악하고 있어야 한다. 특히 지역사회 전체를 개입대상으로 하는 경우에는 지역주민의 삶에 영향을 미치는 정치, 경제, 사회, 문화적 특성과 지역사회주민의 욕구나 문제에 대한 파악이 매우 중요하다.

지역사회분석은 사회복지사로 하여금 지역사회 내부의 행동과 의사결정에 영향을 미치는 사회·경제·정치적 구조와 지역사회주민이나 클라이언트를 돕기 위해서 또는 지역사회에 필요한 새로운 프로그램을 개발하는 데 필요한 정보와 현존하는 자원에 대한 정보를 알게 한다(Sheafor, Horejsi, & Horejsi, 1997). 지역사회분석은 새로운 정보가 나타날 때에는 해당 지역사회에 대한 조사와 분석을 실시하는 것이 바람직하다.

Warren(1978)은 4단계, 9가지 과제로 이루어진 지역사회 분석 틀을 다음과 같이 제안하였다.

① 1단계 : 목표집단 파악

- 목표집단의 특성과 그들의 지역사회에 대한 인식을 이해한다.

② 2단계 : 지역사회규모의 결정

- 개입을 통하여 변화시켜야 할 지역사회의 지리적 경계를 파악한다.
- 목표집단에 영향을 주는 문제에 대한 자료를 수집하여 프로파일을 만든다.
- 목표집단에 영향을 주는 가치, 전통, 신념, 가치갈등 등을 관찰하고 이해한다.

③ 3단계 : 차이점 인식

- 목표집단이 다른 집단과 어떠한 차이점 있는지, 그 차이점으로 억압받았는지 등 공식적 · 비공식적으로 억압받아 온 방식을 파악하고 이해한다.
- 목표집단이 지역사회에 적응하지 못하는 이유는 무엇인지, 목표집단이 차별받고 억압받아 온 증거를 수집한다.

④ 4단계 : 구조파악

- 목표집단의 욕구를 충족시키기 위한 권한이 어디에 있는지 파악한다.
- 목표집단의 목표를 충족시킬 수 있는 자원을 파악한다.
- 목표집단에 대해서 어느 단체가 도움을 주고 옹호하는가, 자원의 분배과정과 유형은 어떠하며, 외부의 힘에 영향을 받는가 등 목표집단에 대한 서비스 전달체계와 유형, 자원의 분배과정과 유형을 파악한다.

3. 지역사회조직의 유형

지역사회조직(community organization)은 개별사회사업, 집단사회사업과 함께 전통적 사회사업의 한 방법으로서 사회복지실천에 있어서 중요한 위치를 차지하고 있으며, 지역사회를 구성하는 개인, 집단, 조직, 이웃 등의 사회적 복리와 안녕을 긍정적 방향으로 향상시키기 위해 지역사회 수준에서 전개되는 일련의 활동을 말한다. 지역사회조직사업은 공 · 사 사회복지기관의 전문사회복지사에 의해 이루어지며, 추구하는 변화에 대해 보다 의도적이고, 계획적이며, 조직적이고, 과학적인 지식과 기술을 포괄적으로 사용한다는 점에서 다른 지역사회복지활동과 구별된다.

Rothman(1974)은 지역사회조직의 유형을 다음과 같이 지역사회개발, 사회계획, 사회행동의 3가지로 나누어 설명하였고 그에 따른 12가지 실천변수를 유형별 특성으로 제시하였다.

1) 지역사회개발

지역사회개발(community development, Model A) 유형은 민주적 지역사회 구성의 존재를 근거로 하여, 의식적이고 계획적인 지역사회로의 참여를 통해서 의도된 방향으로 사회변화를 이룰 수 있다는 가정에서 시작한다. 즉, 지역사회의 변화를 가장 효과적으로 이룩하기 위해서는 변화를 위한 목표결정과 실천행동에 광범위한 주민을 참여시켜야 한다는 전제에서 나온 지역사회조직 사업의 한 형태이다.

지역사회개발에 대한 유엔의 정의를 보면, "지역사회개발은 지역사회주민의 적극적 참여와 주민이 가능한 한 최대의 주도권을 갖고, 전 지역사회의 경제적·사회적 조건을 향상시키기 위한 한 과정"이라고 말하고 있다. 이 지역사회개발에서는 민주적 절차, 자발적 협동, 토착적 지도자의 개발, 교육 등이 특히 강조된다.

지역사회개발사업의 예로서는 도시지역에서 전개되는 지역복지관의 지역개발사업, 평화봉사단, 성인교육분야의 지역활동 등을 들 수 있다.

2) 사회계획

사회계획(social planning, Model B)은 비행, 주택, 일탈, 고용, 정신건강 등과 같은 사회문제를 해결하고자 하는 기술적 과정을 강조한다. 이 모델에서 중요한 것은 문제해결을 위한 합리적 계획수립과 통제된 변화이다. 지역사회주민의 참여 정도는 문제의 성격에 따라 또 이 문제에 관여하는 기관들에 따라 광범위할 수도 있고 소수일 수도 있다.

복잡한 산업사회에 있어서의 계획된 변화는, 거대한 관료적 기관들을 움직일 수 있는 능력을 포함한 고도의 기술을 수행할 수 있는 전문가가 필요하다고 보는 것이다. 따라서 사회계획가는 첫째, 사실발견과 문제의 정의, 둘째, 의사전달의 구성 및 작동구조, 셋째, 행동전략을 계획함에 있어서 사회의 목표와 정책의 선택 및 결정, 넷째, 계획의 실천, 다섯째, 변화의 성취결과가 미치는 영향에 대한 사정 등의 업무를 담당한다.

특히 사회복지사로서의 전문가는 지역사회주민에게 필요한 물자와 서비스를 제공하는 데 관심을 갖는다. 이 모델에서는 Model A처럼 지역사회의 문제해결 능력을 배양한다거나, Model C와 같이 근본적 사회변혁을 증진시키려는 것은 중요하지가 않다.

이 유형을 추진하는 기관으로 정부, 예를 들면 재정경제원을 위시한 각 부처의 기획담당부서, 도시계획국, 지역사회복지협의회와 수많은 민간복지・보건관계기관을 들 수 있다.

3) 사회행동

사회행동(social action Model C)은 지역사회의 불우계층에 처한 지역사회 주민이 사회정의와 민주주의에 입각해서 보다 많은 자원과 보다 나은 처우를 그 지역사회에 요구하는 행동을 말하며, 지역사회 내의 권력관계를 재배분하거나 변화시키려는 의식적이고 체계적인 노력을 포함하고 있다. 그리고 재화와 권력의 불평등이 사회구조적 모순에서 시작되었다고 가정하고 있다.

따라서 이에 참여하는 사회복지사는 지역사회의 교육, 취업, 복지, 보건, 가치관 등과 같은 기존 제도와 현실에 대한 변화를 추구한다. 사회복지사는 권력, 자원, 지역사회 정책결정에 있어서의 역할 등의 재분배를 추구하며, 공공기관의 기본정책에 대한 변화를 추구한다. 이러한 모델을 이용하는 집단의 예를 들어 보면 소수인종집단, 학생운동, 여성해방 혹은 여권신장운동, 급진정당, 노동조합운동, 복지권운동, 소비자보호운동, 환경보호운동 등이 있다.

4. 지역사회 개입기술

지역사회복지실천가인 사회복지사는 매우 다양한 역할을 요구받고 수행하고 있다. 이 장에서는 효과적 지역사회복지실천을 위한 기술들을 간략하게 살펴보았다.

1) 옹호기술

옹호(대변, advocacy)는 지역사회의 클라이언트나 지역사회주민이 부당한 처우나 서비스를 받을 경우에 그들의 이익을 대변하는 모든 활동을 말하며, 표적집단에 대한 강력한 영향력이나 압력을 행사하는 것을 포함하는 개념으로서, 설득과 대표행위(representation) 등이 핵심기술이다.

Rothman과 Sager(1998)는 옹호기술은 옹호활동의 계획, 문제의 정의, 목표의 설정, 표적정하기, 옹호를 위한 재가(승인)의 획득, 개입수준의 결정, 개입전략의 실행, 결과의 평가 등의 과정으로 이루어진다고 하였으며, 옹호의 기술을 다음 4가지로 설명하였다.

- 사회정의를 지키고 유지하려는 목적으로 지역주민이나 지역사회의 입장에서 직접적으로 옹호, 보호, 개입, 지지를 하는 일련의 행동이다.
- 지역주민이나 지역사회를 대신하여 일을 진행하고 대변하는 것으로, 특히 그들이 취약한 상태일 때 더 적절하다.
- 많은 노력을 요구하며 크고 강렬한 체계와 맞설 경우, 위험을 감수해야 한다.
- 전문적으로서 사회복지사가 생겨난 이래 취약한 상태에 처해 있는 사람들의 옹호는 사회복지사의 책임이다.

2) 임파워먼트기술

임파워먼트(역량강화, empowerment)기술은 다음의 2가지로 나누어 설명할 수 있다(Rubin & Rubin, 2001).

- 지역사회 또는 지역사회주민이 처해 있는 어려움의 해결방안은 치료가 아니라 그들이 원하는 것을 얻을 수 있는 능력, 타인의 사고, 느낌, 행동에 영향을 미칠 수 있는 능력 등을 뜻하는 파워를 가짐으로써 가능하다고 본다.
- 클라이언트들이 파워를 가질 수 있는 충분한 잠재능력과 강점이 있다고 보고, 지역주민이나 자기가 속한 지역사회를 긍정적으로 바라보는 시각을 가지도록 한다.

또한 클라이언트의 임파워먼트를 효과적으로 도와주기 위한 임파워먼트의 단계를 의식의 제고, 자기 목소리 내기, 공동의제의 틀을 갖추기, 파워 키우기, 능력 키우기, 사회적 자본의 창출 순으로 제시하였다.

3) 조직화기술

조직화(organizing)기술은 클라이언트의 문제를 해결하기 위해 필요한 인력이나 서비스를 규합하고 나아가 조직의 목표를 달성하도록 합리적으로 운영해나가는 과정이다(최옥채, 2000). 즉, 지역사회주민을 선정하여 하나의 모임을 만들고, 그 모임이 조직체계를 갖출 수 있도록 원조하는 기술을 말한다. 또한 조직화기술은 지역사회에서 소외되고, 억압받는 사람들로 하여금 자신감을 갖게 하여 상호관계망을 형성하고, 그들 스스로 행동에 나서도록 하는 지역사회복지실천에서 가장 기본이자 핵심적 기술이다.

효과적 조직화기술은 다음과 같다(Beckwith & Lopez, 1997; 김종일, 2004).

- 사적 이익에 대한 관심을 조직화에 활용한다.
- 조직화는 지속적 관심과 노력이 요구되는 역동적 과정이다.
- 갈등과 대립상황을 의도적으로 만든다.
- 조직화는 쟁점을 중심으로 이루어지므로 쟁점을 명확하게 한다.
- 지역사회의 불만을 공통된 불만으로 집약한다.
- 정서적 활동을 포함한다.

4) 자원개발 · 동원기술

자원이란 지역사회복지실천의 목적과 목표를 달성하는 데 필요하고 도움이 되는 모든 것을 말하며, 자원개발 · 동원(resource mobilizaion)기술은 지역사회의 문제를 해결하기 위해, 필수적인 지역사회 내의 자원이 부족하거나 외부의 자원이 필요한 상황에서 활용된다.

지역사회복지실천에 있어서 자원은 매우 다양하나 인적 자원과 물적 자원이 가장 중요하며, 자원을 개발하고 동원하는 기술은 다음과 같다(Rubin & Rubin, 2001).

- 인적 자원을 동원하는 전술 : 기존 조직의 활용, 개별적 접촉, 기존 네트워크의 활용 등이 있다.
- 물적 자원을 동원하는 전술 : 회비, 조직의 홍보와 마케팅, 외부지원금 신청, 모금을 위한 특별 이벤트 등의 모금방법이 있다.

5) 연계기술

연계(network linkages)는 지역사회 내 사람들의 관계를 강화함으로써 사회적 자신을 형성하는 것이다. 사회적 연계망은 개인 간의 접촉의 통로 또는 연결망의 역할을 한다.

지역사회내에서 사회복지사의 연계기술은 다음과 같다(Rubin & Rubin, 2001).

- 지역사회 또는 지역사회주민이 필요한 자원이나 서비스와 연결하는 것을 돕는다.
- 지역사회의 유용한 자원에 대한 정보나 그것을 이용할 지역사회주민의 능력이 부족할 경우, 더 적절하다.
- 서비스의 중복을 방지하고 자원을 효과적으로 관리하기 위하여 정기적 모임 및 회의 등을 가진다.
- 다양한 욕구를 충족시키기 위해 패키지 서비스 또는 원스톱 서비스(one-stop service)가 이루어질 수 있도록 한다.

5. 지역사회실천모델 및 사회복지사의 역할

Hardina는 지역사회복지 실천모델은 사회복지사들에게 지역사회 개입방법을 안내하는 역할을 수행한다고 하였다. Weil은 지역사회실천모델이 개념적인 구성요소나 사회복지사의 역할 측면에서 상호 배타적이지 않다는 점을 인정하지만, 각각의 실천모델은 사회복지사들에게 지역사회 문제해결을 위한 사정과 전략 선택, 실천개입에 대한 평가 등에서 유용하게 활용될 수 있는다는 점을 강조하고 있다.

실천모델의 목적은 과업목적과 과정목적으로 나눌 수 있다. 과업목적이란 지역사회의 특정 문제해결 자체에 관심을 갖고, 구체적인 과업의 완수에 초점을 두는 것을 말한다. 즉 지역사회의 욕구와 자원 간의 조정과 균형을 도모하고, 장애인고용촉진 및 직업재활법 등과 같은 법률의 제정, 소수 인종, 여성, 장애인 등이 더 많이 취업할 수 있도록 하는 고용 현장의 변화, 더 많은 빈민들이 사회보장 혜택을 받을 수 있도록 하는 관료적 절차의 변화, 선거를 통한 정계 진출 등 정치적 역량 강화 등이 포함된다.

반면 과정목적은 변화의 욕구에 대한 열린 대화, 지역사회의 문제해결을 위한 지역주민들의 참여 유도, 지역사회 내에 존재하는 여러 집단들 간의 협동관계 수립, 조직 내의 여성들이나 소수자들의 조직화, 도시에서 서비스 개선을 위해 소비자를 대표할 수 있는 대표집단의 개발 등이 포함된다.

지역사회복지실천은 조직화, 개발, 계획, 변화전략 등을 통해 지역사회의 다양한 문제해결을 위한 노력이기 때문에 시대적 상황 및 개별 국가의 경험을 반영하여 다양한 유형으로 분리되고 있다. 지역사회복지 실천모델의 발전과정은 사회경제적 배경이나 이데올로기, 사회복지실천의 전문화 경향과 밀접히 관련되고 특히 최근 신자유주의적 확산과 경쟁원리의 강화로 세분화되는 경향이 있다. 그러나 실제 지역사회복지실천의 개입전략에 있어서는 상호 중복되는 혼합된 형태를 보인다(박태영, 2004).

1) Rothman의 실천모델(전통적 실천모델)의 3모형

(1) 지역사회개발모델

지역사회개발모델(Community development model)이란 지역의 주민들이 지역주민들의 참여와 자조를 바탕으로 스스로 문제를 해결할 수 있는 지역사회 능력과 역량을 강화하고 사회통합을 이루도록 하는 실천모델을 말한다. 즉 지역사회 변화를 가장 효과적으로 이룩하기 위해서는 주민들을 변화시키기 위한 목표를 결정하고 이를 실천행동에 옮기는 데 국민들을 참여시켜야 한다는 전제에서 나온 지역복지사업의 한 형태인 것이다. UN은 지역사회개발을 지역사회 주민들이 적극적으로 참여하여 가능한 최대의 주도권을 가지고 전 지역사회의 경제적·사회적 조건을 향상시키는 과정이라고 하였다.

사회문제의 접근에 있어서 위에서 아래로 내려오는 하향식 접근이나 관료적·전문적 접근보다 아래에서 위로 올라가는 상향식 접근이나 풀뿌리조직이 구성원들로부터의 접근을 강조한다. 그리고 지역사회 문제해결에 있어서 지역주민들의 소외감을 제거하는 데에 중요한 목적을 두므로, 과정을 중요하게 생각한다. 특히 지역사회 개별 지역주민들의 역량을 강화시키기 위한 행동들은 참여, 자조, 리더십, 성실성, 협동 등이다. 기본 방법은 집단지도자 양성, 협력자 활동 분위기를 조성하는 것이기 때문에 사회복지전문가는 조력자, 조정자, 문제해결기술 훈련자 등의 역할이 요구된다. 지역개발의 예로는 지역복지관의 지역개발사업, 자원봉사운동, 새마을운동 등 지역사회복지관의 지역사회사업, 성인교육과 공중보건교육분야에서의 지역사회활동을 들 수 있다.

그러나 이 모델은 다음과 같은 한계점을 갖는다(김용민 외, 2009). 즉, 지역사회의 변화를 위해 지역사회 내에 있는 모든 사람들이나 집단들이 공감대를 형성한다는 것은 시간이 많이 들고 현실적으로 어렵다는 점이다. 그리고 지역사회 주민들이 성별, 계급, 문화, 인종, 육체적 및 정신적 능력, 나이 등과 관련된 경계를 뛰어넘은 공통의 이해관계를 가지고 있다는 가정 자체가 비현실적이라는 점이다. 특히 힘이 있는 정책결정자들이 사회변화를 방해할 수 있으며, 협상 테이블에 앉는 것을 거부할 수도 있다는 점을 한계점으로 들 수 있다.

(2) 사회계획모델

사회계획모델(Social planning model)은 비행, 주택, 정신건강 등과 같은 구체적인 사회문제들을 해결, 통제, 예방하기 위한 합리적인 사회계획의 과업을 중요시하고 전문가로서 직접 문제해결을 강조한다. 즉 지역사회나 지역주민들의 욕구를 해결하기 위하여 정책이나 프로그램의 개발, 개선을 통해서 지역사회문제를 해결해 나가는 실천모델인 것이다. 직관이나 경험이 아니라 공식적인 계획과 정책 준거 틀의 설계를 중요시하며 계획이나 정책집행의 효과성과 효율성을 강조하는 등 이성적 분석과정을 담당하는 사회계획을 강조한다.

그러므로 사회복지사는 문제해결을 위한 제안을 할 수 있는 전문적 기술을 갖춘 전문가로 계획가, 행정가, 관리자로서의 역할이 특히 강조된다. 재화와 서비스 제공, 자료 수집과 분석, 프로그램 계획과 평가 등을 담당해야 한다. 복잡한 산업사회에 있어서 계획된 변화는 거대한 관료적인 기관들을 움직일 수 있는 능력을 포함한 고도의 기술을 행사할 수 있는 전문가가 필요하고 특히 사회복지사로서의 전문가는 주민들이 필요로 하는 물자와 서비스를 제공하는 데 관심을 가져야 한다. 그러나 지역사회개발모델에서처럼 지역사회의 문제해결 능력을 배양한다거나 사회행동모델에서 근본적인 사회변혁을 증진시키려는 관심은 이 모델에서는 중요하지 않다. 예를 들면 공동모금기관이나 지역사회복지협의회와 같은 조직에서 추진하는 여러 가지 정책을 들 수 있다. 그러나 이 모델은 제한적인 시간과 지역사회의 자원, 문제해결과정에 미치는 정치적 영향력 등을 간과하고 있다는 한계점을 갖는다.

(3) 사회행동모델

사회활동모델(Social action model, 과업+과정)은 지역사회에서 억압받고 소외된 주민들이 사회정의와 민주주의, 정치적 공평성의 입장에 입각해서 더 많은 자원과 향상된 처우를 그 지역사회에 요구하는 행동을 지향하는 모델을 말한다. 사회행동모델은 기본적으로 과업을 중시하는 과업 중심 모델이지만 과정도 무시하지는 않는다는 점에서 차이가 있다.

과업 목적은 지역사회의 기존 제도나 상태에 대한 근본적인 변화를 추구하는 것으로 사회적으로 약한 집단들이 일자리, 교육, 정치적 의사결정과정에 접근하기 위해서 조직에 참여할 수 있는 기회가 중요하다는 것을 강조한다. 그리고 정치적 · 사회적 · 경제적 체계에 영향을 미치는 힘의 구조를 변화시키기 위해 사회복지사는 조직가의 역할, 사회적 약자를 지지하고 옹호하는 역할을 담당해야 하는데 이를 위해서는 조직적 대항, 입법로비활동, 대중조직의 개발, 정치적 캠페인의 기술이 요구된다. 예를 들면 여성운동, 빈민운동, 환경운동 등을 들 수 있다.

그러나 지역사회에서 일어나는 모든 상황을 극복하기 위하여 대항만을 사용하는데 이것은 집단이나 조직들을 양극화함으로써 기대하는 결과를 얻는 데 난점으로 작용하기도 한다. 그리고 지나치게 파괴적인 대항전술이나 금속화 변화는 지역사회가 감당할 수 없을 수도 있다. 대항전술은 경우에 따라 법에 어긋나는 것일 수도 있고 긴박한 상황에서만 사용해야만 하는 것일 수 있기 때문에, 대항전술에 따른 위험을 완벽하게 인지하고 있어야 한다. 이와 같이 이 모델의 한계점은 지역사회실천활동을 대항활동으로만 제한, 대항전략에 대한 거부감, 대항 형태의 불법 가능성 등이라 할 수 있다.

표 9-1 Rothman의 지역사회복지 실천모델 비교

모델구분	지역사회개발 (local/community development)	사회계획 (social planning/policy)	사회행동 (social action)
개념	• 지역사회의 변화를 가장 효과적으로 이룩하기 위해서는 광범위한 주민들을 변화의 목표 설정과 실천행동에 참여시켜야 한다.	• 범죄, 주택, 정신건강과 같은 사회문제를 해결하고자 하는 기술적 과정을 강조한다.	• 지역사회의 주민들이 사회정의와 민주주의에 입각해서 보다 많은 자원과 향상된 처우를 그 지역사회에 요구하는 행동을 말한다. 지역사회의 기존 제도와 현실에 대한 근본적인 변화를 추구한다.
지역사회활동 목표	• 과정중심 목표에 역점을 둔다. 지역주민들의 자조와 지역사회 내 집단들의 전체적인 조화를 목표로 문제해결에 더 많은 주민들을 참여하도록 유도한다. • 지역사회가 기능적으로 통합을 이루고 자주적으로 협동적인 문제해결에 참여하며, 민주적인 능력을 배양한다.	• 중요한 사회문제를 해결하고자 하는 과업완수에 초점을 둔다. • 지역사회의 문제해결을 목표로 사실을 수집하고 가장 합리적인 행동방안 및 계획을 수립한다.	• 과업과 과정을 모두 중시한다. 과업 중심 목표는 특정 입법이나 복지혜택추구, 공공기관의 정책변경에 관심을 두며, 과정 중심 목표는 집단구성원의 정치적 영향력 증대에 관심을 둔다. • 불이익을 받는 집단에 대한 자원획득, 권력관계와 기본적인 제도와 자원의 변화를 목표로 한다. • 소규모적이고 단기적인 문제상황을 해결하는 것보다 체제변화에 따른 결과를 중시한다.
강조점	• 자조정신 강조 • 민주적인 절차 • 자발적인 협동 • 토착적인 지도자 개발 교육 등	• 문제해결을 위한 합리적인 계획수립과 통제된 변화 • 정책집행의 효과성과 효율성 강조 공식적인 계획과 준거 틀에 대한 설계	• 권력, 자원, 지역사회의 정책결정에 있어서의 역할 등의 재분배

모델구분	지역사회개발 (local/community development)	사회계획 (social planning/policy)	사회행동 (social action)
지역사회구조와 문제 상황에 관한 전제	• 지역주민들은 유익한 인관관계를 맺는데, 자신들이 안고 있는 문제를 해결할 수 있는 능력과 기술이 결여되어 있을 뿐만 아니라 주민들이 상호 고립되어 아노미(사회질서가 흐려져 개인행동이 통제를 잃게 되어 범죄, 지행, 정상에서 벗어나는 행동을 나타내는 형태), 소외, 정신병적인 증상을 갖고 있다. 지역사회는 전통을 고수하고 소수의 전통적인 지도자들에 의해 지배되고 있었으며, 문제해결기술이 없고 민주적인 과정에 대한 이해가 없는 무지한 주민들로 구성되어 있다(후진국의 경우).	• 지역사회는 빈곤, 주택, 고용, 보건, 비행과 범죄, 여가 활용, 교통 등 수많은 실질적 사회문제를 안고 있다.	• 지역사회는 혜택과 권한의 분배에 따른 계층을 유지하고 있다. 억압받고 박탈당하고 무시당하고, 무력한 주민들이 정부나 대기업사회의 기존체계 등의 억압자들의 부조리와 사회부정의, 불평등, 착취에 의해 고통을 받고 있다.
변화를 위한 기본전략	• 광범위한 다수의 주민들이 참여해서 자신들의 욕구를 결정하고 문제를 해결하려는 것(토론, 토의)	• 문제에 관한 적절한 자료를 수집해서 문제해결을 위한 최적의 합리적인 가능한 방안을 강구하자는 것(전문가)	• 불리한 처지에 놓여 있는 주민들의 합법적인 적이 누구인가를 찾아내고, 집단행동을 조직하여 선택된 적대집단에 압력을 가하는 것(운동 개념) • 이슈의 구체화와 표적대상에 대해 조치를 취할 수 있도록 주민 동원
주요 내용	• 자기결정의 존중 • 변화의 촉진 • 수용 • 중립성 • 불만의 공론화 • 협력적 분위기의 조성 • 전문성의 활용	• 분석 • 복지지향성 • 참여의 유도 • 운영과 관리	• 옹호 • 참여의 유도 • 자원재분배의 요구 • 집단적 중재 • 힘의 과시 • 정치적 압력 • 법적 행동 • 언론의 활용 • 협상

모델구분	지역사회개발 (local/community development)	사회계획 (social planning/policy)	사회행동 (social action)
변화전술과 기법	• 합의 : 지역사회집단 간, 이해관계간 상호의사소통, 집단토의	• 문제 확인, 사정, 목표개발, 실행, 평가의 요소 • 사실발견과 분석 • 상황에 따라 갈등이나 합의를 사용하기도 함	• 갈등이나 대결 : 정면대결, 직접적인 실력행사 및 직접행동 • 협상 • 항의, 시위, 보이콧, 마케팅 등 비교적 다수의 대중을 규합할 수 있는 능력이 요청됨
사회복지사의 역할	• 조력자–촉매자, 조정자 : 문제해결기술과 윤리적 가치에 대한 교사 • 안내자 전문가 치료자, 격려자, 능력부여자, 실천가, 조사자, 교육자(문제해결 기술훈련)	• 사실수집자와 분석자, 프로그램기획 및 실행자, 평가자, 촉진자, 계획가 전문가, 행정가	• 행동주의적 옹호자 : 선동자, 중개자, 협상자, 매개자, 지지자, 조직가, 조력자, 행동조직가
변화의 매개체	• 과업지향적인 소집단 활용과 소집단 간의 합리적인 조정	• 공식집단(지역사회의 기관, 정부기관)과 객관적 자료의 활용 및 조정(자료 수집과 분석)	• 대중조직과 정치과정 활용 및 조정
권력구조에 관한 견해	• 협력자로서 권력 구조의 구성원 지역사회 전체 • 권력을 쥔 사람도 지역을 향상시키기 위해 공동으로 노력한다.	• 고용주와 후원자로서 권력구조 전문가의 후원자 또는 고용기관	• 활동의 외부표적으로서 권력구조, 타도되거나 강요된 압제자 • 클라이언트 밖에 존재하여 클라이언트 집단에 대한 반대세력 또는 강압세력
수급지역의 범위 정의	• 지리적 측면에서 전체 지역사회	• 지역사회 전체 또는 특수 지역 및 지역사회 일부	• 지역사회 일부로 특수한 지원을 요하는 고통받는 집단 • 후원이나 치료의 대상이 아니라 동지로 여긴다.
지역사회 하위부분의 이해관계에 대한 전제	• 공통의 이해관계 및 조정 가능한 차이	• 이해관계의 조정 가능 또는 갈등	• 쉽게 조정할 수 없는 갈등적 이해관계, 자원의 희소성
지역사회 구성 집단들 간의 이해관계에 관한 전제	• 상이한 집단, 계층의 이해관계가 상호조화를 이룰 수 있다(긍정적 관점) • 합리적인 설득이나 대화, 상호 간의 호의를 쉽게 규합할 수 있다.	• 지역사회 내 집단들 간의 갈등적인 이해에 크게 개의치 않는다. 실용적이며 특정 문제의 해결에만 관심을 가진다.	• 구성집단 간의 이해관계가 상충되며, 서로 조화를 이룰 수 없다(투쟁).

모델구분	지역사회개발 (local/community development)	사회계획 (social planning/policy)	사회행동 (social action)
클라이언트 집단에 대한 견해	• 아직 완전히 개발되지 않았으나 상당한 잠재력을 가진 시민 • 잠재력을 발휘하기 위해서는 전문가의 도움이 필요하다. • 지역사회 상호적 문제해결 과정에 적극적으로 참여한다. • 클라이언트는 자기들의 욕구를 표현하고 바람직한 목표를 결정하며 적절한 조치를 강구하는 데 참여한다.	• 서비스의 혜택을 받는 소비자 (복지급여의 수령자)	• 체제의 희생자(고통받는 집단) • 특정불이익 집단 • 혜택을 받는 자
공공의 이익에 대한 개념	• 합리주의적 · 중앙집권적 개념 협동적인 결정과정을 이용해서 주민의 일반적인 복지를 위해 여러 지역사회 집단의 이익을 반영한다.	• 이상주의적 · 중앙집권적 개념 계획전문가는 사회과학자들과 협의를 통해 지식, 사실, 이론에 입각해서 공익을 대변하며, 개인의 정치적 이익이나 일반의 인기에 좌우되지 않는다.	• 현실주의적, 개인주의적 견해
임파워먼트의 활동	• 협동적이고 의사결정을 할 수 있는 지역사회 능력 구축, 주민의 개인적 주인의식 고취	• 소비자들의 서비스 욕구규명 : 소비자의 서비스 선택의 정보 제공 • 권리강조	• 수급자체계(지역사회)를 위한 객관적 권력(지역사회 의사결정에 영향을 미치는 권리와 수단)의 획득, 참여자의 주인의식 고취
예	• 새마을 운동 • 지역복지관의 지역개발 사업 • 성인교육분야의 지역활동	• 모금기관 활동 • 지역사회복지협의회	• 학생운동 • 여성해방 · 여권신장운동 • 노동조합운동 • 복지권운동 • 소비자보호운동
주요 학자	Ross, Lippitt	Morris & Binstock, Sanders	Grosser, Grossman

2) Weil과 Gamble의 실천모델 8모형(김치영, 2009)

(1) 근린지역 및 지역사회 조직화모델

지리적으로 가까운 근린지역 및 지역사회의 조직화에 초점을 둔다. 근린지역사회조직사업, 지역주민들의 권력 기반 조성과 삶의 질 개선을 위한 조직사업을 도와주는 실천활동으로 지역주민의 역량 강화, 리더십 개발, 구체적 과업 성취를 주요 목표로 한다.

(2) 기능적 지역사회 조직화모델

지역적으로 떨어져 있지만 공통된 관심사나 이해관계 등을 기초로 한 지역사회의 조직화에 둔다. 기능적 지역사회 조직은 특정 분야 또는 집단에서의 변화를 유도하기 위한 당사자 조직사업으로 장애인 권익 신장 운동이나 동성애자 인권운동 등을 들 수 있다. 교육과 옹호적 역할을 강조한다.

(3) 지역사회의 사회적 및 경제적 개발모델

지역사회의 성공적 개발을 위해 사회적 및 경제적 개발이 동시에 진행되어야 한다는 것을 강조한다. 지역사회의 사회·경제개발모델은 지속 가능한 개발을 내세우며 지역주민의 사회·경제적 환경 개선을 도모하는 실천모델이다. 주민들로 하여금 사회·경제적 자원을 활용할 수 있도록 준비시키는 데 주력한다.

(4) 사회계획모델

사회계획모델은 개별 기관 수준 및 휴먼서비스기관의 협의체, 지역 휴먼서비스계획협의회에서 이루어진다. 휴먼서비스에 필요한 자원결정과 자원을 효율적으로 이용하는 것을 강조하기 때문에 사회서비스와 정책의 개발, 확장 및 조정에 초점을 둔다. 계획가가 수행하는 중심적 과업은 서비스통합, 사회계획 및 인간서비스에 합리성을 부여하는 것 등이다. 계획가가 사용하는 주요 기술은 조사, 욕구사정, 평가 제안서 개발 및 분석 등이다.

(5) 프로그램 개발 및 지역사회 연계모델

프로그램 개발과 지역사회 연계모델은 지역사회의 욕구에 신속히 대처하기 위한 신규 서비스의 창출, 기관 프로그램의 확대 또는 방향 재설정이 주요 목적이 된다. 지역사회와의 상호작용을 새롭게 강조한다. 지역사회 주민들에게 필요하다고 평가된 새로운 서비스를 설계하고 실행하는 데에 초점을 둔다.

(6) 정치적 및 사회적 행동모델

이 모델 목적은 힘의 균형 상태를 유지함으로써 과거 의사결정과정에서 배제되어 왔던 소외계층이 미래에는 의사결정에 참여하여 역할을 담당하도록 하는 데 있다. 정책 수립자, 기업의 형태 등을 변화시키기 위한 사회정의 실천 행동을 촉진하는 것이 목표이다. 지역주민은 정치사회행동을 통해 자신들의 역량에 대한 신뢰를 강화하는 한편, 불의한 상황을 바꾸는 데 필요한 조직사업과 리더십 기법을 발전시킬 수 있다.

(7) 연합모델

집합적 사회변화를 위해 개별 집단들이 함께 일하는 데에 초점을 두는 모델이다. 사회정책이나 프로그램의 방향에 영향을 미치거나 소요 자원을 효과적으로 요구하기 위한 다조직 권력 기반의 건설을 목표로 한다. 선출직 공무원이나 정부기관이 주요 표적 집단이 된다.

(8) 사회운동모델

인권존중과 사회정의를 위한 민주화운동이나 인권운동 등 사회운동과 동맹하여 그것들을 지지하는 데에 초점을 두는 모델이다. 사회복지사로서의 직업적 윤리 및 가치와 부합되는 사회운동에 동참하여 사회변화를 도모한다.

표 9-2 Weil과 Gamble의 지역사회복지 실천모델 비교

모델 구분	근린지역 사회조직	기능적인 지역사회 조직	지역사회의 사회 · 경제 개발	사회계획	프로그램 개발과 지역 사회 연결	정치 · 사회 행동	연합	사회운동
목표	조직화를 위한 구성원의 능력 개발, 도시 · 지역계획과 외부개발에 영향과 변화	행위, 태도의 옹호와 변화에 초점을 둔 사회정의를 위한 행동, 서비스 제공	지역주민관점에 입각한 개발계획주도, 사회정의를 위한 행동, 서비스 제공	선출된 기관 또는 인간서비스 계획협의회가 행동을 하기 위한 제안	지역사회서비스의 효과성을 증진시키기 위한 기관 프로그램의 확대와 방향 수정	정책 또는 정책형성자의 변화에 초점을 둔 사회정의를 위한 행동	프로그램의 방향 또는 자원을 최대한 끌어낼 수 있는 다조직적인 권력기반 형성	특정 대상집단 또는 이슈에 대해 사회정의를 위한 행동
변화의 표적 체계	시, 외부개발자, 지역사회주민	일반대중, 정부기관	은행, 재단 외부개발자, 지역사회주민	지역사회지도자의 관점, 인간서비스 지도자의 관점	기관프로그램의 재정 충원자, 기관서비스의 수혜자	선거권자, 선출된 공무원, 잠재적 참여자	선출된 공무원, 재단, 정부기관	일반대중, 정치제도
일차적인 구성원	이웃 지역사회주민	동호인	지역사회의 저소득계층, 주변계층, 불이익계층	선거로 선출된 공무원, 사회기관과 기관 간의 조직	기관위원회 또는 행정가, 지역사회대표자	특정 정치적 권한이 있는 시민	특정 이슈에 이해관계가 있는 조직	새로운 비전과 이미지를 창출할 수 있는 조직과 지도자
관심 영역	지역사회 주민의 삶의 질	특정 이슈와 대상을 옹호	소득, 자원, 사회적 자원 개발, 교육과 리더십 기술 향상	지역계획에 사회적 욕구 통합, 인간서비스 관계망 조정	특정 대상자를 위한 서비스 개발	정치권력의 형성, 제도의 변화	사회적 욕구 또는 사회적 관심과 관련된 특정 이슈	사회정의
사회복지사의 역할	조직가 교사 코치 촉진자	조직가 옹호자 집필자 정보전달자 촉진자	협상가 증진자 교사 계획가 관리자	조사자 포로포절 제안자 정보전달자 관리자	대변인 계획가 관리자 프로포절 제안자	옹호자 조직가 조사자 조정자	중개자 협상가 대변인	옹호자 촉진자

출처 : 김치영(2009).

참고문헌

김용민 외(2009). 『사회복지실천기술론』. 서울: 청목출판사.

김종일(2004). 『지역사회복지론』. 파주: 학현사.

김치영(2009). 『지역사회복지론』. 경기: 공동체.

김혜란·홍선미·공계순(2006). 『사회복지실천기술론』. 서울: 나남.

박태영(2004). 『지역사회복지론』. 서울: 학지사.

오정수·류진석(2004). 『지역사회복지론』. 서울: 학지사 .

최옥채(2000). 지역사회실천론. 서울: 아시아미디어리서치.

Beckwith, D. & Lopez, C.(1997). *Community Organizing: People Power from the Grassroots*. Washington, DC: Center for Community Change.

Rubin, H. J. & Rubin, I. S.(2001). *Community Organization and Development*. Boston: Ally & Bacon.

Sheafor, B., Horejsi, C., & Horejsi, H.(1997). *Techniques and Guidelines for Social Work Practice*. Boston: Allyn & Bacon.

Chapter 10

사회복지기록

01 사회복지실천에서 기록의 활용
02 기록 내용
03 사회력
04 기록의 형태
05 기록 시 유의사항

기록은 사회복지실천에 있어서 매우 중요한 부분으로, 사회복지사의 책무성과 밀접히 관련되어 있다. 사회복지기록은 클라이언트의 상황을 확인, 기술, 사정하고, 서비스의 목적과 활동을 비롯한 서비스 전달과정을 나타내며, 클라이언트에 대한 개입의 효과 여부를 평가하는 것까지 포함한다. 기록을 통하여 보다 나은 서비스가 제공될 수 있으며 사회복지사와 클라이언트의 성장 도구가 될 수 있다. 이 장에서는 사회복지기록의 중요성과 용도, 기록의 종류 등을 실제적 기록 방법 습득에 초점을 두어 설명하고자 한다.

1. 사회복지실천에서 기록의 활용

사회복지기록은 클라이언트의 상황과 클라이언트에 대한 서비스 계획, 모니터링, 평가에 관한 정보를 문서화하여 보유하기 위해 이루어진다. 사회복지실천기록의 활용 용도는 다음과 같다(Kagle, 1991).

1) 내담자의 욕구 확인

기록은 클라이언트 상황과 서비스에 대한 욕구를 확인시켜 주는 정보를 포함한다. 클라이언트의 문제와 서비스를 개시하는 이유에 관한 내용뿐만 아니라 내담자-상황에 관한 기술과 사정, 심리적 진단을 포함한다.

2) 서비스 내용의 보고

기록은 사례의 개시부터 종결에 이르기까지 클라이언트와 함께 또는 클라이언트를 위해 실행된 활동에 관한 정보를 담고 있고 클라이언트의 욕구와 서비스 목표 및 계획과 관련된 서비스 내용을 포함한다.

3) 사례의 지속성 유지

기록은 사례를 담당하던 사회복지사의 부재 시 클라이언트에게 서비스를 전달하는 다른 사회복지사가 사례에 대한 현재까지의 진행과정을 검토할 수 있게 해 주는 기능을 하게 된다.

4) 전문가 간 원활한 의사소통

기록은 클라이언트 개입을 위해 노력하는 다른 전문가의 의사소통을 촉진시키는 역할을 한다. 팀 구성원에게 집단결정과 집단행동을 강화시키는 자원을 제공하고, 전문가들의 노력을 조정할 수 있도록 돕고, 팀의 모든 구성원들이 접할 수 있는 새로운 정보를 만들어 낼 수 있다.

5) 클라이언트와 정보 공유

기록은 클라이언트와 의사소통하는 도구로 사용될 수도 있다. 클라이언트의 변화 정도를 스스로 기록하게 함으로써 사회복지사와 공유하는 형태와 사회복지사가 클라이언트에 대한 개입의 내용 및 과정을 기록함으로써 공유하는 형태로 나눌 수 있다. 특히 클라이언트가 기록 문서를 볼 수 있도록 허용하는 기관의 사회복지사는 자신의 기록이 클라이언트에게 읽힐 수 있다는 것을 항상 염두에 두는 것이 필요하다.

6) 슈퍼비전, 자문, 동료 검토의 원활화

기록은 슈퍼바이저, 자문가, 동료들과 클라이언트의 상황과 개입과정에 대해 공유하고 지도·감독받는 데 중요한 자료로 활용된다. 슈퍼바이저는 기록을 통해 사회복지사의 업무의 질을 사정하고 변화나 더 많은 발전을 필요로 하는 분야를 파악하고 사회복지사의 강점이 무엇인지를 발견할 수 있다. 사례회의 시 기록을 통해 슈퍼비전, 동료의 검토, 자문이 이루어진다.

7) 서비스의 과정과 효과의 모니터링

기록은 서비스를 지속적으로 평가하기 위한 유용한 도구이다. 첫째, 사회복지사와 클라이언트는 서비스의 목적, 계획에 관한 계약을 체결한 후 서비스과정을 통해 실무자는 계획을 실행하고 목표를 성취하고 서비스의 목적 달성에 관한 과정을 기록한다. 기록은 문서화를 위해서뿐만 아니라 내담자와 함께 또는 내담자를 대신해서 서비스활동을 검토하고, 평가하고, 수정하고, 지속적으로 모니터링하기 위해 사용된다.

8) 학생과 다른 전문가들에 대한 교육

기록은 사회복지 실무와 기관의 업무과정을 가르치는 것과 같은 교육적 측면에서도 유용한 도구가 된다. 실습생이나 초보 사회복지사에게 기관 실무를 소개하는 데 사용될 뿐만 아니라 더 나아가 각 실무자의 지속적 교육과 발전에 있어서도 중요한 도구가 된다. 또한 다른 전문직 분야에서도 사회복지사의 기록을 통해 사회복지사의 업무를 배우고 이해할 수 있다.

9) 행정적 과업을 위한 자료 제공

클라이언트와 서비스에 관한 정보는 클라이언트를 지속적으로 추적하고 클라이언트의 욕구, 서비스 유형, 직무관리, 직원의 직무 수행, 자원의 분배에 관한 행정적 결정을 위한 정보를 제공하기 위해 사용된다.

10) 연구 조사를 위한 자료 제공

사회복지실천과 관련된 연구를 행함에 있어서 기록은 매우 중요한 자료로 활용될 수 있다. 예를 들어, 기관과 실무자는 클라이언트의 욕구와 기관의 서비스 전달 유형에 관한 체계적 연구를 실시하거나 클라이언트의 행동과 목적 달성을 모니터링하기 위해 단일 사례 방법을 사용하기도 한다.

2. 기록 내용

사회복지실천현장에서 사용되는 기록은 클라이언트나 사회복지사 중심이 아니라 서비스 중심적이어야 한다(Kagle, 1991). 또한 사회복지사의 책무성(accountability), 효율성(eggiciency), 사적 권리(privacy)의 목표를 달성하기 위해 실제적으로 클라이언트에게 이루어지는 서비스에 대한 지속적 기록이 이루어져야 한다.

첫째, 서비스 탐색 단계에 있어서는 내담자 특성, 서비스를 개시하는 이유, 현재와 과거의 클라이언트 상황에 대한 서술(사회력), 자원과 제약이 포함된다. 둘째, 서비스 형성단계에는 서비스에 영향을 미치는 결정, 서비스 목적, 서비스 계획, 서비스 특성이 포함된다. 셋째, 서비스 실행 단계에는 중간 노트, 서비스 재검토가 포함되며, 넷째, 서비스 종결 단계에는 서비스 종결의 방법, 서비스활동과 결과에 대한 요약, 추후 노트가 포함된다(Kagle, 1991; 윤현숙 외, 2002).

1) 서비스 탐색 단계

(1) 클라이언트 특성

인구학적 정보는 전문적 판단을 요하지 않는 정보이며, 사회복지사와 클라이언트가 대면하기 전에 클라이언트 자신이나 사무직원이 기록하기도 한다. 클라이언트에 대한 인구학적 정보에는 이름, 주소, 생년월일, 성, 교육수준, 현재 직업, 수입, 결혼 상태, 가족 구성, 종교 등을 기록한다.

(2) 서비스를 개시하는 방법과 이유

클라이언트가 직접 서비스를 요청하는 경우에는 클라이언트가 기관의 서비스를 어떻게 인식하고 있는지를 알려 준다. 또한 클라이언트가 다른 부서나 다른 기관에서 의뢰된 경우에는 서비스를 의뢰하는 측이 갖고 있는, 내담자가 필요로 하는 서비스에 대한 인식을 알려 준다. 이때 '현재 제시된 문제' 앞으로 다루어야 할 문제와 일치할 수도 있지만, 다른 사례에서는 그렇지 않을 수도 있다.

(3) 현재와 과거의 클라이언트 상황에 대한 기술

클라이언트의 문제나 욕구를 역사적이며 생태학적 맥락에서 이해하기 위해 클라이언트 상황에 대한 현재와 과거에 대해 얻은 정보를 사회력(social history)이라고 한다. 사회력은 현재의 클라이언트 상황을 이해하는 데 적합한 개인적 · 대인적 · 사회적 · 환경적 정보에 집중하고 중심 문제를 관련 생태학적 맥락에서 다룬다. 사회력에 대한 자세한 내용은 별도로 다룬다.

(4) 자원과 제약

탐색과정에서 확인된 문제와 욕구에 대응하기 위해 사회복지사는 클라이언트가 필요로 하고 이용 가능한 자원과 서비스를 고려하게 된다. 교회단체, 자조집단, 사회적 서비스 기관과 같은 공식적 또는 비공식적 자원뿐만 아니라 지역사회자원의 부적합성이나 장애요소도 기록되어야 한다.

(5) 사정

클라이언트 상황과 서비스과정 및 진행에 관한 기술이 이루어진 다음에 클라이언트에 대한 사정이 이루어진다. 사회복지사는 구체적인 준거 틀이나 기준에 따라서 클라이언트 상황이나 서비스 교류에서의 중요한 요인들을 분석한다. 기록에서의 사정은 있는 그대로의 기술과 분리되어 '사회복지사의 사정', '견해', '조작적 가설'과 같은 분명한 명칭을 제시하는 것이 좋다. 클라이언트 상황에 대한 사정은 클라이언트의 욕구와 제약뿐만 아니라 강점과 자원도 평가한다.

2) 서비스 형성 단계

(1) 서비스에 영향을 미치는 결정

클라이언트에게 전달되는 서비스의 종류나 양에 영향을 미치는 중요한 결정들의 본질과 정당성을 기록하는 것이 중요하다. 사회복지사와 클라이언트 간의 상호 결정은 계약을 통해 이루어지는데, 계약에는 서비스의 목적과 방법에 관한 전반적 합의를 기본으로 하여, 면담 시간, 비용, 과제 등과 같은 구체적인 것들에 대한 합의도 포함된다. 문서 계약을 할 때에는 계약서 사본을 보관해 두어야 하고, 구두 계약을 할 때에는 결정 참여자, 결정 내용, 결정의 정당성을 기록해야 한다. 구두 계약 후 기록할 수 있다.

(2) 서비스 목적

서비스 목적을 기록한다는 것은 서비스를 통해 무엇을 달성할 것인지를 결정하는 것이다. 서비스의 목적은 모호하거나 추상적인 용어를 피하고 구체적으로 기록해야 한다. 예를 들어 '자아존중감 및 자기효능감을 증진시킨다', '대인관계 능력을 증진시킨다'와 같이 구체적으로 기록하는 것이 좋다.

(3) 서비스 계획

서비스 계획은 서비스 목적을 달성하기 위하여 구체적으로 행해질 내용을 기술하는 것이다. 계획을 자세하게 기록해 놓으면 담당 사회복지사의 부재 시 서비스의 지속성을 유지하는 데 도움을 줄 뿐만 아니라 서비스의 실행을 평가하는 데에도 유용하다.

(4) 서비스 특성

서비스 특성은 '클라이언트의 특성'과 마찬가지로 행정적 처리나 조사 연구를 위해 구조화된 기록을 말한다. 특히 공공부조나 아동학대와 같이, 서비스 클라이언트의 자유재량이 아니라 자격권이나 법적 의무로 주어지는 공적 기관에서는 전형적으로 이런 표준화된 서비스 특성에 대한 기록 양식을 사용한다.

▶ 서비스

(　　) 개인상담　　　(　　) 집단상담　　　(　　) 가족상담

▶ 자원 제공

(　　) 교통편　　　(　　) 전화방문　　　(　　) 도시락배달서비스

(　　) 정보 제공 및 의뢰　　　(　　) 옹호

3) 서비스 실행 단계

(1) 중간 노트

일단 서비스 계획이 시작되면 중간 노트(midterm notes)에 클라이언트 상황과 서비스 교류를 정규적으로 기술하고 사정한다. 이를 과정 노트(process notes)라 부르기도 하는데 이는 중간 노트에 어떤 정보를 포함시키느냐 하는 선택의 기준이 클라이언트의 변화와 향상의 과정을 보여줄 수 있어야 한다는 의미이다. 중간 노트는 간결할 수도 있고 포괄적일 수도 있는데, 이는 어떤 정보를 포함하며 얼마나 자주 기록하느냐에 달려 있다. 중간 노트는 다음의 내용을 포함한다.

- 지난번 기록 이후의 클라이언트 상황의 상태와 변화에 관한 기술
- 지난번 기록 이후 클라이언트 상황의 상태와 변화에 대한 사정
- 마지막 기록 이후의 서비스활동과 서비스과정에 관한 기술
- 중요한 사건의 보고
- 서비스의 목적, 계획, 과정, 진행에 대한 사정
- 서비스의 목적 또는 계획의 변화

(2) 서비스 재검토

중간 노트가 주어진 사례에 대한 사회복지사의 지속적 관찰과 사정을 기록한다면, 서비스 재검토는 서비스 결정과 서비스활동에 대한 공식적 재평가를 기록하는 것이다. 서비스 재검토는 많은 경우 사례회의를 통해 이루어지며, 이는 책무성의 목적을 위해 기록

된다. 일반적으로 서비스 재검토의 내용은 날짜, 참여자, 제안점 그리고 결정 내용을 포함해야 한다. 재검토 후 사회복지사는 서비스의 목적과 계획에 새로운 제안과 결정을 반영할 수 있도록 수정을 가할 수도 있다.

4) 서비스 종결 단계

(1) 서비스 종결의 방법과 사유

서비스는 사전에 수립된 계획에 따라 종결될 수도 있으며, 또는 내담자의 독립적 결정에 의해 조기에 종결될 수도 있다. 서비스 종결과 관련된 내용은 책무성, 서비스 평가, 내담자에 대한 향후 서비스의 계획을 위해 기록된다.

(2) 서비스활동과 결과 요약

사회적 서비스에 관한 기록은 흔히 서비스과정의 개괄이라고 할 수 있는 종결 요약과 종결 당시의 서비스 결과에 관한 기술을 포함한다. 서비스 개시 이유, 서비스 동안의 클라이언트 상황, 서비스의 목적, 계획, 과정, 서비스와 클라이언트 상황에서의 중요한 사건들을 기록한다. 또한 종결 시의 클라이언트 상황의 위치, 서비스에 대한 평가와 클라이언트 상황과 이용 가능한 자원에 관한 서비스의 영향에 관한 평가를 포함한다.

(3) 추후 지도

서비스가 종결된 이후에도 변화의 유지 및 지속성을 위한 추후 지도가 필요하다. 추후 지도에 관한 기록은 클라이언트 상황에 관한 현재의 상태와 향후의 서비스에 관한 제안, 클라이언트와 함께 또는 클라이언트를 대신해서 취해진 모든 행동에 대한 정보를 포함한다.

3. 사회력

사회력(social history)은 현재와 과거의 클라이언트 상황에 관한 깊이 있는 설명과 사정을 말한다. 사회력은 어떤 사람의 가족과 사회·경제적 배경 및 적절한 발달 경험을 설명하는 문서이다(Barker, 1995).

사회력에는 사회복지접근의 특성이 반영되는데, 이는 특히 여러 다른 전문직과 함께 일할 때 드러난다. 예를 들면, 의사가 신체 기능에 초점을 두고 준비한 보고서와는 달리, 사회복지사가 준비한 보고서는 주로 사회적 기능 수행, 즉 클라이언트의 기능과 상황의 사회적·관계적 상호작용적 측면에 초점을 둔다. 좋은 사회력은 이러한 상호작용적 초점을 반영한 것이다(Sheafor, Horejsi, & Horejsi, 1997; 윤현숙 외, 2002: 325 재인용).

사회력이 중요한 이유는 다음과 같다. 첫째, 문제의 원인과 문제해결을 위한 자원을 찾기 위하여, 둘째, 욕구와 결핍뿐만이 아니라 강점과 대처 능력을 발견하기 위하여, 셋째, 클라이언트에게 가장 적합한 서비스나 프로그램에 관한 결정을 내리는 데 도움이 되기 위하여, 넷째, 클라이언트, 가족, 중요한 타인들에게 '자신의 이야기를 말할' 기회를 통해 자신들의 경험을 재검토하고 공유할 수 있도록 하기 위하여, 다섯째, 다른 서비스 제공자들(치료 팀 구성원)에게 사회복지실천의 결정과 행동의 근거를 문서화하기 위해서이다(Kagle, 1991).

사회력은 정보 수집 단계의 주요 부분이기도 하지만 원조과정의 일부이다. 클라이언트는 사회력을 작성하는 과정에서 주요한 사건을 재검토하고 그에 관련된 감정을 사회복지사와 함께 탐색하고 공유할 수 있다. 따라서 사회력에는 사실적 내용뿐만이 아니라 정서적 내용도 포함된다. 또한 사회력은 한 번의 면담으로 작성이 끝나는 것이 아니라, 서비스가 진행됨에 따라 새로운 정보가 나타나서 계속 진행되는 지속적 과정이다.

그러므로 사회력은 과정인 동시에 결과물이라고 할 수 있다(Kagle, 1991). 또한 사회력은 평가적이기보다는 서술적이라야 한다. 사회력을 위한 정보는 클라이언트 본인, 가족, 의미 있는 타자(친척, 친구, 이웃 등), 다른 분야의 서비스 제공자들(의사, 교사, 심리사, 변호사),

타 기관의 기록 등을 통해 얻어진다. 이때 여러 다른 정보원들의 정보가 서로 다르거나, 사실이 아닐 수도 있으므로, 누구로부터 이런 정보를 얻었는지를 기록하는 것이 반드시 필요하다.

4. 기록의 형태

기록의 형태에는 여러 가지가 있으며, 새로운 실천방법의 등장에 따라 변화해 왔다. 사회복지사는 자기가 소속된 기관이 요구되는 기록을 정확하고 효율적으로 유지하는 능력을 발전시켜야 한다. 여기에서는 사회복지실천에서 가장 많이 사용되는 과정 기록, 이야기체 기록, 문제 중심 기록을 중점적으로 살펴보고자 한다.

1) 과정 기록

(1) 과정 기록이란

과정 기록(process recording)은 원조과정이나 클라이언트와 사회복지사의 상호작용과정을 있는 그대로 세밀하게 기록하는 방법이다. 과정 기록의 장점은 사회복지사가 자신의 실천행동과 결정을 분석하도록 고취시키므로 사회복지사와 클라이언트 체계 사이에서 일어나는 활동을 개념화하고 조직화하도록 하며, 면접이나 개입의 목적을 명료화시키고, 사례에 대한 개입 기술 능력을 향상시키는 데 도움이 된다는 점이다. 그러나 과정 기록은 서비스 상호 교류에서 실제로 일어났던 일에 대해서 단지 간접적이고 불완전하며 왜곡된 정보를 제공할 수 있고 시간이 많이 소모되기 때문에 기관에서 사용하기에는 비효율적인 면이 있다.

(2) 과정 기록 방법

과정 기록에서는 클라이언트와의 면담에서 일어난 것, 사회복지사가 관찰한 것들이 마치 연극 대본과 같이 직접인용으로 기록되기도 하고 이를 간접적으로 풀어 쓸 수도 있다. 일반적으로는 직접인용이 더 바람직하다고 인식되고 있다. 이렇게 상세하게 쓰는 목적은 원조과정이나 클라이언트와 사회복지사의 상호작용과정을 상세하게 연구하기 위해서이다.

과정 기록을 세밀하게 하기 위해서는 사회복지사와 클라이언트와의 대화 내용(언어적 · 비언어적 의사소통), 사회복지사와 클라이언트의 대화에 대한 사회복지사의 느낌, 이에 대한 사회복시사의 분석을 기록한다. 슈퍼바이저의 코멘트를 기록할 공간을 남겨 둔다. 이것은 사실적 자료, 일어난 일에 대한 사회복지사의 반응, 이에 대한 분석을 구별할 수 있도록 도와준다.

표 10-1 과정 기록-1

면접내용	사회복지사의 느낌, 분석
언어적 · 비언어적 의사소통을 포함하여, 면접 중에 일어난 일을 있는 그대로 모두 기록한다. 제삼자의 존재나 처음 계획된 면접에 대한 장애 요소가 있었다면 함께 기록한다.	• 대화가 진행되는 동안 사회복지사의 느낌을 기록한다. 클라이언트의 반응이 아니라 사회복지사의 느낌이라는 것이 중요하다. 여기에서는 전문적 용어를 사용할 필요가 없으며, 솔직하고 개방적으로 적도록 한다. • 사회복지사의 느낌의 근원, 면접 기법에 대한 분석, 더 효과적이었을 다른 대안적 접근 등을 기록한다.
슈퍼바이저의 코멘트	면접 내용 및 사회복지사의 분석에 대하여 슈퍼바이저가 코멘트한다.

(3) 과정 기록의 장점 및 한계

과정 기록의 장점은 다음과 같다. 첫째, 과정 기록은 슈퍼바이지의 면담기법과 개입방법에 관한 교육훈련을 위한 자료로 유용하게 사용된다. 슈퍼바이저가 슈퍼바이지의 전반적인 기능 수행 능력을 면밀히 파악하는 데 도움이 되고, 효과적으로 개입하고 있는 부분과 지도가 필요한 부분에 대해 파악할 수 있도록 해 준다. 둘째, 과정 기록은 슈퍼바이지의 자기 인식 및 서비스과정에서의 자아의 활용을 향상시켜 준다. 따라서 슈퍼바이지는 클라이언트의 말과 행동뿐만 아니라, 자기의 말과 행동 및 감정도 자세히 기록해야 한다. 사회복지실천은 클라이언트의 변화와 함께 사회복지사 자신의 성장의 기회가 되는데 이를 위해서는 자신의 생각, 느낌 등을 면밀히 분석하여 자기인식을 증진시키는 것이 필요하다. 또한 과정 기록을 하는 과정에서 슈퍼바이지는 면접과정의 재경험을 통해 자기의 개인적 느낌을 알아내고 이것이 서비스 전달에 어떠한 영향을 미치는지를 분석하게 된다.

한편 과정 기록은 다음과 같은 제한점이 있다. 첫째, 시간이 너무 많이 걸려 기관 실무에서 사용하기에 비효율적이다. 둘째, 과정 기록은 면접과정 동안 일어난 일을 실제로 완벽하게 기억하지 못한다. 따라서 만약 실제 서비스과정을 보다 면밀하고 정확하게 검토하고자 한다면, 과정 기록과 함께 오디오 테이프나 비디오 테이프를 사용할 수 있을 것이다.

표 10-2 과정 기록-2

면담 내용	사회복지사의 코멘트
• **사회복지사** : 안녕하세요. 제가 처음 전화 통화했던 사회복지사 민영희입니다. • **클라이언트** : (매우 긴장된 얼굴과 떨리는 목소리로) 무엇부터 말을 꺼내야 할지. 너무 부끄럽고 민망하네요.	클라이언트의 불안, 초조함에 대해 공감하지 못하고 곧바로 질문을 한 것이 잘못된 것 같다.
• **사회복지사** : 제가 무엇을 도와드리면 좋을까요? • **클라이언트** : 아들이 하나 있는데, 요즘 들어 학교에 가려고 하지 않고, 저에게 너무 심하게 욕하고 때리고 해서. (울음을 터뜨림)	
• **사회복지사** : 언제부터 아들이 그런 행동을 보였습니까? • **클라이언트** : 3달 전부터 갑자기 신경질적으로 변하더니 자기 방 안에 틀어박혀서 안 나오고 거의 방 안에서 지내면서 제 얼굴도 안 보려 하고 말을 걸려고 하면 신경질 내고 그래요 애 아빠한테 이야기를 해도 오히려 저보고 아들 잘못 키웠다고 제게 탓을 돌려요 어떻게 남편이 내게 그럴 수가 있어요?	아들의 폭력행동 문제뿐만 아니라 클라이언트에게 모든 탓을 돌리는 남편에 대해 매우 흥분하면서 적개심을 표현했다.
• **사회복지사** : 참 많이 힘드시겠네요. 아들의 행동도 받아들이시기 힘든데, 남편까지 이해해 주지 못하시니까 말이에요. • **클라이언트** : 제가 정말 아들을 잘못 키운 것 같아서 미안하기도 하고 해서 요구를 다 들어주는데 아들이 점점 더 심해져요.	클라이언트의 입장을 이해해 주자 차분히 이야기를 했다.

2) 이야기체 기록

(1) 이야기체 기록이란

이야기체 기록(narrative recording)은 사회복지사가 클라이언트 및 그 상황이나 서비스에 대하여 이야기를 풀어 가듯이 서술체로 기록하는 방법이다. 이야기체 기록은 면담의 대화 내용을 있는 그대로 재현하는 것이 아니라, 면담의 내용이 요약되어 서술된다. 간결하며 초점이 분명한 이야기체 보고서는 특히 사회력이나 사정과 같은 특정 내용 요소들을 문서화하는 데 효과적이다.

(2) 이야기체 기록 방법

이야기체 기록에서는 과정 기록과는 달리, 사회복지사의 말이나 느낌보다는 클라이언트 및 그 상황, 그리고 서비스 교류에 초점이 맞추어진다. 클라이언트 및 서비스에 대한 많은 정보를 서술체로 기록하기 위해서는 조직화가 필수적이다. 따라서 관련되지 않은 세부적 사항은 제외되며, 관련되는 사항이라도 다 기록하지 않고 중요한 정보를 기록한다. 그러므로 기록의 질은 얼마나 정보를 적절히 선택하고 명확하게 조직하는가에 달려 있다.

장기간에 걸쳐 진행되는 사례에서는 특히 이야기체 요약 기록(narrative summary recording)이 유용하다. 이야기체 요약 기록은 사례가 진행되는 동안, 그간의 진행을 요약하는 보고서이다. 이를 준비하기 위한 한 방법으로서, 사회복지사는 일상의 업무에서 자필로 쓴 사례 노트를 만들면 편리하다.

◉ [사례] 이야기체 요약 기록

○월 ○일

○○동사무소 사회복지과에서 국민기초생활보장수급권자인 박수호 씨를 본 병원 사회사업실에 의뢰했다. 박수호 씨는 45세로 당뇨를 앓고 있으며 70세인 어머니와 단둘이 살고 있다. 최근 들어 당뇨로 인한 합병증의 심화로 기분이 매우 우울해져 알코올 사용량이 급격히 증가했다. 박 씨를 알코올 병동에 입원시키고 해독과정을 거친 후 우울증 치료를 병행하고자 한다.

(3) 이야기체 기록의 장점 및 한계

이야기체 기록은 클라이언트 및 그 상황과 서비스 교류의 특수한 본질을 개별적으로 반영할 수 있어서 임상 실무를 문서화하는 데 적합하다. 또한 융통성이 있어서 주요하다고 생각되는 것은 포괄적으로 기록할 수 있는 장점이 있다(윤현숙 외, 2002).

단점으로는 첫째, 사회복지사의 재량에 많이 의존한다는 것이다. 따라서 지나치게 단순할 수도 있고, 지나치게 길고 초점이 분명하지 않을 수도 있다. 기록의 질은 제공된 서비스의 질보다는 사회복지사의 문장력이나 기록에 걸린 시간의 양에 의해 더 좌우될 수도 있다. 둘째, 이야기체 기록은 개별적 구성과 부담스러운 양 때문에 원하는 정보를 쉽게 찾을 수 없다는 어려움이 있다. 특히 장기간에 걸친 사례에서 특정한 정보를 찾는 경우에, 원하는 내용을 찾으려면 많은 페이지를 읽어야만 할 것이다. 셋째, 사회복지사가 이야기체 기록을 꼼꼼하게 하려면 기록하는 데 시간이 걸리고, 따라서 사회복지사는 종종 기록을 미루게 되는 일이 발생한다. 이것은 기록을 부정확하게 하고 시기적절하지 않게 할 우려가 있다.

이야기체 방식의 제한점을 최소화하면서 장점을 극대화하기 위한 방법은 다음과 같다. 첫째, 단기적 서비스나 일상적이고 전형적 서비스는 구조화된 양식이나 체크리스트를 사용하고, 복합적이고 개별화된 서비스에 대해서만 이야기체 기록을 사용하도록 한다. 둘째, 이야기체 기록에 포함되는 것들에 대한 지침을 세운다. 즉 쉽게 접근할 필요가 있는 내용, 좀 더 효율적 양식을 사용하여 충분히 문서화될 수 있는 내용은 굳이 이야기체 기록을 사용하지 않는다.

3) 문제 중심 기록

(1) 문제 중심 기록이란

문제 중심 기록(problem-oriented recording)은 현재 제시되고 있는 문제를 중심으로 구성되며, 문제 영역을 규명하고, 사정하고, 각 문제에 대하여 무엇을 할 것인지에 대한 계획을 기록하는 것이다. 이 방식은 의료 또는 정신보건 세팅에서 여러 전문직이 함께 일할 때 효과적이다. 이 방식은 원래 병원에서 의료 기록을 표준화하고 수행 정도를 검토하기 위하여 개발되었으며, 단순히 기록 차원을 넘어서 문제해결에 도움이 되도록 만들어졌다.

(2) 문제 중심 기록 방법

문제 중심 기록(problem-oriented recording)은 네 가지 요소, 즉 ① 데이터베이스의 설정, ② 문제 목록, ③ 초기계획, ④ 진행 노트로 구성된다.

① 데이터베이스의 설정

데이터베이스는 접수과정 또는 개입 기간 동안 수집된 정보로 구성되며, 클라이언트의 문제 목록을 작성하기 위한 기본 자료가 된다. 이러한 자료는 클라이언트의 문제를 확인하고 개념화시키기 위한 근거를 제공하고, 예비적 문제 목록을 만들어 내기 때문에 체계적으로 수집되고 정리되며 기록되어야 한다(Sheafor et al., 1988). 데이터베이스는 다음의 내용을 포함한다.

- 환자의 주요 문제
- 환자의 프로파일
- 사회적 정보
- 현재의 질병
- 과거력과 체계들에 대한 검토
- 신체검사 결과
- 임상검사 결과 자료

② 문제 목록

사회복지사는 팀으로 또는 독립적으로 자료 수집과정 동안 밝혀진 문제들의 목록을 작성하게 된다. 초기 접촉에서부터 드러나는 문제가 있는가 하면 어떤 문제는 추후의 접촉과정 동안 나타나기도 한다. 문제 목록은 각 문제마다 번호가 붙여지게 되고, 추후에 새로운 문제가 나타나게 되면 문제 목록에 추가시킨다. 문제 목록은 개입의 초점을 제공하고, 책무성을 위한 문서가 되며, 서비스 종결 시에 서비스의 효과를 검토하기 위한 근거가 된다.

표 10-3 문제 목록의 예

번호	문제	날짜	
		진행	중단/해결
1	출혈성 심장기능부전	4/4	
2	식이요법 수행 부족	4/4	
3	약물남용	4/7	4/12
4	우울증	4/12	

③ 초기계획

사회복지사는 독립적으로 혹은 계획적으로 문제 목록의 각 목록에 대해서 계획을 세운다.

④ 진행 노트

개입의 진행은 문제 각각에 대해서 문제 번호에 따라 기록된다. 사례가 진행되면서 데이터베이스에 있는 정보나 초기 계획이 수정될 수도 있다. 개입이 필요할 때 이 행동을 서술하는 데는 SOAP 형식을 사용하는 것이 유용하다.

S : 주관적 정보(Subjective information) : 클라이언트가 상황을 어떻게 인식하고 느끼는지를 나타낸다.

O : 객관적 정보(Objective information) : 전문가의 직접적 관찰, 임상적 실험, 체계적 자료수집 등에 의해 얻어 진다. 클라이언트의 행동이나 외모에 대한 사회복지사의 관찰, 사실적 자료와 같은 객관적 정보를 기술한다. 클라이언트가 의료적 진단이나 정신과적 진단을 위한 공식 검사를 받았다면, 그 결과가 사실적 정보로서 포함될 수 있다. 주거상태, 경제적 상태 등도 클라이언트의 현재 제시된 문제와 관련된다면 포함될 수 있다.

A : 사정(Assessment) : 주관적 정보, 객관적 정보에 근거하여 사회복지사의 사정, 견해, 해석, 분석을 기술한다. 확인된 문제에 대한 클라이언트의 지각의 의미, 사회복지사의 관찰 및 사실적 정보의 의미를 사정하고 분석한 견해를 기술하는 것이다.

P : 계획(Plan) : 주관적 정보, 객관적 정보, 사정을 기반으로 하여 확인된 문제에 대한 개입 계획을 기술한다.

⦿ [사례] SOAP 형식

S : 남편은 자기의 음주 및 구타 사실은 인정했지만, 아내가 자기에게 바가지를 긁었기 때문에 이런 일이 발생했다고 주장하고 있다. 아내와의 결혼생활을 계속하기 원하며, 현재 언니 집에 있는 아내가 하루빨리 집으로 돌아오기를 원하고 있다. 음주문제에 대한 치료 프로그램 및 폭력 남편 대상 프로그램에 대해서 그 필요성을 부인하고 있다. 다만 아내가 집으로 돌아오면 부부상담에는 참가할 용의가 있다고 말하고 있다.

O : 남편의 체격은 보통이며 목소리가 크고 막힘 없이 이야기를 잘하는 편이다. 실직으로 인해 직업을 바꾼 후 경세적으로 쪼들리는 편이다.

A : 남편의 문제를 부인하고 있다. 자기의 행동에 책임을 지기보다는 아내에게 책임을 미루고 있는 것으로 보인다. 가부장적 가치관이 현저하다. 그러나 결혼생활을 계속할 의사가 확실한 것, 아내 및 아이에 대한 애정을 나타내는 것, 개별 및 부부상담에 개방적인 것은 이 부부관계에서 강점으로 생각된다.

P : 남편이 구타에 대한 책임을 인정하기 위하여 계속적 개입이 필요하다. 이것이 아내와 아이에게 어떠한 고통을 야기하는지를 인식할 필요가 있다. 개별면담을 계속할 예정이다.

출처 : 윤현숙 외(2002: 344).

(3) 문제 중심 기록의 장점 및 한계

문제 중심 기록의 장점은 첫째, 다양한 전문직 간의 의사소통을 촉진시킬 수 있다. 둘째, 팀 구성원들은 목록화된 각 문제에 초점을 맞추어 다루어야 하고 모든 치료계획에 대해 문서화된 추후 점검을 할 책임이 있기 때문에 책무성을 향상시킨다. 셋째, 기록이 간결하고 형식이 통일되므로 기관 감독자, 조사 연구자, 외부의 자문가 등이 보다 쉽고 질 높은 기록 검토를 할 수 있다.

그러나 문제 중심 기록의 단점은 첫째, 클라이언트의 욕구, 자원, 감정보다는 문제를 강조함으로써 사회복지실천의 관심의 폭을 지나치게 한정시킬 우려가 있다. 둘째, 개인과 환경의 상호작용보다는 개인을 강조함으로써 관련 현상의 복잡성을 단순화시킬 우려가 있다. 셋째, 부분화를 강조함으로써 통합적이며 체계적인 쟁점들을 왜곡시킬 우려가 있다.

따라서 문제 중심 기록의 형식을 심리·사회적 정보 및 사회복지서비스의 전 범위를 포괄할 수 있도록 수정한다면 보다 많은 사회복지기관에서 폭넓게 사용될 수 있다.

5. 기록 시 유의사항

좋은 기록을 위해서는 체계적으로 준비하고 문장력을 향상시킬 필요가 있다. 사회복지사는 클라이언트를 만나기 전, 만나는 동안, 또는 만난 이후에 각각 기록할 준비가 되어 있어야 한다. 클라이언트와 만나기 전, 특히 서비스 관계 초기에 사회복지사는 기록에 필요한 정보를 문의할 준비를 해야 하며 기관에서 사용하는 양식, 간단한 서식, 방침을 검토하여 필요한 정보가 무엇인지 알아야 한다. 클라이언트를 만나는 동안이나 만난 이후에는 서비스를 제공하는 동안 얻은 것과 밝혀진 것에 대하여 짧게 메모해 두는 것이 좋다. 중요한 단어와 문장은 사회복지사가 필요한 정보를 기억하는 데 큰 도움이 된다.

다음은 사회복지기록에 있어서 유의할 사항이다(Kagle, 1991).

① 서비스의 결정과 행동에 초점을 둔다.

② 사정, 개입, 평가의 기초가 되는 클라이언트와 상황에 관한 정보가 들어 있다.

③ 각 단계에서 목적, 목표, 계획, 과정과 진행을 포함하여 서비스 전달에 관한 정보가 들어 있다.

④ 상황 묘사와 사회복지사의 견해가 명확하게 분리되어 별도의 제목하에 씌어서, 읽는 사람들이 사회복지사의 관찰 사항과 해석을 구분하여 이해할 수 있다.

⑤ 구조화되어 있어서 정보를 효과적으로 문서화할 수 있고, 쉽게 색출해 낼 수 있다.

⑥ 서비스 전달이 잘 묘사되고 모든 문서가 정확하여 유용하다.

⑦ 기록이 간결하고, 구체적이며, 타당하고, 명확하며, 논리적이고, 시기적절하며, 의미 있고, 사실에 근거한다.

⑧ 전문가적 윤리를 바탕으로 한다.

⑨ 수용된 이론에 기초해 있다.

⑩ 전문가의 견해를 담으면서 클라이언트의 관점을 무시하지 않는다.

반대로 다음과 같은 기록은 피해야 한다.

① 부정확한 사정, 잘못된 판단, 비윤리적 행동, 부적절한 개입을 담고 있다.

② 정보가 너무 많이 또는 너무 적게 쓰이고 조직화되어 있지 않아 필요한 사람에게 정보를 제대로 제공하지 못한다.

③ 뒷받침이 되는 관찰과 평가 없이 결론을 내려 기록상 과잉 단순화가 나타난다.

④ 초점이 없고 모호하며, 편견에 치우쳐 있고, 추리에 의존하며, 정확하지 않다.

⑤ 맞춤법상의 오류가 있다.

⑥ 반복된 표현, 장황한 표현, 진부한 용어를 사용한다.

⑦ 의미가 없고, 비판적이며, 과장되게 표현한다.

⑧ 클라이언트와 상황에 대한 독단적 견해의 표현, 특히 클라이언트에 대한 비난 또는 부정적인 낙인을 붙인다.

⑨ 행위자가 식별되지 않는 수동태 문장으로 표현한다.

참고문헌

서울대사회복지실천연구회 역(1998). 『사회복지실천기법과 지침』. 서울: 나남출판.

윤현숙 외(2002). 『사회복지실천기술론』. 서울: 동인.

Kagle, J.(1991). *Social Work Records*(2nd ed.). Prospect Heights: Waveland Press.

Sheafor, B. W., Horejsi, C. R., & Horejsi, G. A.(1997). *Techniques and Guidelines for Social Work Practice*. Allyn & Bacon.

찾아보기

인명

Aguilera 137
Bartlett 17
Berg 216
Bowen 199
Bowers 17
DeShazer 216
Duvall 165
Gamble 289
Germain 18
Gilliland 137
Gilliland 134
Golan 137
James 134
Mckee 137
Messick 137
Minahan 17
Minuchin 190
Perlman 18, 116
Pincus 17
Reynolds 104
Richmond 17
Rothman 276, 282, 285
Weil 289

내용

가계도 167
가계도 작성 178, 202
가능성 발견 113
가능한 과제의 제시 125
가정생활 과제 166
가족 160
가족 사정보고서 222
가족 삼각관계 163
가족 차원 63
가족 투사과정 201
가족 하위체계 162
가족경계선 162
가족과제 180
가족관계의 유형 219
가족구조 190, 191
가족권력 193
가족규범 171
가족규칙 162, 206
가족그림 182, 214
가족기능 191
가족도 그리기 197
가족력 93
가족목표 169, 193
가족문제 164
가족사정 167, 177, 195
가족생활 연대기 203
가족생활주기 165
가족신화 169, 195
가족역할 171, 207
가족의 강점 169
가족조각 167, 180, 212
가족중재 215
가족체계 161
가족체계의 역동성 163
가족항상성 161
가치성 35
가치명료화 30
가치발달 과정 30

간결주의 79
간접적 치료 60
간접적 칭찬 187
갈등해결의 원칙 229
감정정화 42
감정표현 171
강점 102
강화 81, 86
강화스케줄 81
강화와 처벌 70
개방집단 253
개방형 가족 192
개별성 146
개별화의 원칙 228
개인적 지역사회 272, 273
개인적 차원 61
개입계획 수립 84
개입기술 18
개입단계 65, 139, 142
객관적 정보 309
검열 44
격려 56
결과 79
결정론 35, 79
경계 192
경계 만들기 182, 195
경청 46
경험적 가족치료모델 204
경험적 학습 72
경험주의 79
계속평가의 원칙 229
계약 84
계약서 128
계약하기 121, 123
계획 310
계획단계 139, 142
고전적 행동주의 67
고전적(반응적) 조건 80
공간적 관점 160
공감적 이해 56
공공기관 20
공동사회 272
공동으로 결정 96
과정 기록 303
과정질문 203
과제 72, 118
과제 개발과 수립 125
과제 계획의 요약 126
과제 동의 126
과제 부여 197
과제 수행 127
과제 수행의 계획 126
과제중심모델 115
과학적 기반 16
관계성 질문 186
관계의 통제 219
관계형성기법 177
관계형성단계 42
관리자 24
교육자 24
교정복지 27
구조적 가족치료모델 190
구조적 모형 37
구조파악 276
국민기초생활 25
권력구조 168
권력분석 107
규범의 원칙 229
균형 깨뜨리기 184, 197
근린지역 및 지역사회 조직화모델 289
긍정적 의미부여 221
기능적 가족 191
기능적 의미 272, 273
기능적 의사소통 207, 209
기능적 지역사회 조직화모델 289
기능주의 52

기록 294
기록의 형태 303
기적질문 185, 217
긴장 고조시키기 196
긴장완화법 243
꿈의 분석 44
꿈의 작업 44
꿈의 해석 47, 48

나-전달법 210
내부경계선 168
너-전달법 210
노부부기 167
노인복지 26
노인복지법 26

다세대 전수과정 201
다세대적 가족치료모델 198
다세대적 분석 198
단기치료 116
단편성 145
대리형성 40
대인관계 변화 243
대인관계기술 14
대처/극복질문 218
대처기제 140
대처질문 186
대화를 통한 관계형성 111
데이터베이스 308
도전 102
동기 형성 126
동기화 109
동일시 40, 42
동질성 252

라포 55
리비도 37

메타규칙 207
면담 전 변화에 관한 질문기법 185
면담기술 18
면접기술 14
명료화 46, 71
모니터링 296
모델링 72
모방 70
모의가족 214
모의실험, 예행연습 126
모자복지법 26
목표집단 파악 275
목표형성모델 234
무의식 36
무의식의 심리학 34
무의식적 개념 44
무조건적 반응 80
무조건적 자극 80
문제 규명 121, 122
문제 목록 308
문제 목록의 예 309
문제 중심 기록 307
문제 확인 122
문제규정 83
문제의 외현화 221
문제해결 기능 148
문화적 차원 63
미국 흑인 여성단체들 104
미래지향적 103
미분화된 가족 집합체 198
민관기간 20
밀착된 가족 192

반동형성 40
발달과업 170
발달적 위기 132
발생성 35
방어기제 38

방임형 가족 192
병리 218
병리적 관점 102
보상 41
복합적 욕구 145
부정 40
부정적 감정에 대처 243
분석, 평가자 24
불변성 35
비난형 의사소통 208
비밀을 노출할 권리를 존중 60
비유 214
비정상 218
비중앙화 145
비합리성 35
빙산의 일각 36

사례관리 팀 145
사례관리모델 143
사례관리의 기능 147
사례관리의 기본 원칙 146
사례관리자 145
사적 권리 297
사정 52, 125, 309
사정기술 18
사정단계 64, 137, 141
사회계획 277, 285
사회계획모델 283, 289
사회공동체적 차원 63
사회교환이론 230
사회력 302
사회변화대행자 25
사회변화를 촉진 110
사회복지교육협의회 28
사회복지법인 22
사회복지사 21
사회복지사업법 21
사회복지사업법시행령 22
사회복지사업종사자 22
사회복지사의 역할 238
사회복지서비스 22
사회복지실천 14
사회복지실천기술 17
사회복지전문직의 윤리 27
사회복지현장 20
사회적 관계망 그리드 167
사회적 목표모델 232, 233
사회적 및 경제적 개발모델 289
사회적 정서과정 201
사회적 체계 54
사회통제의 기능 274
사회통합의 기능 274
사회학습모델 234
사회학습이론 67
사회행동 278, 285
사회행동모델 284
사회화의 기능 274
산업인력관리공단 23
삼각관계 194
상담 기능 148
상부상조의 기능 275
상징화 44
상호작용 촉진 기능 148
상호작용모델 233
상환 40
상황적 위기 133
생물학적 체계 54
생산 · 분배 · 소비의 기능 274
생태도 167
생태도 작성 178
생태체계이론 52
생활시설 26
서비스 계획 299
서비스 내용 294
서비스 목적 299
서비스 실행 단계 300

서비스 유형 20
서비스 재검토 300
서비스 제공 주체 20
서비스 종결 단계 301
서비스 종결의 방법과 사유 301
서비스 체계 20
서비스 탐색 297
서비스 특성 299
서비스 형성 단계 299
서비스활동과 결과 301
선의식 36
선천적 반응(response) 80
선행조건 79
선행조건의 개입 84
설명 72
성숙 205
성찰 60
소거 86
소득보장/생활보장 27
소망 44
수용 56, 60
수용의 원칙 228
순환론적 사고 79
순환적 인과성 163, 194
순환적 질문 220
순환적 질문하기 184
슈퍼비전, 자문, 동료 검토 295
승화 41
시간적 관점 160
시련기법 220
시설 22, 23
시연 72
시작 121
시작단계 250
시작하기 121
신경증 54
신속한 초기 사정 123
신혼기 166
실연 181, 196, 221
실제 위기 상태 134
실존적 위기 133
실천도전기 105
실천모델 8모형 289
실천원칙과 관점 101
실천적 접근기 및 발전기 106
실행단계 121, 124
심리사회모델 51
심리적 에너지 37
심리체계 54
심호흡법 243

아동복지 26
아동복지법 26
억압 39
억압받는 사람에 대한 경청 106
여성복지 27
여성복지법 26
역기능적 가족 191
역기능적 가족규칙 206
역기능적 가족규칙 수정 215
역기능적 의사소통 211
역설적 개입 219
역설적 의도 72
역설적 지시 180
역설적인 의사소통 218
역조건화 87
역할극, 역할연습 213
역할연습 183
역할이론 52
연계기술 281
연계성 147
연구 조사 296
연대의 확립과 상호지원 107
연합모델 290
예견되는 장애물의 규명과 해결 126
예술적 기반 16

예외질문 185, 217
예의 갖추기 94
옹호 기능 149
옹호기술 279
옹호자 25
외부경계선 168, 192
욕구 확인 294
우애방문단 53
원가족 도표 작성 214
원가족 삼인군 212
원초아 37
원활한 의사소통 295
위계질서의 혼돈 219
위기 132
위기 대비 계획 140, 142
위기개입모델 130, 131
위장(거짓꾸밈 혹은 신비화) 205
위험 사건 133
유리(격리) 41
유리된 가족 192
유머 215
유아기 166
유전론 35
윤리강령 28
윤리강령의 목적 28
윤리기준 28
윤리원칙 28
윤리적 이슈 29
의료사회 사업 27
의사거래분석(교류분석) 231
의사결정과정 170
의사소통 207, 209
의사소통 양식 170
의사소통 역기능 204
의사소통기술 14
의사소통이론 52
의사소통이론모델 204
의식 36
의식화 106
이야기체 기록 306
이완훈련 72
이용시설 26
이중구속 메시지 205
이질성 252
이차과정적 사고 38
인력 22
인보관 운동 103
인지과정 69
인지 기법 74
인지재구성 단계 242
인지재구조화 69, 72
인지행동주의 67
인터뷰 167
일반적 과제 118
일반화 70
일치형 의사소통 207
임파워먼트 100
임파워먼트 관점 102
임파워먼트기술 279

자극(stimulus) 80
자기 지시권 존중 60
자기 지지기법 72
자기개방 기술 240
자기결정권 119
자기이해 43
자기지향을 촉진 110
자기효능감 108
자녀독립기 167
자동적 사고 69
자선사업가 21
자선조직협회 53
자아 37
자아구축단계 42
자아분화 199
자아정체감 43

자아존중감 205
자아지지 치료 60
자원, 협력자로서의 사회복지사 107
자원개발 · 동원기술 280
자유연상 43, 46
자율성 147
자존감과 자기효능감 107
잠재몽 44
장애인 복지 및 의료보건 27
장애인복지법 26
장이론 229
장점탐색 198
재구성 181
재구조화 181, 197
재규정 181
재명명 181, 220
재보증 56
재부각기 105
재정의(재명명) 214
재통합 134
저항 43
전략적 가족치료모델 218
전이 41
전이의 분석 45
전이현상 42
전체주의 35
전치(대치) 40
전통적 실천모델 282
점검 · 모니터링 127
점검목록 94
접근활용성 109
정보 공유 295
정보 수집 95
정상 218
정서 171
정서적 단절 201
정서적 삼각관계 200
정신결정론 35
정신분석이론 48, 230
정신분석학 34
정신세계 36
정신역동(분석)모델 34
정신역동이론 52
정신역학 34
정치적 및 사회적 행동모델 290
제지기법 220
제휴 194
조건화된 반응(conditioned response) 81
조건화된 자극(conditioned stimulus) 81
조력자 23
조작적 과제 119
조작적 조건 81
조작주의 79
조정 기능 148
조직화기술 280
종결과정 187
종결단계 65, 121, 127
주관성 35
주관적 정보 309
주의산만한(혼란형) 의사소통 209
주장훈련 88
주창자 24
준비단계 234
중간 노트 300
중간과정 179
중간단계 237
중간믿음 68
중개자 24
중재자 24
증상처방 219
지금 – 여기 204
지리적 의미 272, 273
지성화(지식화) 41
지속성 147
지속성 유지 295
지시 220

지역공동체 272
지역사회 272
지역사회 개입기술 278
지역사회개발 277, 285
지역사회개발모델 282
지역사회규모의 결정 275
지역사회복지 실천모델 285
지역사회복지실천 282
지역사회분석 275
지역사회의 기능 273
지역사회의 유형 272
지역사회조직 276
지정학적 모형 36
지지 60
지지망 구축기술 18
직면 46, 215
직면기술 240
직접적 영향 60
직접적 영향 주기 56
직접적 치료 60
진단주의 52
진행 노트 308, 309
집단구성원 간의 상호관계 촉진원칙 229
집단발달단계 234
집단사정 259
집단사회복지사 262
집단사회복지실천 226
집단상담 226
집단성격이론 231
집단의 독립성 원칙 229
집단의 첫 모임 258
집단지도 226
집단지도기술 14
집단지도자 259
집단치료 226
집단환경 260

차이점 인식 276
참가의 원칙 228
책무성 297
척도질문 186, 217
청소년복지 26
체계론적 관점 190
체계이론 230
체계적 둔감법 88
체계적 둔감화 72
체험의 원칙 228
초기계획 308, 309
초기과정과 기법 175
초기단계 63, 237
초이성형(평가형) 의사소통 208
초자아 38
초점잡기 197
초창기 105
촉발 요인 134
촉진자 24
추후 지도 301
축소기 167
출생순위(형제자매 순위) 202
취소 39
취약 상태 133
치료 삼각관계 203
치료면담 전의 변화에 대한 질문 217
치료모델 233
치환이야기 203

코칭 183, 203

타임아웃 183
탈삼각화 202
탈시설화 145
탐색, 기술, 환기 57
탐색 · 묘사 · 환기 60
토큰경제 89
통찰 42
통합과 조정자 24

퇴행 41
투사 40
팀워크기술 18

평가 및 종결기술 14, 19
폐쇄집단 253
폐쇄형 가족 192
포괄성 146
표적문제 117
표적문제 설정 123
프로그램 개발 및 지역사회 연계모델 290
피드백 활용기술 241

하위체계 168, 193
학교교육전기 166
학교교육후기 166
학교사회 사업 27
한국사회복지사협회 23
합류하기 181, 196
합리화 41
항상성 39
해결중심적 가족치료모델 184, 216
해리 41
해석 45
핵가족 정서과정 200
핵심믿음 68, 74
행동 79
행동 기법 74
행동 영역의 개입 85
행동 조성 70
행동성형 87
행동수정모델 78
행동시연 221
행정적 과업 296
현실치료 232
현재몽 44
혐오치료 89
협력관계를 독려 95
협상가 25
협상기술 19
형성기 166
형태주의이론(게슈탈트이론) 231
형평(평형) 39
형평성 35
확대기 166
환경변화 245
환경적 위기 133
환류고리 194
회유형 의사소통 208
효율성 297
후속결과의 개입 85
훈습 42, 46, 47
희생양(혹은 속죄양) 195

기타

CSWE 18
IFSW 18
NASW 1 17
NASW 2 18
Satir의 성장 모델 204
SOAP 형식 310

저자소개

김민경(金旻炅)

이화여자대학교 사회복지전문대학원 사회복지학 석사
가톨릭대학교 대학원 사회복지학 박사

현 남서울대학교 아동복지학과 교수
남서울대학교 아동상담 · 심리치료 대학원 주임교수
남서울대학교 부설 아동가족상담센터 소장
한국가족치료놀이학회 회장
한국가족관계학회 이사
한국가족학회 이사 및 편집위원 외
충남아동보호전문기관 사례전문위원

남서울대학교 학생생활상담센터 소장 역임
이주여성센터 회장 역임

주요관심분야 : 다문화, 가족복지, 정신건강
주요저서 : 청소년복지론
사회복지실천론
가족복지론
다문화가족의 이해
문화적 민감성과 수용성 외 다수

사회복지실천기술론

1판 1쇄 발행 2017년 8월 30일
1판 2쇄 발행 2025년 8월 30일

저　　자 | 김민경
발 행 인 | 박철용
발 행 처 | 양서원
주　　소 | 경기도 파주시 직지길 522 파주출판도시
전　　화 | 031-955-8000(代)
팩　　스 | 031-955-8005
홈페이지 | www.yswpub.co.kr
이 메 일 | yswgroup@naver.com
출판등록 | 1987년 11월 24일 제 406-2003-037 호

ISBN 978-89-994-0747-5

정가 22,000원